课程思政示范课程配套教材

高等职业教育铁道与运输类新形态一体化教材

铁路货运组织

主　编——余滢

副主编——刘亚丽　袁冶　赵立娥

高等教育出版社·北京

内容简介

本书是工作手册式新形态一体化教材,也是 2020 年国家精品在线开放课程、首批课程思政示范课程配套教材。内容包括:铁路货物运输的种类和办理条件、整车货物(含批量零散货物快运)运输、集装箱运输、零散货物运输、铁路货物装载加固、铁路货物运输费用核算、铁路货物损失处理与理赔、鲜活货物运输、超限超重货物运输、危险货物运输。

本书适用于高等职业教育铁道运输类专业教学需求,可供成人教育及货运员、货装值班员、货运调度员等系列货运岗位一线人员的岗位培训使用,亦可为参加铁路货运系统技能比赛的选手提供规章释义和学习参考。

本书重点 / 难点的知识点 / 技能点配有动画、微课等丰富的数字化资源,视频类资源可通过扫描书中二维码在线观看,学习者也可登录"智慧职教"(www.icve.com.cn)搜索课程"铁路货运组织"进行在线学习。

授课教师如需要本书配套的教学课件等资源或有其他需求,可发送邮件至邮箱 gzjx@pub.hep.cn 联系索取。

图书在版编目(CIP)数据

铁路货运组织 / 余滢主编 . -- 北京:高等教育出版社,2021.11(2022.11 重印)

ISBN 978-7-04-056452-5

Ⅰ. ①铁… Ⅱ. ①余… Ⅲ. ①铁路运输 – 货物运输 – 组织工作 – 高等职业教育 – 教材 Ⅳ. ①U294.1

中国版本图书馆 CIP 数据核字(2021)第 138882 号

Tielu Huoyun Zuzhi

策划编辑	吴睿韬	责任编辑	吴睿韬	封面设计	贺雅馨	版式设计	于 婕
插图绘制	邓 超	责任校对	刘丽娴	责任印制	刘思涵		

出版发行	高等教育出版社	网 址	http://www.hep.edu.cn
社 址	北京市西城区德外大街 4 号		http://www.hep.com.cn
邮政编码	100120	网上订购	http://www.hepmall.com.cn
印 刷	北京汇林印务有限公司		http://www.hepmall.com
开 本	850mm×1168mm 1/16		http://www.hepmall.cn
印 张	21.5		
字 数	550 千字	版 次	2021 年 11 月第 1 版
购书热线	010-58581118	印 次	2022 年 11 月第 2 次印刷
咨询电话	400-810-0598	定 价	54.80 元

本书如有缺页、倒页、脱页等质量问题,请到所购图书销售部门联系调换

版权所有 侵权必究

物 料 号 56452-00

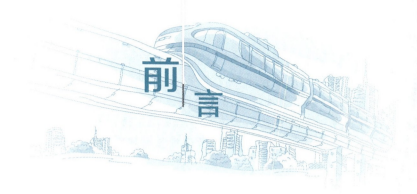

前言

　　铁路货物运输的目的是实现货物的空间位移。中国铁路自 2013 年启动货运改革,2018 年 3 月全面推行货运票据电子化至今,作为铁路货物运输工作"指挥棒"的货运规章、规则被全面修订,同时涌现出一大批新技术、新方法、新工艺与新设备。因此,培养既能与时俱进地掌握新技能,又具备较高综合素质的货运岗位人才成为适应和推动铁路货运行业蓬勃发展的迫切需求。

　　本书的编写遵循"基于工作的学习和基于学习的工作"的教学理念、实践高职教育"育训结合""教学做合一"的教学原则。编写过程中始终贯穿两条主线,一条为"技能"主线,通过对新版货运规章、规则、规定及办法等原文进行系统梳理,同时结合自身对现场作业标准与作业规范的解读,本着反映新知识、新技术和新方法的目标组织全书内容;另一条为"思政"主线,将课程思政融入每一个专项技能学习的全过程,从"任务下达"环节中既提出专业技能问题也推出职业岗位素养思考,到"理论学习"环节在每一个专项技能的核心职业素养培育中巧妙融入课程思政案例,再到"工作手册"与"随堂练习"环节中引导学习者自发地对劳动精神、爱国情怀、工匠精神等进行探索,力求使本书满足"互联网+"新时代职业教育与岗位培训的需求。

　　全书共 10 个项目,下设 38 项专项技能,内容涵盖了铁路普通货物运输条件与组织(即整车货物、集装箱、批量零散货物、零散货物的运输组织)、铁路特殊条件下货物运输条件与组织(即鲜活、超限超重、危险货物的运输组织)和铁路货运管理及其他(即货物装载加固方案、运输费用核算、损失处理与赔偿)。

　　本书采用工作手册的形式编写,同时配套 2020 年国家精品在线开放课程,并搭配全套数字化教学资源,形成新形态一体化教材。特色如下:

　　(1) 工作手册式教材。全书共涉及 38 项专项技能,以任务式学习为路径,按"教学目标→学习目标→任务下达→理论学习→工作手册→随堂练习"的架构组织内容。在教学过程中,可根据教材内容学习铁路货运组织的基本原理与作业方法,亦可结合教材给定的工作任务完成工作手册。

　　(2) 国家精品在线开放课程。本节提供与工作手册式教材配套的在线开放课程及资源,以货运工作岗位 38 项专项技能的工作流程为学习主线,开发了任务单、教学视频、教案、课件、案例、作业等数字化教学资源。对应的在线开放课程"铁路货运组织"于 2020 年被评为国家精品在线开放课程、2021 年被评为首批课程思政示范课程,目前已在线开课 9 期,选课单位达 550 余个。

　　本书适用于高等职业教育铁道运输类专业课教学需求,可供成人教育及货运员、货运安全员、货运值班员等系列货运岗位一线人员的岗位培训使用,亦可为参加铁路货运系统技能比赛的选手提供规章释义和解读的学习参考。如遇规章再次更新,以更新后的规章为准。

　　本书是湖南省"十三五"教育科学研究基地——职业教育信息化研究基地的研究成果,由湖南铁路科技职业技术学院余滢(项目四、项目八、项目十)、刘亚丽(项目一、项目六、项目九)、赵立娥(项目五)与中国铁路广州局集团公司长沙货运中心袁冶(项目二、项目三、项目七)共同编写,课程资源由湖南铁路科技职业技术学院余滢主持开发。

　　由于编者水平有限,书中难免有缺漏和错误,恳请读者批评指正。

编　者

2021 年 4 月

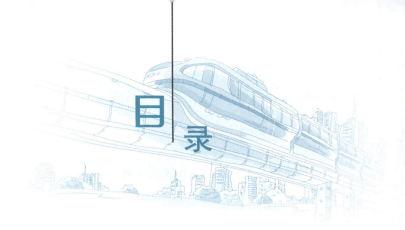

目 录

项目一　铁路货物运输的种类和办理条件　1

【专项技能 1.1】　铁路货运基本工作和技术
　　　　　　　　　规范　2
【专项技能 1.2】　铁路货物运输的种类　7
【专项技能 1.3】　铁路货物运输办理条件　12
【专项技能 1.4】　铁路货场管理　20

项目二　整车货物(含批量零散货物快运)
　　　　运输　31

【专项技能 2.1】　整车货物(含批量零散
　　　　　　　　　货物快运)发送作业　32
【专项技能 2.2】　整车货物(含批量零散
　　　　　　　　　货物快运)途中作业　46
【专项技能 2.3】　整车货物(含批量零散
　　　　　　　　　货物快运)到达作业　55

项目三　集装箱运输　62

【专项技能 3.1】　集装箱运输条件　63
【专项技能 3.2】　集装箱货物运输组织　69
【专项技能 3.3】　集装箱运输日常管理　78

项目四　零散货物运输　84

【专项技能 4.1】　零散货物运输基本条件　85
【专项技能 4.2】　零散货物运输组织　89

项目五　铁路货物装载加固　97

【专项技能 5.1】　货物装载加固的基本要求　98
【专项技能 5.2】　货车载重与局部承载的
　　　　　　　　　技术条件　102
【专项技能 5.3】　整车货物轻重配装　117
【专项技能 5.4】　货物重心合理位置与重车
　　　　　　　　　重心高　122
【专项技能 5.5】　货物稳定性校验　141
【专项技能 5.6】　装载加固材料与加固
　　　　　　　　　方法　152

项目六　铁路货物运输费用核算　167

【专项技能 6.1】　货物运单的填制　168
【专项技能 6.2】　普通整车运输运费核算　174
【专项技能 6.3】　超长超限货物运输费用
　　　　　　　　　核算　182
【专项技能 6.4】　整车货物运杂费核算　187
【专项技能 6.5】　集装箱、零散货物运输
　　　　　　　　　费用核算　197

项目七　铁路货物损失处理与理赔　204

【专项技能 7.1】　铁路货物损失工作　205
【专项技能 7.2】　铁路货物损失处理　212
【专项技能 7.3】　铁路货物损失赔偿和
　　　　　　　　　保价运输　221

项目八　鲜活货物运输　227

【专项技能 8.1】　鲜活货物的种类与载运车辆　228
【专项技能 8.2】　鲜活货物发送作业　234
【专项技能 8.3】　鲜活货物途中作业　243
【专项技能 8.4】　鲜活货物到达作业　248

项目九　超限超重货物运输　252

【专项技能 9.1】　超限超重货物认知　253
【专项技能 9.2】　货物超限等级确定　259
【专项技能 9.3】　超限超重货物发送作业　270
【专项技能 9.4】　超限超重货物途中与到达作业　284

项目十　危险货物运输　289

【专项技能 10.1】　危险货物种类与载运车辆　290
【专项技能 10.2】　危险货物运输办理条件　298
【专项技能 10.3】　危险货物发送作业　302
【专项技能 10.4】　危险货物途中与到达作业　328

附录　335

参考文献　336

项目一
铁路货物运输的种类和办理条件

 教学目标

能力目标

能运用货运规章相关知识准确分析铁路货物运输的种类及其办理条件。

知识目标

(1) 了解铁路货运工作和技术规范。

(2) 掌握铁路货物运输的种类。

(3) 掌握铁路货物运输的办理条件。

(4) 了解铁路货场的基本设备。

素质目标

(1) 培养铁路人爱岗敬业、无私奉献的精神,树立铁路人勇于担当的责任感。

(2) 服务货主,树立"服务至上"的理念。

(3) 树立"按章办事"的职业习惯,培养"遵章守纪"的职业素养。

【专项技能 1.1】 铁路货运基本工作和技术规范

学习目标

能力目标
(1) 能了解铁路货运基本工作的内容。
(2) 能了解铁路货运技术规范。

知识目标
(1) 了解铁路货运岗位名称和工作职责。
(2) 了解铁路货运工作的主要规章、法律、法规。

素质目标
(1) 重视铁路货运规章的学习。
(2) 树立铁路人爱岗敬业、勇于担当的责任感。

任务下达

> 📦 **阅读后,在工作手册中完成任务。**
>
> 　　小李是一名高三在读学生,由于父辈从事铁路货运岗位,从小的耳濡目染让他对铁路"情有独钟"。在 2020 年新型冠状病毒肺炎(以下简称新冠)疫情期间,无数铁路人坚守岗位,用专业技术保障运营的事迹更让他坚定了信念。但是,从没接触过铁路货运的小李,该从哪些方面了解铁路货运? 铁路货运的基本工作有哪些? 完成这些工作需要与哪些铁路货运岗位人员密切配合? 一名合格的铁路货运岗位人员又应具备哪些职业素养?

🚄 理论学习

微课

百米钢轨到
"岗"记

〖知识点一〗 铁路货运基本工作

一、铁路货运运输

1. 铁路货运产品

　　铁路货运的目的是实现货物的空间位移。目前中国铁路面向市场提供大宗货物运输、零散货物快运、特殊需求运输等多种货运服务,并创建了一批颇具特色的货运品牌,如大宗货物直达班列、批量零散货物快运、快运班列、国际货运班列等,以满足不同货物品类、体积重量、发到地点、运到期限等的物流需求。

2. 铁路货运特点

铁路运输具有运输能力大、运输成本低、安全程度高、全天候、受气候和自然条件影响较小、对环境污染小等显著特色。目前有棚车、敞车、平车、罐车、机械冷藏车、长大货物车等多种类型的车辆,能承运的商品范围很广,且几乎可以不受重量、容积的制约。在长距离、大运量的货物运输中,铁路运输起主力作用。

二、铁路货运的发展变迁与改革

铁路货运曾是货运市场当之无愧的主力,占全国货运总量的一半。但随着国民经济的快速发展,传统的货运组织方式已经不能满足市场需求,铁路货运市场份额持续下滑。自 2013 年铁路管理体制改革后,中国国家铁路集团有限公司(原中国铁路总公司,以下简称国铁集团)就把货运改革作为深化铁路改革的一项主要任务,全面启动货运改革,切实改进铁路货运办理方式,提出向"简化受理、随到随办、规范收费、热情服务"发展的目标。随后几年里,国铁集团又作出了推动铁路货运向现代物流转型发展的决策,将运输、仓储、装卸、配送、包装、加工、信息等业务有机结合,推动铁路货运改革不断深化。自 2018 年 3 月起,为保证运输安全、提高生产效率、促进融合发展,铁路全面推行货运票据电子化,自此铁路货运迈入新发展阶段。但是,铁路货运未来的发展仍任重道远,目前正从以下多方面进一步优化。

1. 改变办理方式

改革货运办理方式,按照"前店后厂"模式,简化办理流程和网上受理程序,最大限度方便客户。在确保国家重点物资运输的前提下,对客户敞开受理,提高货运承办效率,力求做到公正透明、方便快捷、诚实守信。

2. 加快市场导向型转变

改革运输计划编制方式,缩短计划编制周期,使其更加贴近市场和实际生产情况,促进车流紧密衔接货流,日计划保证对接"实货"需求,力求做到有货就装、随到随装。

3. 完善铁路货运营销体系

按照一体化管理、一体化营销的思路,整合国铁集团、铁路局相关部门业务,健全营销机构和营销机制,加强队伍建设,力求全面提升铁路货运营销能力。

4. 推进货运与物流高度融合

适应"门到门"服务要求,加快推进铁路物流产业基础建设和资源整合的步伐,建立覆盖全路货源吸引区的接取送达网络,全力拓展全程物流服务。

依托客车化产品,全面拓展全程物流业务,力求把客车化产品打造成巩固和扩大小宗快捷货运市场份额的主要品牌。

5. 提升货运服务质量

接受客户对铁路服务质量的评价,加强物流服务投诉的专业管理,建立现场作业和投诉处理人员的双向交流机制。畅通网上投诉渠道,建立投诉的快速反应机制,严格落实首问、首诉负责制,做到件件处理、件件回复。完善投诉信息管理,强化投诉处理监督,对运到时限、接取送达、货物丢失、货物追踪等投诉问题进行重点盯控。

6. 加强设备和人员管理

国铁集团统一部署,进一步加强物流相关设备、设施建设,更新、升级铁路货运系统的有关软件,强化对相关人员的政治思想、职业道德、技术业务培训。未来,国铁集团将加强铁路货运相关信息系统及软硬件设备的运行维护保障,建立灾备机制,确保系统安全稳定运行。

三、铁路货运岗位名称和工作职责

铁路货运工作的基本任务是安全、迅速、经济、便利地运送货物,完成这一任务需要铁路货运各岗位人员密切配合。铁路货运工作岗位主要有铁路货运员、货运值班员、货运调度员、装卸司机和电动起重机司机,铁路货运岗位作业内容见表1.1。

表 1.1　铁路货运岗位工作内容

岗位名称	作业内容
铁路货运员	负责货物运输需求受理、货源确认;进出站货物(集装箱)检斤验货、安检查危、仓储保管;货场装卸车组织和作业前后"三检"、监装监卸、货物交付搬出、篷布运用管理、货物损失勘查处理;铁路专用线、专用铁路货物(车)和篷布交接检查;运杂费计算核收、运输收入解缴上报;国际联运货物、票据、车辆交接检查和有关手续办理等作业
货装值班员	负责车站货物运输生产过程的作业组织,检查指导装卸车作业质量;联系有关部门,协调处理作业中的问题,提高作业效率和服务质量;负责货场、设施设备管理;分析运输生产指标完成情况,提出增运增收、堵漏保收和提高经济效益的建议;勘查、鉴定货物损失,编制货运记录、商务记录,调查处理货物损失,审核办理货物损失赔偿;负责班组管理,传达执行货运规章、文电、命令,组织技术业务学习,确保安全生产
货运调度员	执行运输政策,保证重点物资运输,按日班计划做好车站货物装卸车调度指挥,科学组织,均衡作业,检查和督促日班计划的实施,完成生产任务,提高运输效率
装卸司机	操作叉车、装载机、正面起重机、汽车起重机、轮胎起重机、堆垛机、履带起重机、扒料机、抓料机、装卸(车)机等,同时从事起重司索、指挥工作,完成货物装卸、搬运作业和设备维护保养任务
电动起重机司机	操作电动起重机械(门式起重机、桥式起重机、电动轨道式起重机等设备)进行货物装卸作业,并对设备进行维护保养

〖 知识点二 〗　铁路货运技术规范

一、铁路货运工作的主要规章

1.《铁路货物运输规程》及引申的规则与办法

《铁路货物运输规程》是货物运输的基本规章,承运人和托运人、收货人在货物运输过程中的各项行为均受到该规程的约束。《铁路货物运输规程》的引申规则与办法主要有《铁路货物运价规则》《铁路危险货物运输管理规则》《铁路鲜活货物运输规则》《铁路超限超重货物运输规则》《铁路货物装载加固规则》《铁路货物运输计划管理暂行办法》《货运日常工作组织办法》《快运货物运输办法》《铁路集装箱运输规则》《铁路保价运输规则》《铁路货物运输杂费管理办法》《铁路货车延期占用费核收暂行办法》及根据《铁路货物运输规程》精神制定的其他办法。

2. 铁路内部货运管理规则与办法

铁路内部货运管理规则与办法主要包括《铁路货物运输管理规则》《铁路货物损失处理规则》《铁路货物保价运输管理办法》《铁路货运检查管理规则》,此类规则与办法仅对铁路内部管理有效,不作为承运人和托运人、收货人之间划分责任的依据。

3. 其他规章

其他规章主要包括国际联运规章、水陆联运规章及铁路局集团公司对国铁集团规章、办法的补充规定、细则等。其中,国际联运规章中的《国际铁路货物联运办法》适用于通过两个以上国家的铁路,使用一份运送票据并以连带责任办理的直通货物运送;水陆联运规章中的《铁路和水路货物联运规则(修订版)》适用于通过铁路和水路两种不同运输方式,使用一份运送票据并以连带责任办理的直通货物运送。

二、铁路货运工作的法律、法规

1. 中华人民共和国铁路法

《中华人民共和国铁路法》是保障铁路运输和铁路建设顺利进行的法律,是铁路货运组织必须遵守和执行的法律依据。

2. 涉及经济关系的法律、法规

《中华人民共和国合同法》《中华人民共和国合同法实施细则》是调整横向经济关系的法律、法规,对货物运输合同作了专项规定,对货物运输合同的内容作了一般性规定。

3. 涉及安全生产的法律、法规

《中华人民共和国安全生产法》《铁路安全管理条例》等是规范安全生产活动,保护人身、财产安全,加强铁路安全管理的法律、法规。

三、铁路货运票据电子化实施办法及有关规定

为了推行信息技术在货物运输作业中的全面应用,2018 年 3 月国家颁布了《铁路货运票据电子化管理暂行办法》《铁路货运票据电子化作业办法》,分别适用于国铁集团及所属各铁路局集团公司、专业运输公司在货运票据电子化条件下的运输生产组织,以及国家铁路货运、车务、车辆、机务等相关岗位的货物运输作业组织。

📖 **课程思政案例：警钟长鸣，时刻遵章守纪，严把作业标准关**

货运员人身伤亡事件

（一）事故概况

×年×月×日×点×日×站机械区货运员陈××当班脱岗，钻车造成人身伤亡事故。

（二）原因分析

当班脱岗，擅离工作岗位，抢越正在调车中的车列并钻车，是造成此次事故的主要原因。

（三）预防措施

1. 单岗货运员严禁脱岗，如确需离开工作岗位，须向货运值班员请假。

2. 车站要对单岗作业人员增加夜间巡视，也可通过电话进行检查，并制定单岗作业人员人身安全卡控措施。

3. 严格执行《作业人员劳动安全控制措施》中有关严格遵守劳动纪律和作业标准的规定。工作中要坚守工作岗位，严禁脱岗、串岗、私自替班或换班，不得做与工作无关的事情。横越停有机车、车辆的线路时，必须先确认机车、车辆暂不移动，然后在该机车、车辆5 m范围外绕行通过。

工 作 手 册

【任务名称】	了解铁路货运条件	参考学时：__1__学时

【项目团队】_____

【任务实施关键点】

_____

_____

_____

工序	工作步骤	实施方案
1. 认识铁路货运基本工作	铁路货运改革现状	
	铁路货运岗位职责	
2. 认识铁路货运技术规范	铁路货运工作的主要规章	
	铁路货运工作的法律、法规	

工作笔记：请结合"货运员人身伤亡事件"谈一谈，作为一名铁路货运员，应如何树立按章办事的职业习惯，培养遵章守纪的职业素养。

随堂练习

1. 铁路货运工作的基本任务是（   ）地运送货物。

A. 安全   B. 迅速   C. 经济   D. 便利

2. （   ）只对铁路内部管理有效,不作为承运人和托运人、收货人之间划分责任的依据。

A.《铁路货物损失处理规则》   B.《铁路货物运输规程》

C.《铁路危险物运输规则》   D.《铁路货物运输管理规则》

3. （   ）是货物运输的基本规章,是组织铁路货物运输最为直接的依据。

A.《铁路货物运输规程》   B.《铁路货物运输管理规则》

C.《铁路货物损失处理规则》   D.《中华人民共和国铁路法》

4. 概述铁路货运岗位名称和工作内容。

5. 概述铁路货运涉及的主要技术规范有哪些?

【专项技能 1.2】 铁路货物运输的种类

学习目标

能力目标

(1) 能对不同的货物进行分类。

(2) 能区分铁路货物运输的种类。

(3) 对不同的货物运输条件进行判断。

知识目标

(1) 了解铁路货物的分类。

(2) 了解铁路货物运输的种类。

素质目标

树立"服务至上"的理念。

任务下达

💠 阅读后,在工作手册中完成任务。

2 月 22 日,某站受理了如下货物:① 箱装水泵 1 件,重量为 11 kg,体积为 0.23 m×0.18 m× 0.4 m;② 袋装小麦粉,重量为 56 t;③ 预应力梁 1 件,重量为 40 t,长度为 16 m;④ 茶叶 200 箱, 每箱重量为 35 kg,每箱体积为 0.8 m×0.6 m×0.4 m;⑤ 活马 20 头,每头重量为 400 kg;⑥ 摩托车 100 辆，每辆重量为 85 kg；⑦ 散装粮食，重量为 120 t；⑧ 精密瓷器，重量为 60 t；⑨ 冻肉，重量为 40 t；⑩ 香蕉，重量为 20 t。

请你以货运员的身份判断上述货物的品类及可选择的运输方式，并思考当一批货物适用两种以上运输方式时，如何以实际行动践行"服务至上"的理念。

理论学习

〖 知识点一 〗 铁路货物的分类

一、按货物品名和代码分类

1. 铁路货物品类

目前，根据《铁路货物运输品名分类与代码表》（以下简称《分类与代码表》）对铁路货物品类的分类，我国铁路运输的货物分为 28 个品类，即煤、石油、焦炭、金属矿石、钢铁及有色金属、非金属矿石、磷矿石、矿物性建筑材料、水泥、木材、粮食、棉花、化肥及农药、盐、化工品、金属制品、工业机械、电子电气机械、农业机具、鲜活货物、农副产品、饮食品及烟草制品、纺织皮毛制品、纸及文教用品、医药品、其他货物、零散货物、集装箱。

2. 铁路货物代码分类

铁路货物品类分大类、中类、小类和细目四个层次。大类、中类为运价、运输统计、计划、财务等使用的统一的货物品类名称。小类是判定运价号、保价费率等的依据。细目即品名，由国铁集团统一颁发，并以《货物运输品名检查表》的形式对外公布。大类、中类、小类在《铁路货物运输品名分类与代码表》中列示。

铁路货物代码采用 7 位数字码，相应分为四个层次，由高位到低位，第 1、2 两位为大类码，第 3 位为中类码，第 4 位为小类码，第 5~7 位为品名码。《铁路货物运输品名分类与代码表》中只列示前 4 位。

二、按货物外部形态分类

根据货物的外部形态，将货物分为成件货物、大件货物和散堆装货物。

（1）成件货物，指能够清点件数的货物，如箱、袋、捆、桶、筐、罐装货物。

（2）大件货物，指货物的质量、体积或形状很大的货物，如金属制品、机械设备、汽车、水泥制品。

（3）散堆装货物，指不需要运输包装，使用散堆装方式运输的货物，如块、粉、粒状货物。

三、按运输条件的不同分类

根据运输条件的不同，将货物分为按普通条件运输的货物和按特殊条件运输的货物。其中，按特殊条件运输的货物包括阔大货物(超限、超长和集重货物的统称)、危险货物和鲜活货物。

〖知识点二〗 铁路货物运输的种类

微课
铁路货物运
输的种类

目前,铁路货物运输的种类分为整车货物运输、集装箱运输、批量零散货物运输、零散货物运输四种。

一、整车货物运输

1. 适用情形

我国大多数货物的运输方式是整车货物运输。一批货物的重量、体积或形状需要以一辆及以上货车运输的,应按整车托运。

2. 铁路普通整车货物运输的特殊形式

(1) **整车分卸**　整车分卸是指限按整车办理的货物(蜜蜂、使用冷藏车装运的需要制冷或保温的货物和不易计算件数的货物除外),其数量不够一车,按托运人要求将同一径路上的两个或三个到站在站内卸车的货物装在同一货车内,作为一批整车货物运输,而在途中不同到站卸车的运输方式。

整车分卸是整车货物运输的特殊形式,其目的是解决托运数量不足一车,又不能按零散货物运输的货物的运输问题。铁路部门对整车分卸托运货物的限制条件如下:

① 托运的货物必须是规定限按整车办理的危险货物、易于污染其他货物的污秽品、未装容器的活动物以及单件重量超过 2 t,体积超过 3 m^3 或长度超过 9 m 的货物。

② 托运的货物数量不够一车。

③ 到站是同一径路上的两个或三个到站。

④ 托运的货物必须是在站内卸车的货物。

⑤ 托运的货物被装在同一货车内,作为一批运输。

(2) **站界内搬运**　站界内搬运是指货物的装卸作业在同一车站内,在站界内铁路营业线上或站线与专用线之间的运输。

站界内搬运的货物必须满足下列条件:

① 按整车运输的货物。

② 可在自局管内办理。

③ 非危险货物。

(3) **途中装卸**　途中装卸是指按整车运输的货物在区间或非货运营业站(简称货运站)进行的装卸作业,其办理条件比照站界内搬运。假定 $A\sim F$ 站中货运站为 A、C、D、F 站,若货物装车地点(站)为 B 站,卸车地点(站)为 E 站,则属于途中装卸。办理托运时,发站可选邻近装车地点(站)B 站的前方货运 C 站,以邻近装车地点(站)B 站的后方货运 A 站为计费站;到站亦按此规定办理,可选邻近卸车地点(站)E 站的后方货运 D 站,以邻近卸车地点(站)E 站的前方货运 F 站为计费站,如图 1.1 所示。

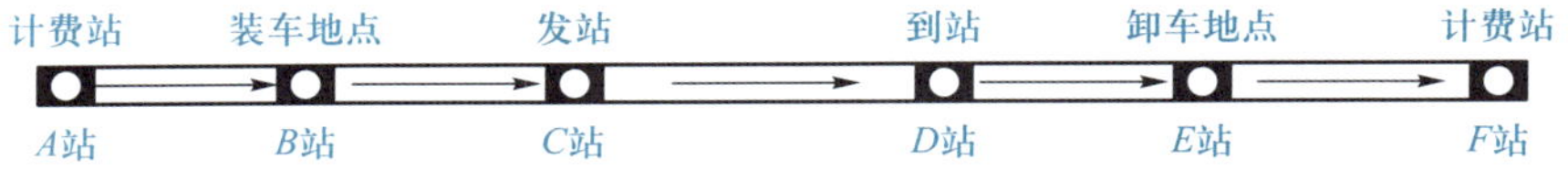

计费站　　　装车地点　　　发站　　　　到站　　　卸车地点　　　计费站

A站　　　　B站　　　　　C站　　　　D站　　　　E站　　　　　F站

图 1.1　途中装卸示意图

途中装卸按下列规定办理：

① 途中装卸的货物，可根据托运人的要求，以途中装卸的前方或后方办理货运业务的车站作为发站或到站。

② 途中装卸货物，不论托运人、收货人要求在途中装卸地点的前方或后方货运站办理托运或领取手续，途中装车均按后方货运站计算运价里程，途中卸车均按前方货运站计算运价里程，不另收取送车费。

3. 准、米轨间整车货物直通运输

(1) 限制　准、米轨间只办理整车货物直通运输，但下列货物不办理直通运输：① 鲜活货物及需要冷藏、保温或加温运输的货物；② 罐车运输的货物；③ 每件重量超过 5 t（特别商定者除外），长度超过 16 m 或体积超过米轨装载限界的货物。

(2) 要求　准、米轨间直通运输的整车货物，一批的重量或体积应符合下列要求：① 重质货物重量为 30、50、60 t（不适用于货车增载的规定）；② 轻浮货物体积为 60、95、115 m^3。

二、集装箱运输

集装箱是一种现代化运输设备，也是一种发展中的运输方式。符合集装箱运输条件的，可以按集装箱运输，主要适用于运输精密、贵重、易损、怕湿的货物。

三、批量零散货物运输

批量零散货物运输适用于一批托运重量 40 t 及以上或体积 80 m^3 及以上的货物。

批量零散货物运输也是整车货物运输的一种形式，但按货物实际重量（体积）进行受理和承运。对于市场需求量大、铁路运量小的货物，开办批量零散货物运输业务有利于降低社会物流成本。为适应各铁路局集团公司的实际情况，现行批量零散货物运输的品类范围包括机油、润滑油、板材、木片、胶合板、橡胶及其制品、塑料制箱、泡沫塑料、有机玻璃制品、塑钢及其制品、油漆、碳黑、石蜡、日用化工品、金属工具、钢丝、铸铁管、金属制箱、医疗器械、电动自行车、洗衣机、竹、草秸、干花朵、草垫、木柴、糖料、烟叶、干蔬菜、干果、植物种子、方便面、奶制品、调味品、酒、茶叶、丝棉、服装、毛皮制品、纸浆、玩具、中药材、工艺品、泵、普通机械零配件、其他陶瓷制品及日用杂品等 106 类。

四、零散货物运输

零散货物的前身叫零担货物，是指一批重量、体积、形状和性质不需要单独使用铁路一辆货车装运的货物。零散货物运输适用于一批托运重量不足 40 t 且体积不足 80 m^3 的所有品类货物。

📖 **课程思政案例：爱岗敬业，默默奉献，以实际行动践行"服务至上"的理念**

　　4 月 2 日，某货运站营业大厅里货运员小王迎来一名新客户，他有一批货物要办理托运，货物需要在 B 站（装车地点）装车，在 E 站（卸车地点）卸货。由于这批货物属于途中装卸，其计费站分别为 B 站后方货运站 A 站与 E 站前方货运站 F 站。当小王告知客户时，客户表示不理解，认为小王不应该选择 B 站（装车地点）后方的 A 站作为计费站，是乱收费、多收费。小王心里很委屈，认为客户是无理取闹，但是想到铁路货运改革以来向社会大众作出的坚定承诺——"简化受理、随到随办、规范收费、热情服务"，于是他很快调整自己的情绪，热情耐心地为客户做了解释，客户了解情况后对小王的服务表示满意。

工 作 手 册

【任务名称】　　　　　　判定铁路货物品类与运输种类　　　　　　参考学时：___1___ 学时
【项目团队】　　　　　　　　　　　　　　　　　　　　　　　　　　
【任务实施关键点】
_____
_____
_____

工序	工作步骤	实施方案
1. 认识铁路货物的分类	按货物品名和代码分类	
	按货物外部形态分类	
	按运输条件的不同分类	
2. 认识铁路货物运输的种类	整车货物运输	
	集装箱运输	
	批量零散货物运输	
	零散货物运输	

工作笔记：请以货运员身份谈一谈如何以实际行动践行"服务至上"的理念。

随堂练习

1. 在《铁路货物运输品名分类与代码表》中，货物品类包括的层次有（　　）。
A. 大类　　　　　　B. 中类　　　　　　C. 小类　　　　　　D. 细目

2. 在《铁路货物运输品名分类与代码表》中，货物的代码采用（　　）位数字码。
A. 5　　　　　　　B. 6　　　　　　　C. 7　　　　　　　D. 8

3. 铁路货物运输种类分为（　　）运输。
A. 整车货物　　　　　　　　B. 集装箱
C. 批量零散货物　　　　　　D. 零散货物

4. 准、米轨间只办理（　　）直通运输。
A. 整车货物　　　　　　　　B. 集装箱
C. 批量零散货物　　　　　　D. 零散货物

5. （　　）货物不办理直通运输。
A. 鲜活货物
B. 需要冷藏、保温或加温运输的货物
C. 罐车运输的货物
D. 每件重量超过 5 t（特别商定者除外），长度超过 16 m 或体积超过米轨装载限界的货物

6. 准、米轨间直通运输的整车轻浮货物，一批的体积为（　　）m³。
A. 45　　　　　　　B. 60　　　　　　　C. 95　　　　　　　D. 115

7. 批量零散货物运输适用于一批托运重量（　　）t 及以上或体积（　　）m³ 及以上的货物。
A. 20　　　　　　　B. 40　　　　　　　C. 60　　　　　　　D. 80

8. 现行批量零散货物运输的品类范围分为（　　）类。
A. 106　　　　　　B. 137　　　　　　C. 152　　　　　　D. 156

9. 铁路货物运输的种类有哪些？分别适用哪种情形？

10. 简述《铁路货物运输品名分类与代码表》对我国铁路运输的货物品类的分类。

【专项技能 1.3】 铁路货物运输办理条件

学习目标

能力目标
（1）能计算货物运到期限。
（2）能区分支付违约金的情况。
（3）熟练掌握不同情况下计算运到期限的特殊要求。

知识目标

(1) 了解一批的划分。

(2) 掌握计算运到期限的方法。

(3) 了解容许运输期限。

(4) 掌握计算违约金的方法。

(5) 了解货运营业办理站。

素质目标

具备按规章作业的基本职业素养。

任务下达

📦 **阅读后,在工作手册中完成任务。**

  甲站专用线内使用敞车装玉米 1 车苫盖篷布运输,××年 11 月 10 日承运,11 月 13 日到达乙站货检,发现该车由于绳网使用不当导致超出车帮的货物倒塌,当日整理完毕发出,11 月 19 日到达目的地丙站,11 月 20 日送入货场卸车完毕。甲站至丙站 800 km。

  请以货运员身份对货物运到期限及应支付违约金的日数进行核算,并思考此次因绳网使用不当致货物倒塌的事件应该如何避免。

理论学习

  自 2013 年铁路货运改革至今,铁路货运正在向现代物流转型,以满足客户需求为目标,从传统铁路货运拓展为物流全过程服务,将运输、仓储、装卸、配送、包装、加工、信息等业务有机结合,不断强化铁路的安全便捷、低成本、全天候、绿色环保四个优势和特征,充分发挥铁路在社会物流体系中的骨干作用。根据客户提出的物流需求,铁路为客户提供站到站、站到门、门到站、门到门运输,以及仓储、装卸、包装、加工等综合物流服务。

〖 知识点一 〗 一批的划分

一、办理条件

微课
一批

  按一批托运的货物,托运人、收货人、发站、到站和装卸地点必须相同(整车分卸货物除外)。

  按一批托运的货物快运(指零散货物和批量零散货物快运),品类、品名、托运人、收货人、发站、到站和装卸地点应相同。

二、一批的划分

(1) 每车为一批　整车货物每车为一批。

(2) 每一车组为一批　跨装、爬装及使用游车的货物,每一车组为一批。

(3) 每张货物运单为一批　零散货物快运、批量零散货物快运或使用集装箱运输的货物,以每张货物运单为一批。使用集装箱运输的货物,每批必须是同一箱型,至少一箱,最多不得超过铁路一辆货车所能装运的箱数。

三、一批办理的限制

下列货物不得按一批托运:

(1) 易腐货物与非易腐货物。

(2) 危险货物与非危险货物(另有规定者除外)。

(3) 根据货物的性质不能混装运输的货物。

(4) 按保价运输的货物与不按保价运输的货物。

(5) 投保运输险货物与未投保运输险货物。

(6) 运输条件不同的货物。

以上货物,在特殊情况下经铁路局集团公司承认也可按一批托运。

〚 知识点二 〛 货物运到期限

微课
货物运到期限

一、货物运到期限

货物运到期限是铁路将货物由发站运至到站的最长时间限制,根据铁路现有技术设备条件和运输工作组织水平确定。

铁路运输货物应在规定的运到期限内运至到站,货物运到期限从承运人承运货物的次日起,按下列规定计算:

(1) 货物发送期间为 1 日。

(2) 货物运输期间:每 250 运价公里或其未满为 1 日;按快运办理的整车货物,每 500 运价公里或其未满为 1 日。

(3) 特殊作业时间:

① 运价里程超过 250 km 的零散货物另加 2 日,超过 1 000 km 加 3 日。20 ft(1 ft=0.305 m)、40 ft 集装箱比照整车计算。

② 一件质量超过 2 t,体积超过 3 m³ 或长度超过 9 m 的零散货物另加 2 日。

③ 整车分卸货物,每增加一个分卸站,另加 1 日。

④ 准、米轨间直通运输的整车货物,另加 1 日。

⑤ 门到门运输时,需要上门装、卸货物,各另加 1 日。

⑥ 需要门到发站、到站到门接取、送达货物,各另加 1 日。

(4) 货物运到期限,起码日数为 3 日。

> 📦 **实例运算**
>
> A 站使用棚车运送一批大豆到 B 站,A 站与 B 站的运价里程为 2 280 km,托运人要求上门装卸货物,并采取门到发站、到站到门接取、送达货物的方式运输,请计算运到期限。
>
> 【解】(1) 货物发送期间为 1 日。
>
> (2) 货物运输期间:每 250 运价公里或其未满为 1 日。2 280/250=9.12,不足 1 日按 1 日计算,计 10 日。
>
> (3) 门到门运输时,需要上门装、卸货物,各另加 1 日;需要门到发站、到站到门接取、送达货物,各另加 1 日。
>
> 故:运到期限 =(1+10+2+2)日 =15 日

二、货物实际运到日数的计算

货物实际运到日数为终止时间减去起算时间。

(1) **起算时间** 起算时间从承运人承运货物的次日(指定装车日期的,为指定装车日的次日)起算。

(2) **终止时间** 终止时间,到站由承运人组织卸车的货物,到卸车完了时止;由收货人组织卸车的货物,到货车调到卸车地点或货车交接地点时止。

如:从承运的次日 11 月 11 日起算至到站卸车完毕 11 月 20 日止,计 10 日。

三、容许运输期限

容许运输期限是由托运人提出的货物运输时限,承运人据此确定在规定的运到期限内该货物是否可以承运。

容许运输期限至少须大于货物运到期限 3 日。

托运易腐货物、“短寿命”的放射性货物时,应记明货物的容许运输期限。

〖知识点三〗 货物运到逾期

一、运到逾期的赔偿

1. 支付违约金

(1) **适用情形** 支付违约金的方式适用于普通运输与快速运输(快运)两种情形。

(2) **处理方法** 货物实际运到日数超过规定的运到期限时,承运人应按所收运费的百分比,按下述规定向收货人支付违约金。

微课
货物运到逾期

① 运到期限 10 日以内的逾期违约处理：货物运到期限在 10 日以内的，发生运到逾期时，按表1.2 的规定计算违约金。

表 1.2　运到逾期违约金比例（一）

运到期限	逾期总日数					
	1 日	2 日	3 日	4 日	5 日	6 日以上
3 日	15%	20%				
4 日	10%	15%	20%			
5 日	10%	15%	20%			
6 日	10%	15%	15%	20%		
7 日	10%	10%	15%	20%		
8 日	10%	10%	15%	15%	20%	
9 日	10%	10%	15%	15%	20%	
10 日	5%	10%	10%	15%	15%	20%

② 运到期限 11 日以上的逾期违约处理：货物运到期限在 11 日以上的，发生运到逾期时，按表1.3 的规定计算违约金。

表 1.3　运到逾期违约金比例（二）

逾期总日数占运到期限日数	违约金
≤ 10%	5%
>10%, ≤ 30%	10%
>30%, ≤ 50%	15%
>50%	20%

2. 退还快运费

对办理了快速运输的货物，发生运到逾期时，按表 1.4 的规定退还快运费。同时，还应按每 250 运价公里或其未满为 1 日，计算运到期限，若仍超过时，按照表 1.2、表 1.3 的规定向收货人支付违约金。

表 1.4　退还快运费的比例

发站至到站间运输里程 /km	超过运到期限日数	退还货物快运费
<1 200	1 日以上	100%
1 200~1 800	1 日	50%
	2 日以上	100%
>1 800	1 日	30%
	2 日	60%
	3 日以上	100%

二、不需支付违约金的情况

（1）超限货物、限速运行的货物、免费运输的货物以及货物全部毁损、灭失，承运人不支付违约金。

（2）从承运人发出领货通知的次日起（不能实行领货通知或会同收货人卸车的货物为卸车的次日起），如收货人于 2 日内未将货物领出，即失去要求承运人支付违约金的权利。

三、货物滞留时间

货物在运输过程中，由于下列原因造成的滞留时间，应从实际运到日数中扣除：
（1）不可抗力。
（2）由于托运人责任致使货物在途中发生换装、整理。
（3）因托运人要求，发生运输变更。
（4）运输活动物，需要途中上水。
（5）其他非承运人责任。

由于上述原因致使货物发生滞留时，发生货物滞留的车站，应在货物运单"承运人记事"栏内记明滞留时间和原因。到站应将各种情况所发生的滞留时间相加，相加后不足 1 日的尾数进整为 1 日。

〖 知识点四 〗 货运营业办理站

一、车站货运营业办理限制

（1）货运营业办理站在《货物运价里程表》上公布。

（2）车站的营业办理限制和起重能力主要根据《货物运价里程表》中站名索引表有关"营业办理限制"栏和"最大起重能力"栏中的规定来确定。

（3）营业办理限制用符号△表示不办理，用○表示仅办理。常用营业办理限制符号及限制范围见表 1.5。

表 1.5　常用营业办理限制符号及限制范围

营业办理限制符号	限制范围
△货	不办理货运营业，没有专用线、专用铁路货运作业
○专	仅办理专用线、专用铁路货运作业，具体办理内容另查《铁路专用线专用铁路名称表》
○路	站内仅办理路用货物发到
△牲	站内不办理活牲畜到达

续表

营业办理限制符号	限制范围
⚠湿	站内不办理怕湿货物发到
⚠散	站内不办理散堆装货物发到
⚠蜂	站内不办理蜜蜂发到
危	站内办理危险货物运输,具体办理内容另查《铁路危险货物运输办理站(专用线、专用铁路)办理规定》

二、起重能力

"最大起重能力"栏中,数字表示车站货车起重设备的最大吊装吨数,"叉"字表示车站配有叉车。

一件货物质量超过 500 kg,且到站无起重能力的,发站必须联系到站,经同意后,可按到站同意使用的车种装运。

三、接算站

营业线里程表中站名前加"★"的,表示该站为接算站。

两线运价里程接算时,经接算站接算。

📕 **课程思政案例:爱岗敬业,服务货主为先**

　　6 月 17 日,某站货运工作人员小王接到一位客户的投诉,小王耐心倾听了客户冗长的叙述并查阅了事件相关资料,了解到原来客户托运的一批蔬菜于 6 月 5 日使用机械冷藏车运送,于 6 月 10 日到达到站后发现该批蔬菜大部分已腐烂。经查该批蔬菜的装载方式符合易腐货物机械冷藏车运输条件表及易腐货物运输包装表,托运人在"托运人记事"栏注明容许运输期限为 8 日,两车站间运价里程为 2 280 km。车站结合实际情况判定客户虚报货物的容许运输期限是导致这批货物腐烂的主要原因,因此不予以赔付。客户在投诉过程中言语激烈甚至动手推搡小王,小王始终耐心细致地做好解释工作,面对客户的过激行为做到以服务货主为先。

工 作 手 册

【任务名称】	货物运到期限的计算及逾期处理	参考学时: 1 学时
【项目团队】		

【任务实施关键点】

_____

_____

_____

续表

工序	工作步骤	实施方案
1. 货物运到期限	货物运到期限的定义	
	货物运到期限的计算	
	货物实际运到日数的计算	
2. 货物运到逾期	逾期支付违约金	
	不需支付违约金的情况	
	货物滞留时间	

工作笔记: 作为一名货运工作人员,每天都要接触形形色色的客户并遇到各类烦琐事件,请思考如何才能坚持做到一直以服务货主为先?

随堂练习

1. 按一批托运的货物,( )必须相同(整车分卸货物除外)。

A. 托运人　　　　　　　　B. 收货人　　　　　　　C. 发站

D. 到站　　　　　　　　　E. 装卸地点

2. 整车货物( )为一批。

A. 每车　　　　　B. 每一车组　　　　C. 每张货物运单　　　D. 每件货物

3. 跨装、爬装及使用游车的货物,( )为一批。

A. 每车　　　　　B. 每一车组　　　　C. 每张货物运单　　　D. 每件货物

4. 货物运到期限,起码日数为( )日。

A. 1　　　　　　B. 2　　　　　　　C. 3　　　　　　　D. 4

5. 货物实际运到日数超过规定的运到期限时,承运人向收货人支付违约金最多占所收运费的( )。

A. 5%　　　　　　B. 10%　　　　　C. 15%　　　　　　D. 20%

6. ( )情况下,承运人不支付违约金。

A. 超限货物　　　　　　　　　B. 限速运行的货物

C. 免费运输的货物　　　　　　D. 货物全部灭失

7. 哪些货物不得按一批托运?

8. 常用营业办理限制符号有哪些?分别表示什么含义?

9. ×年9月20日某收货人持领货凭证到站查询一车玉米未到,发站9月9日承运,发站至到站的运价里程为2 205 km。这车玉米运输是否逾期?

10. A 站使用 20 ft 集装箱装运一批货物到 B 站，A 站与 B 站的运价里程为 2 280 km，请计算运到期限。

【专项技能 1.4】 铁路货场管理

学习目标

能力目标
（1）了解货场的管理方法。
（2）熟悉货场设备和信息系统的使用。
（3）掌握货场管理的基本知识。

知识目标
（1）了解货场管理的基本要求和类别。
（2）掌握货场设备的使用。
（3）了解专用线（含专用铁路）货物运输的内容。

素质目标
树立"服务至上"的理念。

任务下达

💎 阅读后，在工作手册中完成任务。

2 月 1 日，长沙某电子商务有限公司的王某第一次到长沙东站办理货运业务，作为长沙东站的货运员，你应该如何向第一次办理铁路业务的王某介绍铁路货场及相关设备，并思考当客户出于好奇询问过于专业的问题（不涉密但解释起来很复杂）时该如何处理。

理论学习

〖知识点一〗 货场管理概述

一、铁路货场

车站货场是铁路办理货物运输的场所，也是货运产品的营销窗口，以铁路承运人资格代表铁路运输企业来参与市场经营，履行铁路运输企业赋予的权利和义务。除铁路运输主业外，其他任何单位都无权以铁路承运人的资格和名义办理铁路货运业务。

货场管理一般指对车站有关货运作业场所的全部货物运输生产过程进行计划、组织、指挥、协调和控制,从而使整个车站的货运生产有秩序、有节奏地进行。

1. 货场管理的目标

车站货场应根据运输市场的变化和票据电子化发展的需要,应用现代化管理方法和新技术、新设备管理货场,不断提高工作质量和服务质量。货场要努力创优,不断改进装备设施,提高现代化管理水平;保持安全、文明、整洁、畅通;做到服务文明化、管理科学化、作业标准化,不断提高运输集装化和装卸机械化水平。

2. 货场管理的内容

货场管理的主要内容包括六个方面:

(1) 货场计划管理,包括装车计划和卸车计划管理。

(2) 货场作业管理,包括进货装车作业、卸车出货作业、出车作业和取送车作业管理。

(3) 货场设备管理,包括场库与配线、货区与货位管理、装卸设备及其他货运设备的运用管理。

(4) 货场安全管理,包括职工安全和业务教育、制定货运安全管理制度以及货运事故的防止和处理等。

(5) 专用线(专用铁路)管理,包括制定专用线(专用铁路)运输协议及专用线共用等。

(6) 网络和信息系统管理。

3. 货场管理基本作业管理制度

为保证铁路货场安全,提高工作效率和工作质量,使整个货场生产协调而有序地进行,更加经济合理地利用货运设备,加速车、货周转,必须建立健全各种作业管理制度。主要的基本作业管理制度如下:

(1) 货装分工负责制 为保证货运质量,提高效率,必须建立装卸车作业中货运员、装卸工组的分工负责制。货运员应按货运规章的规定进行监督装卸;装卸工组在货运员的指导下进行装卸作业,保证货物装卸质量,提高作业效率。

(2) 包区、包库或包线负责制 货场内的货区、仓库或作业线路,实行货运员包保负责制,做到分工清楚,责任明确,保证货物安全。

货运员对负责包保的"区、库、线"应做到:① 掌握线路内作业车停留及货位使用情况;② 货场内做好监督装卸工作,专用线内做好装卸指导工作;③ 认真执行规章制度,保证货物安全;④ 认真填写有关表、簿,编制记录。

(3) 运输票据(含电子票据)、货物交接检查制 交接检查是货运部门工作的基本内容之一,建立交接检查制是为了划清双方责任界线,保证货物安全。对各种运输票据在各作业环节中的传递应建立登记交接制度,货物(车)在承运、装(卸)车、保管、交付及中转中均应办理签证交接。

(4) 取送车作业制度 车站应建立取送车作业的汇报和登记制度,做好日班装车作业计划和卸车预报工作,并根据装卸作业、待装货物和货位情况确定取送车计划,及时完成取送车作业。

(5) 站车交接检查制 为保证行车安全和货物安全,对运输中的货物(车)和运送票据要进行交接检查。列车货运票据实行封票交接。由车站负责捆绑加封后,交于机车乘务员。机车乘务员负责将货运票据带到下一个编组站、区段站或到站,并保证票据完好。到站接车人员向机车乘务员办理交接,并填好交接记录。货物(车)的检查,应在列车的发站、到站、货运检查站进行,检查工作由货运检查员负责。

(6) 保价运输管理制 车站应贯彻《中华人民共和国铁路法》,切实执行《铁路保价运输规则》和《铁路保价运输管理办法》,建立保价运输管理制,由专人负责组织货运保价工作,完成保价收入任务。

(7) 施封锁保管、请领、发放、使用、销毁或回收制 车站对施封锁(包括专用线、专用铁路)应建立保管、请领、发放、使用、销毁或回收制度,严格做好去向登记。编有记录的施封锁,卸车站自卸车之日起保管 180 日后方可销毁;未编有记录的施封锁,保管 30 日后方可销毁或回收。遇车站更名时,自更名之日起,原站名的施封锁可继续使用半年。

施封锁有棚车锁、罐车锁、集装箱锁等,棚车锁实物如图 1.2 所示。

图 1.2 棚车锁实物

(8) 统计分析制度 统计分析制度是指定时、定期进行统计分析,及时反馈相关信息,以发挥监督作用。

4. 货场管理的基本要求

(1) 货场生产经营管理要求 货场应实行生产和经营的统一管理、统一费率、统一收费、统一清算,对外一体化经营,对内一体化考核,发挥货场整体经营的基本功能,积极开展货运营销,不断增强铁路在市场中的竞争能力。

(2) 货场手续办理管理要求 货场应建立适应货主办理运输手续的作业流程,加强各环节间的内部衔接,实行一个窗口办理、一次收取费用、一张支票结算。开办货运信息服务项目,利用电话、计算机等现代化手段为货主提供进货、到货、运费等信息咨询,对零星小件货物实行就地检斤、就地收货、就地承运。

(3) 货场装卸部门管理要求 铁路装卸管理部门应对货场装卸实行统一管理、统一派班、统一费率、统一收费、统一清算的"五统一"管理。

凡未与铁路签订合同的,不准在货场内进行装卸作业。需用机械设备装卸至汽车、马车或船舶的货物(包括集装箱),应由货场内设置的铁路装卸机械作业。货场允许托运人、收货人以合规的自备交通工具进出货物。

货场内禁止闲杂人员进入,未经铁路局集团公司批准,货场内不允许其他单位设点办公。

二、铁路货场分类

铁路货场分为综合性货场和专业性货场。

1. 综合性货场

综合性货场是指办理整车货物(含批量零散货物)、集装箱、零散货物中两种以上运输种类及多种品类货物作业的货场。

综合性货场根据年办理货运量分为大、中、小型货场:

(1) 大型货场指年货运量在 100 万吨以上的货场。

(2) 中型货场指年货运量在 30 万吨以上，未满 100 万吨的货场。

(3) 小型货场指年货运量未满 30 万吨的货场。

2. 专业性货场

专业性货场是指专门办理单项运输种类或单一货物品类的货场，分为整车货场、零散货场、危险品货场、粗杂品货场、集装箱货场等。专业性货场的设置应根据货物性质及业务繁简、设备条件等实际情况确定。

为避免作业过于集中和便于管理，货运量大、发到货物品类多的车站可分设几个货场。当同一车站设有几个货场时，各货场间可按货物运输种类或办理货物的品类方向进行合理分工。

〖知识点二〗 货场设备管理

办理货运的车站应设有办理托运、检斤、制票、收款、问询、交付等的必要设备，并根据需要设有货物站台、仓库及货位、堆场、集装箱装卸场地、雨棚、排水、消防、照明、通路及围墙、货运安全检测及防护、视频集中监控、信息化系统等。

为了加强货运设备管理，车站要设专职或兼职人员管理货运设备，建立设备台账，逐项登记入册。凡属货场范围的土地、设备，未经铁路局集团公司批准，其他单位不得占用。

一、场库基本设备

1. 仓库、雨棚、雨搭

(1) 仓库　仓库是用来存放怕受自然条件影响的货物、危险货物和贵重货物而修建在普通站台的封闭式建筑物。铁路货场仓库如图 1.3 所示。

图 1.3　铁路货场仓库

常见的仓库包括库外设置的装卸线仓库(如图 1.4 所示)、带雨搭的仓库(如图 1.5 所示)与跨线式仓库(如图 1.6 所示)等。

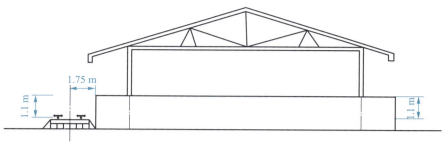

图 1.4　装卸线仓库

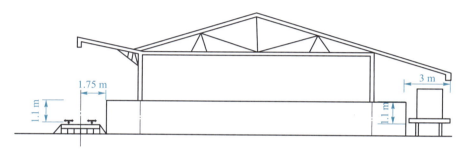

图 1.5　带雨搭的仓库

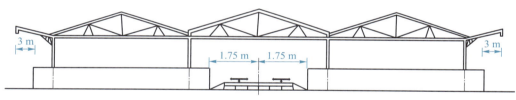

图 1.6　跨线式仓库

　　(2) 雨棚　雨棚(货棚)是为避免货物受自然条件影响而修建在普通站台上的带有顶棚的建筑物。雨棚主要用于存放怕湿、怕晒的货物。在多雨雪地区,作业量大的货物可根据需要采用跨线式雨棚。铁路货场雨棚如图 1.7 所示。

图 1.7　铁路货场雨棚

（3）雨搭　雨搭是仓库、雨棚的辅助防雨设备。为避免货物在装卸和搬运作业时发生湿损，雨搭一般应伸至站台边缘。多雨地区作业繁忙的，装卸线一侧雨搭可伸至线路中心线以外；搬运站台一侧的雨搭一般应伸至站台边缘 3 m 为宜。

2. 货物站台

货物站台是为便于装卸车作业，存放不受自然条件影响的货物而修建的建筑物。货物站台按其结构及高度可分为普通站台和高站台两种。

（1）普通站台　普通站台是指站台面距轨面高度 1.1 m 的站台，即与普通货车底板高度接近。普通站台用来存放不怕风雨及阳光等自然条件影响的货物，按其与装卸线的配置形式可分为侧式货物站台和尽端式站台。其中，尽端式站台用来装卸能自行移动的带轮货物，可以单独设置，也可以与普通货物站台合并设置，如图 1.8 所示。

图 1.8　三种尽端式站台示意图

（2）高站台　凡站台面距轨面的高度大于 1.1 m 的站台，统称为高站台。高站台分为平顶式、滑坡式和跨线漏斗式三种，如图 1.9 所示。

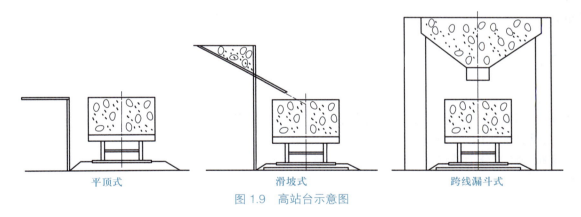

平顶式　　　　　　　滑坡式　　　　　　　跨线漏斗式

图 1.9　高站台示意图

（3）堆放场　堆放场是主要用来装卸并短期存放煤炭、砂石、木材等散堆装货物以及长大笨重货物的场所。堆放场按其装卸线的水平位置分为平货位和低货位两种。

① 平货位　平货位堆放场即一般的堆放场，地面用块石、沥青或混凝土筑成，地面与路基相平。

② 低货位　低货位堆放场是指货物堆放场的地面低于线路路肩的堆放场，又称低货位堆放场，适用于散堆装货物的卸车作业。

3. 货运计量设备

铁路货运计量设备是对货车、集装箱进行科学计量及安全检测，确保行车安全的重要设备，主要包括轨道衡、超偏载检测装置、汽车衡、铁道车辆轮重测定仪、装载机电子秤等。

（1）轨道衡　轨道衡是称量铁路货车载重的设备。其中,电子式动态轨道衡是铁路现场最常见的轨道衡设备,由承重台、称重传感器、称重显示器、计算机和打印机等组成。称量时,列车以规定的速度匀速通过承重台,轨道开关自动判别机车和货车,利用支撑承重台的传感器将货车载重转换成电信号并放大,然后由转换器变换成数字信号输入计算机,处理后即可显示出货车载重的各类数据并可打印记录。

（2）超偏载检测装置　超偏载检测装置是铁路货运计量安全检测系统的重要组成部分,是防止货车超载、偏载、偏重的主要安全检测设备。

（3）汽车衡　汽车衡是铁路运输货物重量计量称重设备,分为机械汽车衡和电子汽车衡两种。其中,机械汽车衡又称为地磅,是需要人工操作的一种设备;电子汽车衡是新一代计量称重设备,配有智能化称重显示仪表,与计算机、打印机连接组成称重管理系统。

（4）铁道车辆轮重测定仪　铁道车辆轮重测定仪是一种对铁路货车轮重进行测定的仪器,具有体积小、重量轻、操作方便的特点,适用于铁路中、小站和专用线,可作为主要或辅助检测仪器来控制装车点车辆的装载量,检测在水平线路上停放的车辆是否超载、偏载。铁道车辆轮重测定仪如图 1.10 所示。

（5）装载机电子秤　装载机电子秤是对装载散料进行称量的一种计量设备,可用于车辆装载计量、限载计量、土方计量。

图 1.10　铁道车辆轮重测定仪

二、货场篷布管理

1. 篷布的分类

篷布是铁路货车辅助用具。在棚车不足的情况下,使用敞车或平车装运怕湿、易燃货物时需使用篷布,借助配属的固定绳索苫盖货物。

篷布按产权分为铁路篷布和自备篷布。铁路篷布是承运人提供的篷布,自备篷布是托运人购置的篷布。

2. 篷布的作用

篷布仅用于苫盖敞车装运的怕湿、易燃货物或其他需要苫盖篷布的货物。毒害品、腐蚀性物品及污染性物品不得使用铁路篷布。苫盖易于损坏篷布的货物时,装车单位须采取防护措施,防护材料由托运人提供。

3. 篷布编号

篷布编号由国铁集团货运部统一公布。铁路篷布采用 7 位编号,第 1 位是生产年份,后 6 位为顺序号。自备篷布采用 9 位编号,前 4 位为生产年份和月份,后 5 位为顺序号。篷布实物如图 1.11 所示。

4. 篷布的使用期限和报废要求

（1）使用期限　篷布使用期限一般为 48 个月。

图 1.11　篷布实物

超过使用期限需继续使用的,产权单位须每 6 个月进行一次安全风险评估。经评估可继续使用的,自备篷布由产权单位向铁路局集团公司提出申请,经同意后方可继续使用;铁路篷布由集装箱公司通知铁路局集团公司继续使用,并抄送国铁集团货运部。

(2) 报废要求　篷布满足以下两个条件之一时,必须报废:① 修补面积达 40% 或修补达 200 处;② 达到使用期限。

篷布达到报废条件时,须立即停止使用,并将铁路篷布于 60 日内回送到篷布修理所。

〖 知识点三 〗　专用线(含专用铁路)管理

一、认知铁路专用线、专用铁路

铁路专用线是指由企业或者其他单位管理的,与国家铁路或者其他铁路线路接轨的岔线。

专用铁路是指由企业或者其他单位管理,专为本企业或者本单位内部提供运输服务的铁路。

二、新建、改扩建铁路专用线(含专用铁路)要求

1. 新建铁路专用线(含专用铁路)

企业新建专用线的铁路运量,一般不低于每年 30 万吨。企业修建专用线时,其前期可行性研究报告应报国铁集团货运部,接轨方案由国铁集团货运部批准。

2. 改扩建铁路专用线(含专用铁路)

在既有线上新建、改扩建年运量超过 50 万吨的专用线时,其可行性研究报告应报国铁集团货运部。拟建年运量 50 万吨及以下的专用线时,按铁路局集团公司有关规定办理。

铁路主要繁忙干线的车站新建、改扩建专用线,若可能影响干线、车站、枢纽通过能力或专用线从正线出岔的,须报国铁集团货运部批准。

3. 调整运量不足的专用线

对实际运量逐渐减少,年运量不足 5 万吨的专用线,应积极进行调整。

三、专用线（专用铁路）运输协议

专用线（专用铁路）产权单位使用专用线进行铁路运输要与车站签订运输协议，运输协议有效期为一年，企业于每年 12 月 31 日前与车站签订下年度运输协议。

企业租用路产专用线须经铁路局集团公司批准，由企业、车站及专用线产权单位三方签订协议，报铁路局集团公司备案。

企业专用线产权变更后的铁路运输，须重新签订协议。路产专用线产权变更，要逐级上报，由铁路局集团公司批准。

四、专用线（专用铁路）共用

专用线共用是指在保证专用线产权单位运输需要和专用线既有设备能力富余的前提下，与其吸引范围内的单位，共同使用该专用线办理铁路货物发到业务。

1. 适用情形

为了缓解铁路货场能力不足、保证货场畅通、挖掘专用线潜力、满足国民经济发展的需要，应坚持自愿互利、有偿共用和就地、就近、方便货主的原则开展专用线（专用铁路）共用。

2. 签订共用协议

在保证专用线产权单位运输的条件下，由共用单位、产权单位、车站三方签订共用协议。铁路车站在签订协议前应征得铁路局集团公司的同意。专用线产权单位要向当地经贸委（经委、计经委、交委、交办）申报。临时性共用时要签订临时共用协议。协议签订后，必须严格执行，各负其责，组织实施。

专用线产权单位或其他单位未与车站签订共用协议的，不得借出、借用或租出、租用专用线办理铁路货物发到业务。

3. 限制条件

严格控制专用线办理危险货物，超限、超长和集重货物的共用。

专用线内遇到下列情况危及安全时，车站在征得铁路局集团公司同意后，可停止取送车。

（1）线路技术状态、照明设备不良，达不到规定要求。

（2）设备安装、货物堆放距离达不到规定要求。

（3）在专用线内修建永久性建筑物，侵入铁路限界。

（4）其他危及安全的情况。

📖 **课程思政案例："疫"路有我，铁路货运人为货运安全保驾护航**

2020 年新冠疫情期间，在那些你不知道的铁路货运岗位上，如车站调度员、助理值班员、调车员等，有无数铁路货运人坚守岗位，确保铁路运输畅通，用独有的专业技术为抗击疫情默默奉献。例如在铁路成都北车站大弯镇站，大弯镇站全体干部、职工一手抓疫情防控，一手抓货运增量，按照"稳存量、找增量、补欠账"的要求，坚守工作岗位，主动走访客户，优化生产组织，不让疫情耽误任何一批货物发运，胜利完成货运增量任务。

工 作 手 册

【任务名称】＿＿＿＿＿＿＿＿认识铁路货场与相关设备＿＿＿＿＿＿＿＿　参考学时：__1__学时

【项目团队】＿＿＿＿＿＿＿＿＿＿＿＿＿＿＿＿＿＿＿＿＿＿＿＿＿＿＿＿＿＿＿＿＿＿＿

【任务实施关键点】

＿＿＿

＿＿＿

＿＿＿

工序	工作步骤	实施方案
1. 认知铁路货场	货场管理要求	
	货场类别	
	货场设备	
2. 专用线（专用铁路）管理	认知铁路专用线	
	专用铁路、专用线（含专用铁路）业务办理	
	专用线共用	

工作笔记:请从"平凡而伟大"的视角,谈一谈你认为是什么支持着无数铁路货运前辈坚持数十年如一日,在平凡的岗位默默奉献,为铁路货运安全保驾护航的。

随堂练习

1. 车站货场是铁路办理货物运输的场所,也是货运产品的营销窗口,并以铁路承运人资格代表铁路运输企业参与市场经营,履行铁路运输企业赋予的(　　　)。

A. 权利和义务　　　　　B. 职能　　　　　　　C. 权利　　　　　　　　D. 职责

2. 编有记录的施封锁,卸车站自卸车之日起保管(　　　)日后方可销毁。

A. 30　　　　　　　　　B. 60　　　　　　　　C. 90　　　　　　　　D. 180

3. 未编有记录的施封锁,保管(　　　)日后方可销毁或回收。

A. 30　　　　　　　　　B. 60　　　　　　　　C. 90　　　　　　　　D. 180

4. 遇车站更名时,自更名之日起,原站名的施封锁可继续使用(　　　)。

A. 30 日　　　　　　　B. 半年　　　　　　　C. 90 日　　　　　　　D. 180 日

5. 货场应实行生产和经营的(　　　),对外一体化经营,对内一体化考核,发挥货场整体经营的基本功能,积极开展货运营销,不断增强铁路在市场中的竞争能力。

A. 统一管理　　　　　　B. 统一费率　　　　　C. 统一收费　　　　　D. 统一清算

6. 铁路装卸管理部门应对货场内的委托装卸实行（　　）的"五统一"管理。

A. 统一管理　　　　　　　B. 统一派班　　　　　　　C. 统一费率

D. 统一收费　　　　　　　E. 统一清算

7. 货运计量设备主要包括（　　）。

A. 轨道衡　　　　　　　　　　　B. 超偏载检测装置

C. 汽车衡　　　　　　　　　　　D. 装载机电子秤

8. 篷布是铁路货车（　　）。

A. 辅助用具　　　　　　　　　　B. 加固材料

C. 装卸器具　　　　　　　　　　D. 防湿工具

9. 篷布满足（　　）条件时,必须报废。

A. 修补面积达 30%　　　　　　　B. 修补面积达 40%

C. 修补达 100 处　　　　　　　　D 修补达 300 处

10. 严格控制专用线办理（　　）的共用。

A. 危险货物　　　　　　B. 零散货物　　　　　　C. 鲜活货物

D. 超限货物　　　　　　E. 超长货物　　　　　　F. 集重货物

项目二
整车货物(含批量零散货物快运)运输

 教学目标

能力目标

能按规章办理整车货物(含批量零散货物快运)运输作业。

知识目标

(1) 熟悉整车货物(含批量零散货物快运)运输的作业流程。

(2) 掌握整车货物(含批量零散货物快运)发送、途中、到达作业的作业程序与内容。

素质目标

树立"忠于职守"的职业理念,培育"按章办事"的职业作风。

【专项技能 2.1】 整车货物(含批量零散货物快运)发送作业

 学习目标

能力目标

办理整车货物(含批量零散货物快运)发送作业。

知识目标

(1)熟悉整车货物(含批量零散货物快运)发送作业流程。

(2)掌握需求受理、进货、装车、制票、承运与发车的作业程序与内容。

素质目标

培养"规范作业"的职业习惯。

 任务下达

📦 **阅读后,在工作手册中完成任务。**

湖南某混凝土有限责任公司作为托运人计划于 3 月 2 日在长沙北站货场发送一件重 80 t 的预应力梁到柳州南站;3 月 5 日在长沙北站专用线发送 2 万吨植物种子到大连站。

请以长沙北站货运员的身份办理两批货物的发送作业,并思考如何将"忠于职守"这种职业态度贯穿至整个作业流程。

🚄 理论学习

📦 **按图索骥 整车货物运输作业流程**

铁路货运组织包括发送作业、途中作业与到达作业,符合批量快运条件的可选择批量快运或整车方式办理。整车货物(含批量零散货物快运)运输作业流程如图 2.1 所示。

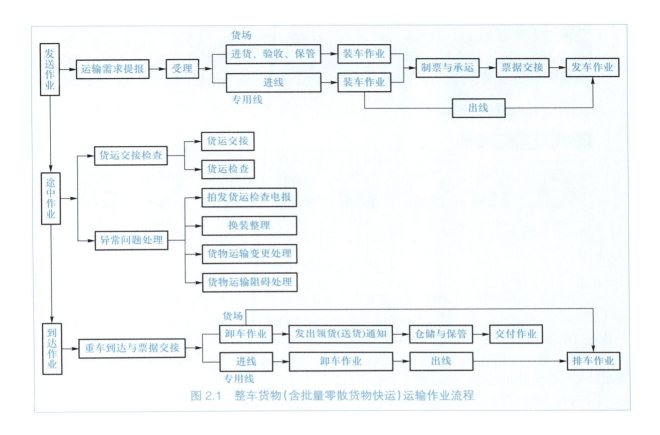

图 2.1　整车货物(含批量零散货物快运)运输作业流程

〖知识点一〗 整车货物(含批量零散货物快运) 运输需求提报与受理

一、客户运输需求提报

自 2013 年起,中国铁路实行货运改革,取消原有的按车皮计划号申请车辆的办理方式,改为客户自行提报运输需求,车站予以受理。

1. 需求提报的方式

客户可采取自助办理、车站代办两种方式提报运输需求。

(1) 自助办理　在铁路货运网上营业厅(95306 网)的"自助办理"菜单栏输入运输需求信息,如图 2.2 所示。

(2) 车站代办　托运人拨打车站受理服务电话或 95306 网客服电话、关注微信公众号"中国铁路 95306"的"货运服务"或车站工作人员上门受理,由车站相关人员代为录入运输需求信息。

2. 提交货物运输相关资料

办理托运时,托运人根据实际情况向承运人提交货物运单需求联、物品清单及相关证明文件,对提交材料的真实性负完全责任,若发现匿报、错报货物品名、重量时应按规定支付违约金。

图 2.2 "自助办理"菜单栏

（1）货物运单需求联 一般情况下需提交一份货物运单需求联。使用机械冷藏车运输的货物，同一到站、同一收货人的货物可以数批合并，提交一份货物运单需求联。整车分卸的货物，除提交一份货物运单需求联外，每一分卸站应另增两份货物运单以备分卸站、收货人留存。

（2）物品清单 遇到下列情况，托运人必须提交一式两份物品清单。办理站审核并要求托运人签章后将一份交由办理站留存，一份交还托运人。

① 托运人按一批托运的货物品名过多，不能在货物运单内逐一填记。

② 托运搬家货物。

③ 同一包装内有两种以上的货物。

④ 托运的货物品名为混装货物。

> 🧊 **拓展 混装货物**
>
> 混装货物指采用整车(含批量零散货物快运)或集装箱运输时同一车(箱)内装有 2 种及以上货物，以"混装货物"为品名承运的情形。混装的货物须性质符合一批办理限制，例如，灯具、纸及纸制品、铁丝、调味品、石粉、瓷砖等可办理混装运输。

系统生成的物品清单见表 2.1，除个人托运物品之外的情形也可用包含物品清单内容的其他单据替代。

表 2.1 物 品 清 单

发站 株洲北 需求号 20213HY5×××××××× 车号/箱号 ×××××××

序号	物品名称	包装	件数	重量/kg	体积/m³	价格/元	备注
1	灯具		18	5 000	22		
2	铁丝		27	2 700	7		
3	瓷砖		50	700	5		

续表

序号	物品名称	包装	件数	重量/kg	体积/m³	价格/元	备注
4	石粉		8	4 000	8		
5	方便面		40	200	3		
	合计		143	12 600	45		

托运人签章__×××__   2021 年 3 月 3 日

(3) 证明文件

根据中央或省(市)、自治区法令,需凭证明文件办理托运的货物,托运人应提交证明文件,并将证明文件名称和号码记载在货物运单需求联的"托运人记事"栏。对托运人无法提供或拒绝提供证明文件的情形,办理站有权拒绝受理。

需提交证明文件的情形主要包括:① 办理危险品运输需提交经办人身份证、培训合格证;② 办理爆炸品或烟花爆竹运输需提交运输许可证;③ 办理木材运输需提供木材运输证明;④ 办理烟草运输需提交烟草准运证;⑤ 办理麻醉药品运输需提交运输证明;⑥ 办理活动物、新鲜植物运输需提交检疫证明;⑦ 办理自备车运输需提交自备车过轨证明;⑧ 货物需押运人押运需提交押运人相关证明。

> 🧊 **拓展提升　押运**
>
> 1. 押运适用的情形
>
> 　活动物、需要浇水运输的鲜活植物、生火加温运输的货物、挂运的机车和轨道起重机以及特殊规定应派押运人押运的货物,托运人必须派人押运。
>
> 2. 押运的管理
>
> 　除特定情况外,押运人数每批不应超过 2 人。托运人要求增派押运人或对铁路未规定押运人的货物要求派人押运时,须经承运人同意。
>
> 　派押运人的货物,应由托运人在货物运单(需求联)内注明押运人姓名和证明文件名称及号码。从承运人承运货物时起至交付完毕时止,若押运人发生人身伤害,比照旅客办理。

3. 代递文件和单据

对办理海关、检疫手续及其他特殊情况的证明文件以及有关该批货物数量、重量、规格的单据,托运人可委托承运人代递至到站交给收货人。

托运人应在货物运单的托运人记载事项栏内记明委托代递的有关文件或单据的名称和页数。

二、受理

受理指托运人提交货物运输需求联,由承运人审核后对符合运输条件的予以办理。

1. 实名制受理

办理站应落实实名制受理制度。若托运人为个人,应查验身份证原件并留存复印件;若托运人为单位,应查验托运人营业执照、经办人身份证原件并留存营业执照、

微课
受理

经办人身份证复印件,对经办人信息、联系方式、联系地址及所用印章的证明材料等进行登记。

2. 受理原则

坚持客户自愿的原则,不得强制捆绑服务项目。坚持"一个窗口、一站受理、首问负责、全程跟踪"的原则,提供优质服务。对于抢险救灾物资、直接用于农业生产的物资、鲜活货物以及其他需要紧急运输的物资应优先运输。

3. 受理内容

(1)审核托运人提供的需求信息是否完整、准确。

(2)审核发到站办理限制、起重能力、专用线办理范围、危险货物办理限制、临时停限装、特定运输条件及接取送达等信息。

(3)审核证明文件及技术资料等原件是否符合条件,对符合条件的应采集影像资料留存后在证明文件背面注明托运货物的数量、加盖车站日期戳,将证明文件退还托运人或按规定留存。

(4)选择添加承运人标准记事和运输戳记,譬如:对批量零散货物快运添加 批量快运 运输戳记等,货物运输标准记事及说明见表2.2。

表 2.2　货物运输标准记事及说明(摘选)

序号	标准记事	对应戳记	对应标记	使用说明
1	三角 1	△1	G1	《铁路技术管理规程(普速铁路部分)》规定编组需要隔离的货车
2	三角 2	△2	G2	
3	三角 3	△3	G3	
4	三角 4	△4	G4	
5	三角 5	△5	G5	
6	三角 6	△6	G6	
7	三角 7	△7	G7	
8	三角 8	△8	G8	
9	三角丰	△丰　易腐货物	G0	须与蜜蜂车隔离的农药车
10	三角 K	△K	GK	装运易腐货物
11	三角 A	△A	GA	有公安人员押运的五类物资车
12	三角 B	△B	GB	重点保价货物

续表

序号	标准记事	对应戳记	对应标记	使用说明
13	三角 W	(三角W)	GW	装运军用尖端科技保密货物
14	圈联	(联)	圈联	装运国际联运货物的货车,封套
15	圈密	(密)	圈密	装运保密货物的货车,封套
16	R	R	R	有押运人的货车
17	抢险救灾	抢险救灾	抢	抢险救灾货物
18	批快	批量快运	批快	装运批量快运货物

〖知识点二〗 整车货物（含批量零散货物快运）进货

一、进货安排

进货安排指对受理的货物进行检查后,将其安排至合适的货区、货位。货运员凭进货通知、纸质货物运单需求联或需求号接收货物并按以下规定进行检查:

(1) 品名、件数、运输包装、标记及加固材料。

(2) 货物品名等是否与货物运单的记载相符。

(3) 运输包装和标志是否符合规定。

(4) 按件数承运的货物须对照货物运单清点件数。

(5) 个人托运的行李、搬家货物应对照物品清单核对,并抽查包装内标记（货签）是否符合规定。

(6) 使用装载加固装置和加固材料的货物应按规定对其数量、规格、重量进行检查。

(7) 超限、超长、集重货物应按托运人提供的技术资料复测尺寸。

货物状态有缺陷但不致影响货物运输安全的,可以由托运人在货物运单需求联内具体注明。

二、清点货物

1. 货物的计件与计重

确定货物的重量（包括货物包装重量）必须准确。由承运人组织装车的货物,除单件重量超过车站衡器最大称量的货物外,均由承运人确定重量;由托运人确定重量的货物,车站组织抽查;由托运人组织装车、由收货人组织卸车的货物,按托运人在货物运单需求联上填记的件数承运。

(1) 只按重量承运的货物 铁路整车货物一般按件数和重量承运。下列货物按整车运输时,只按重量承运,不计算件数:① 散堆装货物;② 成件货物规格相同（规格在三种以内的视作规格相同）且一批数量超过 2 000 件,成件货物规格不同且一批数量超过 1 600 件。

(2) 按重量和件数承运的货物 下列货物按整车运输时,若单件平均重量在 10 kg 以上,且托运人能按件点清交给车站的,无论货物的规格是否相同,承运人均应按重量和件数承运:① 针、纺织品,衣、袜、鞋、帽;② 钟表、中西成药、卷烟、文具、乐器、工艺美术品;③ 面粉、肥皂、糖果、橡胶、油漆、染料、轮胎、罐头食品、瓶装酒类、医疗器械、洗衣粉、缝纫机、空钢瓶、化学试剂、玻璃仪器;④ 电视、收音机、录音机、电风扇、计算机、照相机。

2. 货物堆码

货物应稳固、整齐地堆码在指定货位上,需要隔离的货物应按规定隔离。整车货物要定型堆码且保持一定高度。

线路两侧堆放货物时,货物距钢轨头部外侧不得少于 1.5 m,站台上堆放货物时,货物距站台边缘不得少于 1 m。

3. 运输包装与储运标志

(1) 运输包装　货物的运输包装必须按照国家包装标准或部包装标准(行业包装标准)执行,对尚未统一规定包装标准的,由承运人会同托运人研究制定货物运输包装暂行标准并共同执行。运输包装不符合要求的,由托运人改善后方可承运。

(2) 储运标志　托运人应按照国家标准在货物包装上涂打包装储运图示标志。

〖 知识点三 〗　整车货物（含批量零散货物快运）装车

微课
装车作业

一、装车作业责任划分

一般情况下,在车站公共装卸场所内组织的装(卸)车作业由承运人负责,在其他场所组织的装(卸)车作业由托运人(收货人)负责。

遇以下情况在车站公共装卸场所装(卸)车作业的,由托运人(收货人)负责组织:① 罐车运输的货物;② 冻结易腐货物;③ 未装容器的活动物;④ 蜜蜂;⑤ 鱼苗;⑥ 一件重量超过 1 t 的放射性同位素;⑦ 用人力装卸带有动力的机械和车辆;⑧ 货物性质特殊,经托运人(收货人)要求并经承运人同意的。

二、选择合适的载运车辆

(1) 按照运输合同约定的车种拨配适当的车辆。

若无适当货车拨配时,承运人须在征得托运人同意、保证货物安全、货车完整和装卸作业方便的条件下使用代用车辆。发生车种代用时,应按要求报批并将批准代用的命令号码记录在货物运单"记事"栏。车辆代用必须符合货车使用限制表(见表 2.3)中的规定。

(2) 保密物资、涉外物资、精密仪器、展览品能用棚车装运的必须使用棚车装运。

(3) 以长大货物车、冷藏车代替其他车辆或改变罐车使用范围时应经国铁集团货运部批准,其他车辆代替棚车时应经铁路局集团公司批准。

(4) 怕湿或易盗、易丢失的货物应使用棚车装运。

(5) 毒品专用车不得用于装运普通货物。

(6) 冷藏车严禁用于装运可能污染、损坏车辆的非易腐货物。

表 2.3　货车使用限制表

序号	限制条件	棚车	敞车	底开门车	有端侧板平车	无端侧板平车	有端板无侧板平车	铁地板平车	共用车	备注
1	散装的煤、灰、焦炭、砂、石、土、矿石、砖	×				×	×	×	×	无端侧板平车或有端板（渡板）无侧板平车(共用车除外)，在使用围挡并安有支柱时，可装运煤、灰、砂、石、土、砖
2	金属块			×		×	×	×	×	无端侧板平车或有端板（渡板）无侧板平车(共用车除外)，在使用围挡并安有支柱时，可装运散装的金属块
3	空铁桶				×	×	×	×	×	应加固并外罩绳网
4	木材				×	×				
5	超长货物	×	×	×				×		
6	超限货物	×		×				×		
7	钢轨	×		×				×		
8	组成的机动车辆	×	×	×				×		组成的摩托车、手扶拖拉机及小型车辆可使用棚车，到站有起重能力时可使用敞车

注：表中 × 表示不准使用的车种。

三、货场装车作业

1. 下达装车计划

货运调度员根据本班作业计划向货运员布置装车任务，通过系统为待装货物和配空车辆选择装车股道及完成装车作业的货运员、装卸工组。

2. 接车对货位

货运员对线路安全距离进行检查，发现货物线上有其他作业车辆时应立即通知装卸工组整理原作业车内货物，撤出人员并停止原有装卸作业，撤除防护信号。货运员会同调车组对货位。完成接车对位后，货运员在系统中录入相关作业信息。

3. 安设防护牌

货运员通知装卸工组安设防护信号牌，货运员检查确认。当同一线路上有两个及以上工组同时作业时，由最先开班作业的工组（或专人）设置防护信号，作业工组应在防护信号上锁挂工组标识。在货物线两端来车方向左侧钢轨上设置带有脱轨器的红色防护信号牌，尽头线路只需在来车一端设置防护。在夜间或能见度较低的昼间作业时应使用红色信号灯，如图 2.3 所示。

昼间为红色方牌或旗子　　　　　　　夜间为红色灯光

图2.3　安设防护牌

4. 装车前检查

(1) 现场"三检"作业。

① 检查货物运单　货运员检查货物运单需求联的记载内容是否符合运输要求、有无漏填或误填。

② 检查货物　货运员对照货物运单需求联的记载内容逐一核对待装货物的品名、件数、货物标志、标签和货物状态。

③ 检查车辆

a. 检查货车外观。检查货车的车体(包括透光检查)、车门、车窗、盖阀是否完整良好,有无扣修通知、货车洗刷回送标签或通行限制。

b. 检查货车车内。检查车内是否干净,是否被有毒物质污染。装载粮食、医药品、食盐、鲜活货物、饮食品、烟草制品及派有押运人的货物时,应检查车内有无恶臭异味。

c. 清扫货车。清扫车内垃圾,认真检查后拍照留存。

(2) 信息核实　装车前,货运员在系统中完成信息核对与录入,主要核对货物名称、车辆轴数、车型、车号、车辆标记载重量等相关信息。发现信息与实际不符时视具体情况进行处理。发现货车损坏不能使用时,在系统填写不良货车通知单(见表2.4)并打印一式两份,由填发人、车站签收人签字后,一份交给行车人员,一份由行车人员签收后收回留存。

表2.4　不良货车通知单

不良货车通知单　　No.××××××××××
年　　月　　日
车次＿＿＿＿＿＿＿　车辆停留在＿＿＿＿＿场＿＿＿＿＿线
(1) 车种车型＿＿＿＿＿　(2) 车号＿＿＿＿＿
(3) 载重＿＿＿＿＿　(4) 空重别＿＿＿＿＿
(5) 主要损坏部分＿＿＿＿＿＿＿＿＿＿
(6) 备注＿＿＿＿＿＿＿＿＿＿
填发人:＿＿＿＿签章
车站签收时间:＿＿月＿＿日＿＿时＿＿分
车站签收人:＿＿＿＿＿＿签章

5. 装卸班组派班

（1）**抄录现车**　货运员抄录现车,将待装空车的车种、车型、车号、车辆标记载重量等信息记录在登记簿上。

（2）**信息核对与传达**　货运员与货运调度员核对待装车辆、待装货物、货位等信息,确认无误后将作业地点、车种、车型、车数、货物品名等作业信息传达给装卸派班员。

（3）**装卸班组派班**　装卸派班员派班,接到任务的装卸工组备齐工具备品、安全防护用品,并进行检查,以确保性能良好。

货运员根据实际作业情况填写"装卸作业单"和"派班通知单"后交给装卸工班长。

6. 召开车前会

货运员组织召开车前会,参加的人员包括装卸司机、电动起重机司机等。货运员布置作业并讲解装载加固方案。

7. 装车与监装作业

（1）**装车作业**　装卸司机、电动起重机司机等装卸作业人员按照分工进行装卸作业,做到不错装、不漏装,巧装满载,防止偏载、偏重、超载、集重、亏吨、倒塌、坠落和超限。

（2）**监装作业**　货运员全程使用作业记录仪拍摄作业过程,填写并签认"车前会记录簿"。在装车过程中,货运员应注意以下事项:

① 对易磨损货件应采取防磨措施,怕湿和易燃货物应采取防湿或防火措施。

② 严格按照《铁路装卸作业安全技术管理规则》有关规定办理,对货物装载数量和重量要进行检查。

③ 对以敞、平车装载的,需要加固的货物,有定型方案的应严格按定型方案装车,无定型方案的应由车站制定装载加固方案并按审批权限报批后,按批准方案装车。

④ 装载散堆装货物时,顶面应平整。

⑤ 对自轮运转的货物、无包装的机械货物,车站应要求托运人将货物的活动部位予以固定,以防脱落或侵入限界。

8. 装车后"三检"作业

（1）**现场作业**　装车后,货运员严格执行装车质量签认制度,建立档案管理并落实"三检"制度。

① **检查装载:**

a. 检查车门、车窗、盖、阀关闭且拧固,以及装载加固情况。

b. 装载货物的敞车要检查车门插销、底开门搭扣和篷布苫盖、捆绑情况。

c. 篷布不得遮盖车号和货车表示牌,篷布绳索捆绑不得妨碍车辆手闸和提钩杆,绳索、加固铁线的余尾长度应不超过 300 mm。

d. 装载超限、超长、集重货物,应按装载加固定型方案或批准的装载加固方案检查装载加固情况,超限货物还应对照铁路局集团公司的批文核对装车后尺寸。

e. 需要施封的货车按规定施封后用 10 号铁线将车门拧紧。

f. 需要插放货车表示牌的货车应按规定办理。

② **检查货物运单:**

a. 检查货物运单需求联有无误填和漏填,车种、车号和运单记载是否相符。

b. 需要填制货车装载清单及标画示意图的货物应检查是否按规定填制。

③ 检查货位：检查货位有无误装、漏装情况。

（2）录入系统　货运员在系统完成作业信息录入与核对，主要核对装车件数、货物重量、施封篷布号码与实际情况是否相符，批量货物必须检查体积是否填记。需提交物品清单的货物应核对物品清单记载信息与实际是否相符，发现不符应按实际情况修改相关信息。

📦 **拓展　施封**

1. 施封适用的情形

使用棚车、冷藏车、罐车、集装箱运输的货物，由组织装车或装箱的单位负责在货车或集装箱上施封（集装箱施封由托运人负责）。

以下情形可以不施封：

（1）结构上无法施封的重集装箱。

（2）有押运人的货物。

（3）需要通风运输的货物。

（4）托运的空集装箱可不施封，但托运人须关闭箱门并确认左右箱门锁舌和把手入座。

（5）组织装车单位认为不需施封的货物。

2. 施封方法

（1）货车施封：需在每一车门下部的门扣处各施施封锁一枚。外勤货运员使用 8 号或 10 号镀锌铁线将两侧车门上部门扣和门鼻拧固，成燕尾状并剪断燕尾。施封后，须对施封锁的锁闭状态进行检查，确认落锁有效，车门不能拉开。

（2）集装箱施封：通用集装箱施封时，确认左右箱门锁舌和把手入座后，在右侧箱门把手锁件的施封孔处施封一枚。其他类型集装箱可根据实际情况采取适合的施封方法。

3. 施封失效

发现施封锁有下列情形之一，即按失效处理：

（1）钢丝绳的任何一端可以自由拔出，锁芯可以从锁套中自由拔出。

（2）钢丝绳断开后再接，重新使用。

（3）锁套上无站名、号码和站名或号码不清、被破坏。

---

9. 撤除防护牌

装车作业完成后，须由最后结束作业的装卸工组撤除防护牌。货运员组织装卸工组召开完工会，对装车作业进行点评，交代后期注意事项并会同装卸工班长签认装卸工作单。

四、专用线装车作业流程

1. 下达装车计划

货运调度员根据本班的作业计划向专用线货运员布置好装车任务，在系统下达专用线装车计划。

微课
货车施封

2. 路企进线交接检查

① 车站按协议规定的时间向专用线发出送车预、确报，随后向专用线运送空车。

② 专用线货运员接到确报后，及时通知企业运输员到现场接车对位。

③ 专用线货运员会同企业运输员检查货车的门、窗、底板、端侧板是否完好，门鼻、门搭扣是否齐全，车内是否干净、有无异味及回送洗刷、消毒标志是否齐全，并确定货车是否适合装运货物。

3. 专用线装车

专用线货运员向企业运输员传达装载方案及安全注意事项等。企业运输员向装车人员说明注意事项，随时检查装载加固是否符合规定。

4. 路企出线交接检查

（1）检查现车 专用线货运员会同企业运输员检查货车的车门、窗、盖、阀是否关闭妥当，需要施封的车辆或苫盖篷布的货物是否处理妥当等。

（2）填写"装车登记簿" 专用线货运员填写装车登记簿，通知车站装车完毕时间。

（3）办理现车交接 专用线货运员与企业运输员在运输协议规定的地点使用"货车调送单"办理交接。施封的货车凭封印交接，不施封的货车、棚车、冷藏车凭车门、窗关闭状态交接；苫盖篷布的凭篷布现状交接，敞车、平车、砂石车不苫盖篷布的，凭货物装载状态或规定标记交接。

5. 调送单签认

专用线货运员在系统完成货车调送单并签认，货车调送单见表 2.5，它是车站核收货车延期占用费的凭据。

表 2.5　货车调送单

专用线名称：　　　　　　　　　接轨站：　　　　　　　　　　　　年　月　日

序号	车种车号	发站或到站	货物名称	装卸（停留）时间					货车状态	货物装载状态	货车篷布数	附记
				调到时间	装卸开始时间	装卸结束时间	调回时间	标准				

交接企业签认：　　　　　　　　　　　　　　　　　　　　交接车站签认：

〖知识点四〗 整车货物（含批量零散货物快运）
制票和承运作业

一、制票

1. 信息审核

核算岗位的货运员在系统完成制票并对生成的货物运单进行审核，审核的信息主要包括：

① 发站、托运人、到站、收货人、付费方式、领货方式、货物名称、件数、重量等栏目的内容是否填写齐全，增值税发票信息受票方与票面上托运人是否一致。

② 托运人选择保价运输时应检查是否按"元/车"填写"货物价格"栏目。

③ 当货物品名超过两种时是否附有物品清单。

④ 提交了证明文件等资料的应复核图像采集是否齐全。

2. 核收运费

(1) 运费支付方式   核算岗位的货运员按照《铁路货物运价规则》的规定计算货物运输费用,托运人可选择现金、支票、银行卡、预付款、汇总支付等方式支付运费。

发生临时抢险、救灾、防疫等情况,在发站支付运输费用确有困难的,经发站所属铁路局集团公司同意后可以后付或由收货人在到站支付。

(2) 运费支付时间   当日 18 点前承运的货物,在承运当日支付货物运输费用。18 点后承运的货物,由发站在货物运单的承运日期处戳记注明"翌"字,可在次日支付运输费用。

3. 打印票据

核算岗位的货运员录入货物运单中承运人记载事项并再次审核货物运单相关信息,打印货物运单发站存查联、托运人存查联、领货凭证联(收货人凭纸质领货凭证领货时)。

二、承运

整车货物(含批量零散快运)装车完成并核收运费后,发站在货物运单上加盖车站日期戳即完成承运,货物运输合同即告开始。

> **📦 拓展   取消托运**
>
> 承运后、发送前,托运人可向发站提出取消托运,经发站同意后可取消,货物运输合同即告解除。
>
> 取消托运前,若在货场装车时,发站确认货车在本站后,通知行车人员后方可办理;若在专用线装车时,路企出线交接前可办理,路企出线交接后不可办理。
>
> 办理时,货运员审核并收回货物运单托运人存查联、领货凭证联。

〖知识点五〗   整车货物(含批量零散货物快运)发车作业

一、票据交接

发站将货物运单存查联交由托运人在正面托运人签章栏及背面"货物托运安全承诺书"处签章,随后在货物运单发站存查联、托运人存查联、领货凭证联上加盖车站日期戳,发站存查联由发站留存,托运人存查联和领货凭证联一并交予托运人。

二、发车作业

1. 票据信息交接

货运调度员核对可挂运的车辆,确定无误后发出"可取车"通知。

2. 取、送车作业

车站行车部门接收货运部门推送的"可取车"信息后编制作业计划，车站组织取、送车作业。

3. 发车作业

车站行车部门核对列车编组顺序表、现车，与机车乘务员办理列车编组顺序表交接签认，按规定发车。

> 📖 **课程思政案例：提高技术业务素质，争做合格货运员。**
>
> 5月的一天，某货运营业站货运员小张接到一名客户提报的运输需求，要求将灯具(18件、重量5 000 kg)、铁丝(27件、重量2 700 kg)、瓷砖(8件、重量500 kg)、石粉(8件、重量4 000 kg)、方便面(200件、重量40 kg)等多种货物按一批办理运输。货运员小张秉承"简化受理、随到随办、规范收费、热情服务"的服务宗旨，仔细分析该批货物的具体情况为客户选择了经济合理的"混装货物"整车运输的方式，受到了客户的赞美。

工 作 手 册

【任务名称】_____整车货物（含批量零散货物快运）发送作业_____参考学时：_2_学时

【项目团队】_____

【任务实施关键点】

_____

_____

_____

工序	工作步骤	实施方案
1. 整车货物（含批量零散货物快运）需求提报与受理	提报客户运输需求资料	
	受理的程序与内容	
2. 整车货物（含批量零散货物快运）进货	进货安排	
	清点货物	
3. 整车货物（含批量零散货物快运）装车	划分装车作业责任	
	选择合适的载运车辆	
	货场装车作业程序	
	专用线装车作业程序	
4. 整车货物（含批量零散货物快运）制票和承运	制票	
	承运	
5. 整车货物（含批量零散货物快运）发车	票据信息交接	
	取送车作业	
	发车作业	

续表

工作笔记:请以货运员身份谈一谈"按章办事"与"服务至上"两者有冲突吗。

 随堂练习

1. 遇有下列(　　)情况时应提出物品清单。
A. 托运人按一批托运的货物品名过多,不能在货物运单内逐一填记
B. 托运搬家货物
C. 同一包装内有两种以上的货物
D. 托运的货物品名为混装货物
2. 整车货物进货时,车站凭(　　)接收货物。
A. 进货通知　　　　　　　　　　B. 纸质货物运单需求联
C. 需求号　　　　　　　　　　　D. 物品清单
E. 身份证
3. 对(　　)能用棚车装运的必须使用棚车装运,不得用其他货车代替。
A. 保密物资　　　　　　　　　　B. 涉外物资
C. 精密仪器　　　　　　　　　　D. 展览品
4. 车站承运时需打印货物运单的(　　)。
A. 发站存查联
B. 托运人存查联
C. 收款人报告联
D. 领货凭证联(客户需纸质领货凭证时)

【专项技能 2.2】 整车货物(含批量零散货物快运)途中作业

学习目标

能力目标
办理整车货物(含批量零散货物快运)途中作业。

知识目标

(1) 熟悉整车货物（含批量零散货物快运）途中作业。

(2) 掌握货运交接检查、异常问题处理、货物运输变更与运输阻碍办理的作业程序与内容。

素质目标

强化"按章作业"的职业习惯，培养"爱岗敬业"的职业态度。

任务下达

📦 **阅读后，在工作手册中完成任务。**

　　湖南某混凝土有限责任公司作为托运人3月2日在长沙北站货场发送一件80 t的预应力梁到柳州南站。3月4日，当货物运行至株洲北站时，托运人提出变更到站为柳州站。

　　请以株洲北站货运员身份分析该批货物是否符合运输变更条件，若符合条件该如何办理，并思考违规办理运输变更存在哪些危害？

理论学习

📦 **途中作业**

　　途中作业是货物运输途中发生的各项货运作业的统称，主要包括：货运交接检查、特殊作业与异常情况处理。

〖知识点一〗 货运交接检查

一、货运检查工作

　　为了保证货物运输途中的行车安全、货物安全，划清运输责任，在运输途中的货运检查站对货车、货物与票据（含电子票据）进行货运交接、检查并按章处理，统称为货运检查工作。

1. 货运检查站

　　货运检查站（以下简称货检站）指列车运行途经有技术作业或无技术但停车时间在35 min以上的编组站和区段站。货检站分为路网性货检站与区域性货检站。

　　(1) 路网性货检站　路网性货检站指纳入17个国铁集团日常考核的编组站。目前，纳入国铁集团日常考核的路网性货检站共40个，具体名单见表2.6。

　　(2) 区域性货检站　除路网性货检站外，铁路局集团公司管辖范围内有货检作业的技术作业站即为区域性货检站，由铁路局集团公司自定并报国铁集团货运部备案。

微课
货运交接检查

表 2.6　纳入国铁集团日常考核的路网性货检站名单

铁路局集团公司	站名	个数
哈尔滨	哈尔滨南、三间房	2
沈阳	苏家屯、沈阳西、山海关、四平、通辽	5
北京	丰台西、石家庄南、南仓	3
太原	大同	1
呼和浩特	包头西	1
郑州	郑州北	1
武汉	武汉北、襄阳北、武昌南	3
西安	新丰镇、宝鸡东、安康东	3
济南	济西	1
上海	徐州北、阜阳北、芜湖东、南京东、南翔、乔司	6
南昌	鹰潭、向塘西	2
广铁集团	株洲北、衡阳北、江村、怀化西	4
南宁	柳州南	1
成都	成都北、兴隆场、贵阳南	3
昆明	昆明东	1
兰州	兰州北、迎水桥	2
乌鲁木齐	乌西	1
合计		40

2. 货检工作的责任制度

铁路货检工作实行区段负责制。货检站对其负责的检查范围承担相应的安全责任,确保货物列车安全继运到下一个有货检作业的货检站。

货检站应及时处理交接中发现的问题。发生问题后能有效证明货检站工作质量良好的,可不按区段负责制承担责任。

二、货运检查作业

1. 检查的内容

① 货物装载、加固状态、施封(罐车、集装箱、SQ 型或 JSQ 型车端门处施封除外)情况。

② 货车篷布及篷布绳网苫盖、捆绑状态。

③ 货车门、窗、盖、阀及罐式集装箱盖、阀关闭情况。

④ 货车、货物、集装箱、篷布的顶部和敞车内货物等视频监控设备可视部位的情况。

⑤ 危险货物押运人的押运情况。

⑥ 设备检测发现的超偏载问题。

⑦ 对无列检作业的车站应检查自动制动机的空重位置,不符合时应进行调整。

⑧ 检查装有易燃、易爆等危险货物的货车时应严禁明火接近、敲打罐体或进入车(罐)内。

⑨《铁路超限超重货物运输规则》规定的事项。

⑩ 国铁集团规定的其他事项。

2. 执行签认的内容

① 超限超重货物。

② 剧毒品(非罐车,实行运输跟踪管理的)。

③ 爆炸品。

④ 气体类。

⑤ 硝酸铵。

3. 货运检查的作业程序

(1) 计划安排和作业准备 货检员接收任务后,应掌握到达(出发)列车车次、股道、时刻、编组内容及施封、重点车等情况,并准备好作业工具和备品。

(2) 到达列车预检 列车到达前 5 min,货检员应出场立岗,在列车到达、通过时对列车进行目测预检。

(3) 现场检查

① 从列车一端逐车检查,对列车首、尾的车辆涂打检查标记,对检查的重点内容进行记录。

② 在规定的技术作业时间内完成检查与整理工作,核实无误后确认作业完成并记录作业完成时间。

③ 发现异常情况,需要拍发电报的,应于列车到达后 120 min 内向上一货检站发送电报,并抄知发、到站,必要时抄知有关单位和部门;需编制记录的应按规定编制;需要甩车整理的应通知车站调度员(值班员)甩车处理。

④ 货检作业与在列整理完毕后,及时向车站调度员汇报作业完成情况。

4. 发现问题的处理

对发现问题的货车应进行整理,分为甩车整理和在列整理。

(1) 在列整理 发生装载加固、篷布苫盖、门窗盖阀等方面的问题,若不需要甩车处理时,应采取有效防护措施后对车列内需整理货车进行整理。预计整理时间超过技术作业时间的,货检员应及时向车站调度员(值班员)报告。

在列整理时,货检员应先确认货物装载加固状态及车门的关闭状态,确保人身安全后再按规定作业。

(2) 甩车整理 对危及行车安全又不能在列整理的车辆,货检员应报告车站调度员请求甩车整理。甩车整理的情形主要包括:

① 篷布苫盖不整或缺少腰绳、篷布绳网。

② 货物发生严重倾斜、偏载、移位、窜动、坠落、倒塌和渗漏。

③ 超限货物按普通货物办理。

④ 加固支柱折断或装载加固材料(装置)超限。

⑤ 棚车车门脱槽、罐车上盖张开。

⑥ 罐车发生泄漏或溢出。

⑦ 危险货物押运或施封异常等问题。

⑧ 货车、货物、集装箱、篷布等顶部或车体上有异物且无法在列处理。

⑨ 火灾。

⑩ 货物明显被盗丢失。

⑪ 发生其他危及行车安全情况不能在列整理时。

甩车整理时应做好防护工作。除设有隔离开关的线路外,其他情况不允许在挂有接触网的线路上整理车辆。

三、货运交接作业

1. 办理交接的内容

① 列车中货物装载、加固状态。

② 车辆篷布苫盖状态。

③ 施封及门、窗、盖、阀关闭情况。

④ 货车票据完整情况。

2. 不需交接的内容

① 罐车和集装箱的封印。

② 苫盖货物的篷布顶部。

③ 集装箱顶部。

④ 敞车装载的不超出端侧板货物的装载状态。

3. 施封的交接

① 装车站按施封办理的货车,途中不得改按不施封办理。

② 货检站凭列车编组顺序表的有关记载检查货车施封是否有效,对货物列车无改编作业的,不核对站名、号码;对货物列车有改编作业的,货检站只核对站名,不核对号码。

〖 知识点二 〗 异常问题处理

在货运交接、检查时发现异常问题,处理方法主要包括:拍发货运检查电报、车站换装或整理、补封处理后继运、苫盖篷布等。

一、拍发货运检查电报

1. 适用情形

由于货物本身、车辆技术状态或自然灾害等原因在途中车站滞留时间达到 48 h 的,应拍发电报通知发到站;必要时,应抄送有关铁路局集团公司。

2. 拍发电报

对货运交接、检查中发现的问题,除按规定处理外还应于列车到达后 120 min 内以电报通知上一货检站,同时抄知发、到站。电报的内容包括列车的车次、到达时分、车种、车号、发站、到站、品名、发现问题及简要处理情况,铁路传真电报(无封交接)见表2.7。

表 2.7 铁路传真电报(无封交接)

签发:××× 核稿:××× 拟稿人:××× 电话 ×××××××××

发报所名	电报号码	等级	受理日	时分	收到日	时分	执行员

主送:上一检查站

抄送:发站、到站

　　× 年 × 月 × 日 × 时 × 分 × 次列车到检见机后 × 位,车种车型车号 ×××××××,× 站发 × 站,机械配件一车,列进方向左侧无封,车门打开 ××mm,我站编记录扣车处理。

× 站 000880 号
× 年 × 月 × 日

二、换装整理作业

重车在运输过程中被发现可能危及行车安全或货物完整而进行的更换货车或货物整理,统称为换装整理作业。换装整理的时间一般不应超过 2 天,超过时间时应由换装站拍发电报通知到站,便于收货人查询。

1. 适用情形
出现下列情形之一,须由发现站或铁路局集团公司指定站对货车进行换装整理:
① 运输中发生货车偏载、超载、货物撒漏。
② 因车辆技术状态不良,经车辆部门扣留,不能继续运行。
③ 根据《铁路货物运输管理规则》《铁路货运检查管理规则》有关规定,需要换装整理的。

2. 作业费用
对扣留的换装整理货车,换装站应登记并按月汇总上报主管铁路局集团公司,同时通知有关铁路局集团公司。

属于铁路内部责任的,费用清算由换装站将记录连同有关费用的单据按月汇总报主管铁路局集团公司,在发生换装的次月内向责任铁路局集团公司(或责任单位)清算,每一责任铁路局集团公司每月发生款额累计不足 1 000 元的不清算。

换装整理作业费用的承担按以下规定划分:
① 铁路责任产生的加固材料费用由整理站(铁路局集团公司)列销。
② 由于行车事故或调车冲撞发生的换装费由责任单位负担,其他情形由原装车站(铁路局集团公司)承担。
③ 车辆技术状态不良导致的换装整理属车辆部门责任,换装费由发生铁路局集团公司承担。

〖知识点三〗 货物运输变更的处理

一、变更到站与收货人

1. 办理限制

托运人在货物托运后,由于特殊原因需要变更的,经承运人同意,承运后的货物可以按批在货物所在的途中站或到站办理变更到站或收货人。

货物运输变更由车站受理,途中或到站仅受理托运人提出的货物运输一次变更需求。变更到站时,处理站应报铁路局集团公司同意后方可受理,并电报通知新到站和发站。

2. 办理程序

(1) 托运人提交相关文件　托运人要求变更或解除运输合同时,应提交货物运单领货凭证联和货物运输变更要求书(见表 2.8),无法提交领货凭证时,应提交其他有效证明文件并在货物运输变更要求书内注明。

表 2.8　货物运输变更要求书

<table>
<tr><td colspan="9">货物运输变更要求书</td></tr>
<tr><td colspan="9">变更号码:××××××××××</td></tr>
<tr><td colspan="9">变更要求人_____印章_____经办人身份信息_____　年　月　日　调度命令号:</td></tr>
<tr><td rowspan="5">客户填记</td><td>变更事项</td><td colspan="2">新到站</td><td colspan="2">新收货人</td><td></td><td></td><td></td></tr>
<tr><td rowspan="2">原货物运单记载事项</td><td>运单号</td><td>发站</td><td colspan="2">到站</td><td>托运人</td><td>收货人</td><td>办理种别</td></tr>
<tr><td></td><td></td><td colspan="2"></td><td></td><td></td><td></td></tr>
<tr><td>车种车号</td><td colspan="3">货物名称</td><td>件数</td><td>重量</td><td>承运日期</td></tr>
<tr><td>变更原因</td><td colspan="7"></td></tr>
<tr><td rowspan="3">承运人填记</td><td rowspan="3">记载事项</td><td colspan="2">原到站</td><td colspan="2">原收货人</td><td></td><td></td><td></td></tr>
<tr><td colspan="2">新到站</td><td colspan="2">新收货人</td><td></td><td></td><td></td></tr>
<tr><td colspan="2">未受理原因</td><td colspan="2"></td><td>变更处理站</td><td colspan="2">经办人</td></tr>
</table>

(2) 变更处理站的作业
① 变更处理站应审核纸质货物运单托运人存查联、领货凭证联、货物运输变更要求书。
② 变更处理站在系统录入货物运输变更要求书。
③ 变更处理站在纸质货物运单托运人存查联、领货凭证联上修改相关信息,加盖车站日期戳或带有站名的人名章后交托运人。

(3) 新到站的作业　卸车作业完成后,新到站通过系统打印货物运单到站存查联、收货人存查联、货物运输变更要求书,与收货人完成货物交付。

二、特殊情况

1. 禁止办理的情形

① 违反国家法律、行政法规、物资流向、运输限制和密封的变更。

② 变更后的货物运到期限大于容许运输期限。

③ 变更一批货物中的一部分。

④ 第二次变更到站。

2. 变更卸车站

① 必须由托运人或收货人提出书面申请。

② 新卸车站与原到站必须在同一径路上。

③ 因自然灾害影响变更卸车地点时应及时通知收货人。

④ 办理局管辖范围内卸车站变更的,必须经铁路局集团公司调度命令批准。

⑤ 原则上不办理跨铁路局集团公司的卸车站变更,若确须办理,必须经国铁集团下达准许办理的调度命令。

〖知识点四〗 运输阻碍的处理

一、运输阻碍的界定

因不可抗力的原因致使行车中断的,称为运输阻碍。不可抗力是指不能预见、不能避免且不能克服的客观情况。

二、运输阻碍的处理方法

① 铁路局集团公司对已承运的货物,可指示绕路运输。

② 必要时,可先将货物卸下并妥善保管。待恢复运输后再行装车继续运输,所需装卸费用由装卸作业的铁路局集团公司负担。

③ 因货物性质特殊(如动物死亡、易腐货物腐烂、危险货物发生燃烧、爆炸等)绕路运输或卸下再装的,若造成了货物损失的,车站应联系托运人或收货人在规定的时间内提出处理办法。托运人或收货人逾期未予以答复或因等候答复使货物发生损失的,处理站可比照无法交付货物办理,所得剩余价款通知托运人领取。

> 📖 课程思政案例:精业务,保规范作业无差错;无私心,一视同仁方保"初心"。
>
> 6月的一天,某货运营业站货运员小刘接到某批货物发站拍发的电报,称承运时因制票工作失误导致输错到站站名,已通知收货人,将由收货人以变更到站名义来办理该批货物的运输变更。小刘认为同是"铁路人",犯了点不影响运输安全的小问题,同时收货人也知情,自己可以给

予"方便",遂在收货人带着领货凭证和货物运输变更要求书来办理变更手续时,表示同意并着手办理运输变更手续。该站货装值班员及时发现并制止了这种违规办理行为,并告知货运员小刘,处理站仅接受托运人的运输变更申请,违规办理引发的纠纷和责任将由受理人员承担。

工 作 手 册

【任务名称】　　　　　整车货物(含批量零散货物快运)途中作业　　　　参考学时：　2　学时

【项目团队】　　　　　　　　　　　　　　　　　　　　　　　　　　　　　　

【任务实施关键点】

_____

_____

_____

工序	工作步骤	实施内容
1. 货运交接检查	货运检查工作内容	
	货运检查作业	
	货运交接作业	
2. 异常问题处理	拍发货运检查电报	
	换装整理作业	
3. 货物运输变更的处理	变更作业内容	
	变更手续费的规定	
	特殊情况处理	

工作笔记:请从服务的视角谈一谈对"提高技术业务素质"的理解。

随堂练习

1. 货检站是列车运行途经有改编或人工方式列检作业或无改编或无列检作业但停车时间在(　　)及以上的编组站或区段站。

A. 15 min　　　　　B. 25 min　　　　　C. 35 min　　　　　D. 45 min

2. 货检站分为(　　)。

A. 路网性货检站　　　　　　　　B. 区域性货检站

C. 全国性货检站　　　　　　　　D. 地方性货检站

3. 货运交接检查的内容包括（　　　）。
A. 列车中货物装载、加固状态
B. 车辆篷布苫盖状态
C. 敞车装载的,不超出端侧板货物的装载状态
D. 货车票据完整情况
E. 施封及门、窗、盖、阀关闭情况

4. 换装整理的时间一般不应超过（　　　）天。
A. 1　　　　　　　　B. 2　　　　　　　　C. 3　　　　　　　　D. 4

5. 装车站按施封办理的货车,（　　　）不得改按不施封办理。
A. 区段站　　　　　B. 途中　　　　　　C. 发站　　　　　　D. 车站

6. 货检作业中车站按规定对以下（　　　）内容进行签认。
A. 超限超重货物　　　　　B. 剧毒品　　　　　　C. 爆炸品
D. 气体类　　　　　　　　E. 硝酸铵

【专项技能 2.3】 整车货物（含批量零散货物快运）到达作业

 学习目标

能力目标
办理整车货物（含批量零散货物快运）到达作业。

知识目标
(1) 熟悉整车货物（含批量零散货物快运）到达作业流程。
(2) 掌握整车货物（含批量零散货物快运）的卸车、货物交付的作业程序与作业内容。

素质目标
树立"严于律己"的职业态度,形成具备高度责任心的职业习惯。

微课
到达作业

 任务下达

🔹 **阅读后,在工作手册中完成任务。**

　　湖南某混凝土有限责任公司作为托运人 4 月 1 日在长沙北站发送 10 车植物种子到大连站。请以大连站货运员身份办理该批货物的到达作业,并思考如何将"规范操作、细心严谨、热情服务"的服务宗旨贯穿至各作业环节?

理论学习

> ❖ **整车(含批量零散货物快运)到达作业**
>
> 　　到达作业是货物在到站进行的各种货运作业的统称,主要包括:重车和票据的交接,货物的卸车、保管和交付以及运输费用的结算等,到达作业完结,运输合同即告终止。

〖 知识点一 〗　整车货物(含批量零散货物快运)卸车作业

一、重车到达与票据交接

　　货物列车到达后,车站行车部门应派人与机车乘务员接收重车并办理交接手续,货车交接时应详细核对列车编组顺序表与现车信息是否相符。

二、卸车作业

1. 作业要求

　　车站必须认真贯彻"一卸、二排、三装"的运输组织原则,认真做好卸车工作,以卸保排、以卸保装,同时要加强夜间卸车组织,夜间卸车在总卸车占比要达到 45% 以上。

2. 货场卸车

　　(1) 下达卸车计划　货运调度员接收到达重车票据信息后,根据本班的作业计划向货运员布置好卸车任务,下达卸车计划。

　　(2) 接车对货位　货运员接到接车对货位通知后,前往货物线接车对货位。完成接车对货位后,货运员通过系统完成作业信息录入工作。

　　(3) 安设防护　货运员通知装卸工组安设防护信号牌后,在系统录入作业时间。

　　(4) 卸车前"三检"　卸车前,货运员根据货运调度员下达的卸车计划到现场严格落实"三检"制。

　　① 检查运单。检查运单记载的到站与货物实际到站是否相符,了解待卸货物的性质、卸车及保管要求等。

　　② 检查货位。检查货位是否能容纳待卸的货物、货位的清洁状态、与相邻货位的货物性质有无抵触等。

　　③ 检查现车。检查车辆状态是否良好,篷布苫盖、货物装载状态有无异状,施封是否良好,现车与运输票据是否相符。

　　(5) 派班通知和车前会　货运员根据实际作业情况填写"装卸作业单"和"派班通知单"并交给装卸工班长。组织召开车前会,向装卸工组交代卸车要求及重点注意事项,填写签认"车前会记录簿"。

（6）监卸工作

① 卸车时，根据货物运单核实货物、清点货物件数、核对标记、检查货物状态，发现异常情况应及时采取措施处理。

② 合理使用货位，按规定堆码货物。

③ 卸车时，发现货物损失或与货物运单信息不一致的情况，按规定编制"货物损失报告"。

（7）卸车后"三检"

① 清扫与整理：卸车后，装卸班组应将车辆清扫干净，关好车门、车窗、阀、盖，检查卸后货物安全距离，清理线路，将篷布按规定折叠整齐，送到指定地点存放。对托运人自备的货车装备物品和加固材料应妥善保管。

📦 拓展　货车洗刷与除污

1. 需要洗刷与除污的车辆

　对装过活动物、鲜鱼类、污秽品等货物的车辆，及受易腐货物污染的冷藏车和《铁路危险货物运输管理规则》中规定必须洗刷消毒的货车，需要进行洗刷除污作业。

2. 洗刷除污责任划分

　一般情况下，洗刷除污作业由铁路负责，并依照卫生（兽医）人员的要求进行消毒。若收货人有洗刷、消毒设备时，也可由收货人自行洗刷、消毒。

3. 洗刷除污的作业要求

　由负责卸车的单位进行卸空货车的清扫。若收货人卸车后未进行清扫或清扫不干净的，车站应通知收货人补扫，若未补扫或仍未清扫干净的，车站应以收货人的责任组织人力代为补扫，向收货人核收规定的货车延期占用费。

　未经洗刷除污的货车严禁排空或调配装车。

---

② "三检"检查：货运员在卸车后要认真落实"三检"工作。

a. 检查运输票据。检查票据上记载的货位与实际堆放货位是否相符，货物运单上的卸车日期是否填写。

b. 检查货物。检查货物件数与货物运单记载是否相符，货物堆码是否符合要求，卸后货物安全距离是否符合规定。

c. 检查卸后空车。检查车内货物是否卸净且清扫干净，车门、窗、端侧板是否关闭严密，表示牌是否撤除。

（8）撤除防护信号　货运员通知装卸工组撤除防护牌并召开完工会，在系统录入撤出防护牌信息。

3. 专用线卸车

（1）下达卸车计划　货运调度员接收到达重车票据信息后，根据本班的作业计划向专用线货运员布置好卸车任务后，下达卸车计划。

（2）路企进线交接检查

① 车站按协议规定时间向专用线发出送车预、确报后，向专用线运送重车。

② 专用线货运员接到确报后，及时通知企业运输员到现场接车对位。

③ 专用线货运员会同企业运输员对到达的重车进行交接检查。

（3）卸车作业　卸车时，专用线货运员向企业运输员传达卸车作业要求。企业运输员负责监卸，向卸车人员说明注意事项，提示卸车重点及检查安全防护设施等。

（4）路企出线交接检查（现场检查）

① 卸车后，企业应负责将车辆清扫干净，需要洗刷、消毒、除污的应按规定及时处理，如确有困难可向车站提出协助处理，费用由委托方承担。

② 关好车门、窗、盖、阀，拆除车辆上的支柱、挡板、三角木、铁线等，恢复车辆原来状态。

③ 检查货物堆码状态及与线路的安全距离。

④ 卸下的篷布应检查是否完整良好，需晾晒的要晾晒，并按规定将铁路货车篷布送回车站指定地点。

（5）调送单签认　专用线货运员在系统生成"货车调送单"并完成签认。

4. 排空作业

货运调度员核对已完成卸车作业的车辆，确定无误后发出"可取车"通知，车站行车部门获取票据信息后组织排空车辆。

> 🔶 **拓展　装卸车附属作业**
>
> 下列工作属于装卸车附属作业，不另清算：
> ① 铺垫或整理防湿垫枕，苫盖、撤除、折叠和取送篷布。
> ② 清扫货车、货位，关闭拧固车门、车窗、盖、阀。
> ③ 整理装车后剩余货物，必要时用篷布苫盖或搬入库台。
> ④ 安装或撤除支柱、挡板、垫板、禽畜支架。
> ⑤ 装载货物的捆绑加固（需要铆接、焊接等特殊加固除外）。
> ⑥ 托盘、网络等铁路装卸工具的铺设、撤移、整理和堆码。

〖知识点二〗　整车货物（含批量零散货物快运）到达通知和仓储

一、发出领货（送货）通知

承运人组织卸车的货物，到站应在不迟于卸车完毕的次日内，用电话、短信、邮件或与收货人商定的通知方式等向收货人发出领货通知或送货通知，并在货物运单内记明通知的时间与方式。

二、仓储与保管

1. 搬出货物（接收货物）的时限

① 在车站公共装卸场所内由承运人组织卸车的货物，收货人应于承运人发出领货通知或送货通知的次日起算 2 日内将货物搬出或接收货物。

② 对不能实行领货通知、送货通知的货物，收货人应于卸车的次日起算 2 日内将货物搬出或接收货物。

③ 承运人会同收货人卸车的货物，收货人应于卸车的次日起算 2 日内将货物搬出或接收货物。

2. 免费仓储的时限

① 收货人逾期未将货物搬出或接收货物的，按逾期时间核收仓储费。

② 铁路局集团公司可依据地区实际情况适当延长或压缩货物免费仓储时间，压缩时间不得长于 1 天，可以提高仓储费率（不得超过规定费率的 1 倍），且必须报国铁集团货运部备案。

③ 不宜长期保管的货物，承运人根据具体情况可缩短通知和处理期限。

3. 运输中的仓储与保管规定

货物承运前、交付后的仓储按实际仓储时间核收仓储费。铁路局集团公司可依据地区实际情况确定免费仓储期限，也可以提高仓储费率（不得超过规定费率的 1 倍），且必须报国铁集团货运部备案。

〖知识点三〗 整车货物（含批量零散货物快运）交付作业

货物交付对象是货物运单内所记载的收货人。对编有记录或发现有事故可疑痕迹的货物，到站必须复查货物的现状及质量，对已构成货物损失的，应在交付货物时将货运记录交给收货人。

一、交付的界定

① 货物到达后，到站向收货人交付货物。由承运人组织卸车或由承运人组织装车、收货人组织卸车的货物，在向收货人点交货物或办理交接手续后，即为交付完毕。

② 由托运人组织装车、收货人组织卸车的货物，在货车交接地点交接完毕，即为交付完毕。

二、作业内容

1. 票据交付

（1）核对信息

① 凭纸质领货凭证领货时：收货人为个人时，凭个人身份证领货。收货人为单位时，应提供委托书和经办人身份证。车站通过系统核实，确认与货物运单上收货人信息一致后完成收货人（经办人）身份证及头像影像资料的采集，办理内交付手续。

纸质领货凭证未到或丢失时，可凭有经济担保能力的企业出具的担保书办理内交付手续。

② 委托领货时：由委托人代为领取货物时，除核实领货凭证、收货人身份证复印件外，还应核实被委托人身份证原件和委托书。

专用线运输的货物，收货人需提交企业出具的委托领货手续办理交付手续。

（2）票据交接　货运员确认到达及卸车相关信息后核收相关费用，打印货物运单到站存查联、收货人存查联并加盖车站日期戳。

货运员让收货人在货物运单到站存查联上签章，将货物运单收货人存查联交予收货人，将纸质货物运单领货凭证联、货物运单到站存查联、变更要求书、调卸作业单、普通记录等合订留存。

2. 现货交付

（1）货场交付　货运员凭加盖车站日期戳的货物运单收货人存查联点交货物后，在收货人存查联上加盖"货物交讫"戳记。分批领取的货物应在货物运单收货人存查联上逐批记载领取货物的品名、件数、重量、时间等,待全批点交完毕后再加盖"货物交讫"戳记。

(2) 专用线交付　货车办理交接后即为外交付完毕。

3. 货物的搬出

收货人持有加盖"货物交讫"戳记的货物运单收货人存查联将货物搬出货场,货场门卫对搬出的货物应认真检查品名、件数、交付日期与货物运单记载是否相符,确认无误后放行。

三、货物无法正常交付的处理办法

1. 货物不能全批搬出

收货人无法在货物交付完毕当日将货物全批搬出车站的,可由车站负责仓储。按重量和件数承运的货物,将未搬出的货物按件点交车站;只按重量承运的货物,凭收货人声明的实际情况将未搬出货物情况交予车站。

2. 货物逾期未到达

货物逾期未到导致货物无法交付时,到站应按下列规定办理:

(1) 运输行程的查询　到站负责货物运输行程的查询工作,从发站开始依次查询,查询的最终结果应及时通知收货人。被查询的车站应自接到查询的次日起 2 日内将查询结果电告到站。

(2) 加盖车站戳记　到站在收货人出具的货物运单领取凭证联背面加盖车站戳记,作为货物未到的凭证。

(3) 编制货运记录　鲜活货物超过运到期限仍不能交付的,到站应于运到期限期满当日编制货运记录交予收货人;其他货物在运到期限期满后 15 日仍未到达的,到站应于 15 日期满的当日编制货运记录交予收货人。

(4) 货物灭失赔偿　货物运到期限期满 30 日,到站仍不能交付货物的,托运人、收货人可按货物灭失向到站要求赔偿。

3. 货物被拒领

收货人拒绝领取货物时应出具书面说明,到站应自拒领之日起 3 日内通知托运人、发站,征求处理意见。托运人自接到通知之日起 30 日内提出处理意见答复到站。

📖 **课程思政案例:精业务、强技能,方能更好地服务于工作。**

5 月 11 日是某货运营业站货运员小张上岗的第一天。在办理一批货物交付手续时,经办人王某声称忘记携带单位开具的委托书,但有身份证可证明其是收货单位经办人。小张认真审核该单位经办人王某身份证,并通过系统核实货物运单记载的收货人单位后采集了王某的身份证及头像影像资料,随后打印货物运单到站存查联、收货人存查联并加盖车站日期戳,准备完成货物交付。小李的师傅李某发现后及时制止并让经办人王某补交单位开具的委托书后完成此次货物交付。此次,货运员小张的错误在于弄混了个人、单位为收货人的不同办理方法,险些出现大错。由此可见,爱岗敬业并不是只凭满腔热血就可以的,必须不断提升业务技能,才能更好地服务于铁路货运工作。

工 作 手 册

【任务名称】_____整车货物（含批量零散货物快运）到达作业_____参考学时：__2__学时
【项目团队】_____

【任务实施关键点】
_____
_____
_____

工序	工作步骤	实施方案
1. 整车货物（含批量零散货物快运）卸车作业	重车到达与票据交接	
	货场卸车作业流程	
	专用线卸车作业流程	
	排空作业	
2. 整车货物（含批量零散货物快运）到达通知和仓储	发出领货（送货）通知	
	仓储与保管	
3. 整车货物（含批量零散货物快运）交付作业	票据交付	
	现货交付	
	货物搬出	

工作笔记:请从铁路货运员视角思考如何才能做到"精业务、强技能"？

随堂练习

1. 承运人在车站公共装卸场所内组织卸车的货物,收货人应于承运人发出领货通知或送货通知的次日(不能实行领货通知及送货通知或会同收货人卸车的货物为卸车的次日)起算,(　　　)内将货物搬出或接收货物。

A. 1 日   B. 2 日   C. 3 日   D. 4 日

2. 到站应将到达货物向(　　　)内所记载的收货人交付。

A. 货物运单   B. 货票   C. 物品清单   D. 货车调送单

3. 收货人拒绝领取货物时应出具(　　　)。

A. 口头说明   B. 书面说明   C. 领货凭证   D. 单位介绍信

4. (　　　)超过运到期限仍不能在到站交付货物时,车站应于当日编制货运记录交给收货人。

A. 鲜活货物   B. 危险货物   C. 超限货物   D. 超长货物

项目三
集装箱运输

 教学目标

能力目标
初步具备办理集装箱运输的能力。

知识目标
（1）熟悉集装箱的定义、分类与主要标记。

（2）掌握集装箱运输办理条件。

（3）掌握集装箱运输组织的方法。

素质目标
正确认识集装箱运输组织的特殊性，具备"秉公办事"的职业作风。

【专项技能 3.1】 集装箱运输条件

学习目标

能力目标
能根据实际情况判定集装箱运输条件。

知识目标
(1) 熟悉集装箱的定义与种类。
(2) 掌握集装箱运输条件。

素质目标
培养"科学严谨"的职业态度,培养严谨、细致的工作作风。

任务下达

> 🔲 **阅读后,在工作手册中完成任务。**
>   2 月 2 日,衡阳市某公司在衡阳站运输一批物资到武昌站。该批物资包括日用百货、医药、鲜奶、水果等。请结合衡阳站实际情况为客户提供可选择的运输方式,并思考如何做到坚持为客户推荐最优运输方式。

理论学习

> 🔲 **按图索骥　集装箱运输作业流程**
>   集装箱运输是我国铁路主要运输种类之一,具有保证货运安全、简化货物包装、提高装卸效率、便于组织门到门运输等优势,是铁路货物运输实现现代化的重要途径。集装箱运输环节包括发送作业、途中作业与到达作业,其作业流程如图 3.1 所示。

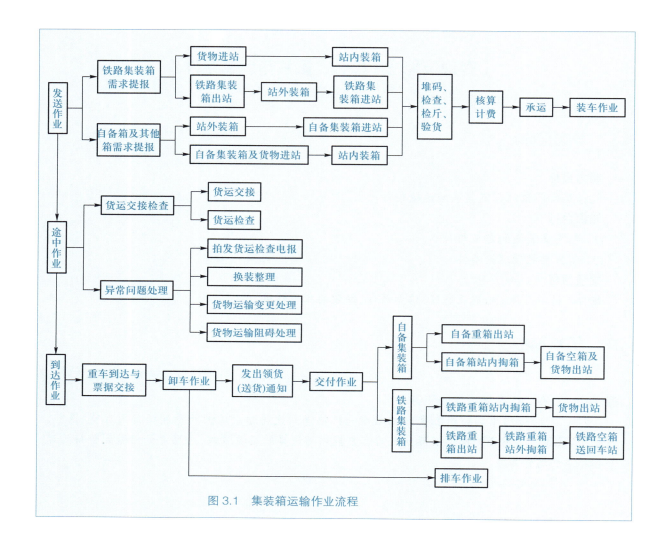

图 3.1   集装箱运输作业流程

〖知识点一〗 铁路对集装箱运输的界定

一、《铁路集装箱运输规则》适用范围

《铁路集装箱运输规则》依据《中华人民共和国铁路法》《中华人民共和国合同法》《铁路安全管理条例》《铁路货物运输规程》《铁路货物运输管理规则》等法律、法规、规章及国铁集团规定等制定,适用于国家铁路的集装箱运输。

1. 国铁与非国铁间的办理方法

与国家铁路办理直通运输的合资铁路、地方铁路办理集装箱运输时,铁路局集团公司应将集装箱运输安全内容纳入有关协议。

2. 国铁与铁路专用线运输间的办理方法

与国家铁路接轨的铁路专用线、专用铁路办理集装箱运输时,铁路局集团公司应将集装箱运输安全内容纳入铁路专用线、专用铁路运输协议。

3. 其他非适用范围的办理方法

(1) 集装箱装运危险货物时,应执行《铁路危险货物运输管理规则》等规定。

(2) 集装箱国际铁路联运应符合《国际铁路货物联运协定》等规定。

二、集装箱运输组织管理

集装箱运输实行集中统一调度指挥,国铁集团负责国家铁路集装箱运输组织和统一管理,铁路局集团公司负责管内集装箱运输组织和经营管理,铁路箱产权单位负责铁路箱维修、报废等资产管理工作。

跨局运输时,集装箱应组织一站直达车装运。

〖知识点二〗 集装箱的定义

根据《铁路集装箱运输规则(TG/HY 110—2018)》给定的定义,集装箱指具备下列条件的运输设备:

① 集装箱为箱体,便于箱内货物装满和卸空,不包括车辆和一般包装,具有足够的强度,在有效使用期内可以反复使用,如图 3.2 所示。

② 适用于一种或多种运输方式运送货物,设有供快速装卸的装置,便于从一种运输方式转到另一种运输方式,途中无须倒装。

③ 箱内容积不小于 1 m³。

图 3.2　集装箱

〖知识点三〗 集装箱的分类

一、按长度分类

按照长度不同,集装箱可分为 20 ft 箱、40 ft 箱、45 ft 箱以及经国铁集团货运部批准运输的其他长度的集装箱。

二、按箱主分类

1. 铁路箱
铁路箱是承运人提供的集装箱。
2. 自备箱
自备箱是托运人自有或租用的集装箱。

三、按所装货物种类和箱体结构分类

1. 普通货物箱
（1）通用箱　　通用箱是全封闭式箱体，具有刚性的箱顶、侧壁、端壁和箱底，至少在一面端壁上有箱门。目前，通用箱占全部集装箱总数的 70%~80%，适合装运大多数普通货物，譬如：文化用品、日用百货、纺织品、医药、工艺品、电子仪器仪表、机械零件等。

（2）专用箱　　专用箱是为了便于不通过端门装卸货物或为了通风等特殊用途而设有独特结构的普通货物集装箱，主要包括以下几类：

① 通风集装箱：通风集装箱是在箱壁设有与外界进行气流交换装置的集装箱，主要用于装运食品等需要通风的货物。按通风方式可分为自然通风集装箱和机械通风集装箱，按通风强度可分为透气式集装箱和通风式集装箱。

② 敞顶集装箱：敞顶集装箱是箱顶可以打开，货物能从上部吊装吊卸的集装箱，用于装运玻璃集装架、通用集装箱使用，如图 3.3 所示。

图 3.3　敞顶集装箱

③ 台架式集装箱：台架式集装箱是无刚性侧壁和箱顶，端壁亦可拆掉，只靠箱底的四个角柱承受载荷的集装箱，主要用于装运长大笨重货物，如重型机械、各种钢材和木材等。

④ 平台集装箱：平台集装箱为一平台，无上部结构。该类集装箱设有底角件，可使用与其他集装箱相同的紧固件和起吊装置，适于装运机械、钢铁等重质、大件货物。

2. 特种货物箱
特种货物箱是专门用于运输某种状态或特殊性质货物的集装箱，主要包括以下几类：

（1）保温箱　保温箱是具有绝热的箱壁、箱门、箱底和箱顶,能阻止集装箱内外热交换的集装箱,可分为绝热集装箱、消耗制冷剂式冷藏集装箱、机械式冷藏集装箱、加热集装箱及冷藏和加热集装箱等,适于装运冻鱼、冻肉、鲜奶、水果、蔬菜等需要控制温度的货物。

（2）罐式箱　罐式箱由箱体框架和罐体两部分组成,装货时,货物由液罐顶部的装货孔装入,卸货时,货物由排出孔靠重力自行流出或由顶部装货孔吸出。罐式箱包括单罐式和多罐式两种,适用于装运各类酒类、油类、液体食品、化学品等液体货物。

（3）干散货箱　干散货箱一般设有 2~3 个装货口,端门下设有 2 个卸货口,适用于装运散装粮食、饲料、水泥及某些化学制品等无包装的固体颗料粒或粉状货物。

（4）按货物命名的集装箱　按货物命名的集装箱专门用于装运某种货物,包括汽车集装箱、动物集装箱、服装集装箱等。

四、按是否符合国家标准或行业标准分类

集装箱按照是否符合国家标准或行业标准分为标准箱和非标箱。

〖 知识点四 〗 集装箱运输条件

一、开(停)办运输业务的条件

1. 集装箱运输业务的开办

车站申请开办集装箱运输业务,由铁路局集团公司确认满足规定条件后上报国铁集团货运部予以审核并公布。上报的信息须包括:① 车站名称;② 铁路专用线或专用铁路名称;③ 起重能力;④ 办理箱型;⑤ 危险货物运输办理情况。

2. 集装箱运输业务的停办

车站申请停办集装箱运输业务,经铁路局集团公司审核同意后上报国铁集团货运部予以审核并公布。上报的信息须包括:① 车站名称;② 铁路专用线或专用铁路名称;③ 停办箱型;④ 停办原因;⑤ 临时停办集装箱运输业务的还需报停办日期范围。

车站停办集装箱运输业务应清查站存铁路箱并及时组织回送。

微课
集装箱运输
条件

二、上路运输条件

集装箱应符合国家标准或行业标准并执行定检制度,从出厂到第一次检验的间隔期不得超过 5 年,以后检验的间隔期不得超过 2.5 年,以保证质量满足铁路运输安全要求。

非标铁路箱、非标自备箱以及其他箱分别满足相应运输条件后方可上路运输。

① 非标铁路箱由国铁集团货运部公布运输条件后方可上路运输。

② 非标自备箱办理海铁联运、国际铁路联运(发站或到站为港口站、国境站)以及管内运输的,由发送铁路局集团公司确定运输条件,确保满足运输安全要求后方可上路运输。

③ 其他箱由发送铁路局集团公司提出运输条件,报国铁集团货运部公布后方可上路运输。

④ 不符合国际标准的集装箱要国际铁路联运出口的,应确保满足相关国家铁路运输安全要求方可上路运输。

三、办理站条件

集装箱在站间办理运输的,集装箱办理站应具备下列条件:

1. 场地要求

办理站应有与其运量相适应的,适合集装箱堆存、装卸的场地,装卸线数量和长度满足生产需要。

2. 设备与设施要求

① 配备集装箱专用装卸机械,起重能力满足所装卸集装箱总重量的要求。20 ft、40 ft 集装箱起重量不小于 35 t,具备 20 ft 35 t 集装箱办理条件。

② 具备良好的硬件、软件和计算机网络环境,能够应用集装箱运输的相关信息系统。

③ 具备集装箱称重计量及安全检测条件,装卸机械宜具备称重、超偏载检测功能。

④ 办理特种货物箱和专用箱时应配备相应的生产和安全设施设备,如:站台、装卸、接充电设施设备等。

⑤ 仅办理罐式箱运输业务的,可不配备集装箱装卸机械,但应有充装、抽卸设施设备;仅办理干散货箱、敞顶箱发送业务的,可不配备集装箱装卸机械,但应有货物装载设施设备。

📖 **课程思政案例:秉承初心,设身处地为客户;技能精湛,提质培优服务佳**

　　某日,衡阳站货运员小李接到一位货主的运输需求,要求将一批散装水泥运输到广州。货主对铁路运输方式不了解,声称由小李代他作主即可。小李本着服务货主的想法,耐心细致地向货主介绍了适合该批货物性质的整车与集装箱两种运输方式,货主综合考虑后选择了集装箱运输。集装箱品种繁多,小李又为货主介绍了不同材质、型号的集装箱,并根据该批货物属性推荐了干散货箱,这种集装箱适合运输无包装的固体颗料粒或粉状货物。货主满意地办理了运输手续并对小李的细致工作表达了赞美。

工 作 手 册

【任务名称】	辨别集装箱及判定运输条件	参考学时:_1_学时

【项目团队】_____

【任务实施关键点】

_____

_____

_____

工序	工作步骤	实施方案
1. 辨别集装箱	集装箱的定义	
	集装箱的分类	

续表

工序	工作步骤	实施方案
2. 集装箱运输条件	开(停)办运输业务的条件	
	上路运输条件	
	办理站条件	

工作笔记:请从"秉公办事"的视角谈一谈如何为客户推荐最优运输方式。

随堂练习

1. 简述集装箱的分类,并举例说明适合装运哪些货物?
2. 20 ft、40 ft 集装箱起重量不小于(　　)t。
A. 15　　　　　　　B. 20　　　　　　　C. 35　　　　　　　D. 40
3. 以下哪种箱型属于专用集装箱(　　)。
A. 封闭式通风箱　　　　　　　B. 敞顶箱
C. 罐式箱　　　　　　　　　　D. 干散货箱
4. 集装箱按所装货物(　　)结构分为普通货物箱和特种货物箱。
A. 种类和尺寸　　　　　　　　B. 重量和箱体
C. 种类和箱体　　　　　　　　D. 重量和尺寸

【专项技能 3.2】 集装箱货物运输组织

学习目标

能力目标
能正确办理集装箱运输。

知识目标
掌握集装箱运输需求提报、进货验货、计费与承运、装箱、卸车、仓储、到货通知与交付、掏箱等作业环节的办理方法。

素质目标
(1) 培养严格按照作业程序作业的习惯,树立"安全第一"的职业意识。
(2) 培养遇事有担当、不推诿的工作态度。

任务下达

> 🔹 **阅读后,在工作手册中完成任务。**
>
> 　　6月2日,衡阳市某公司在衡阳站运输一批货物(百货、医药、鲜奶与水果),选择了集装箱的运输方式,到站为武昌东站,收货人是武昌市某甲公司子公司。该批物资中的百货、医药送入衡阳站装车,鲜奶、水果由托运人在某农贸市场装箱后送入衡阳站。6月4日,该批货物到达武昌东站。
>
> 　　请谈一谈该批货物的运输组织包括哪些作业环节及其作业内容,并思考在集装箱运输组织工作中如何坚持做到"有担当、不推诿"?

 理论学习

〖 知识点一 〗　需求提报与受理

　　客户通过铁路货运网上营业厅(95306网)申报集装箱运输需求,除了比照整车货物提报需求的流程办理外,铁路集装箱需要在铁路货运网上营业厅预定空箱,自备箱及其他箱型箱类需在铁路货运网上营业厅直接填写货物运单。

　　铁路箱和自备箱不得按一批办理,每批必须是标记总重相同的同一类型集装箱。

一、铁路箱需求提报

1. 铁路空箱预订

　　客户通过铁路货运网上营业厅预定空箱,输入需求的箱型、箱类、箱数等相关信息,系统自动审核集装箱办理限制、箱型、箱类、箱数、专用线办理限制等。

2. 安排空箱

　　车站为客户安排空箱,按"先到先得"的原则自动分配并在铁路货运网上营业厅实时自动公示。出站后重去重回的情形不需订箱。

3. 补填箱号

　　车站安排铁路空箱后,客户在铁路货运网上营业厅补填相关信息,如:收货人信息、增值税信息、付费方式、保价等信息,设置领货方式,选择服务方式,配箱后集装箱系统自动生成货物运单需求联。

二、自备箱及其他箱型需求提报

　　客户在铁路货运网上营业厅填写货物运单需求联,完成自备箱、特种箱、中欧班列专用箱等箱类运输需求提报。

三、提报物品清单

有两种以上品名的货物或托运的货物品名为混合货物时,客户应通过铁路货运网上营业厅提交物品清单。

〖知识点二〗 集装箱进站与验货

一、铁路集装箱进站作业

1. 站外装箱

(1) 铁路箱出站　铁路箱凭铁路箱出站单出站,由车站货运员编制。铁路箱出站单一式两联(见表 3.1),甲联为发站存查联;乙联为随箱联,是铁路空箱出站和箱体状况交接的凭证。

表 3.1　铁路箱出站单

____站存查　　　　　　　　　　　　　　　　　　　　　　　　　　　　　　　　　　　　甲联

出站填记(空 重)			
托运 / 收货人		调度命令号	
到站 / 货票号	箱型箱号	接收站	
箱体状况	割伤 C　擦伤 B　破洞 H　凹损 D 破损 BR　部件捡失 M　污箱 DR	如有异状,请注明程序与尺寸	
领箱人		备注	
搬出汽车号	破损记录号	车站纪办人	出站日期
进站填记(空 重)			
箱体状况	割伤 C　擦伤 B　破洞 H　凹损 D 破损 BR　部件捡失 M　污箱 DR	如有异状,请注明程序与尺寸	
还箱人		备注	
搬入汽车号	破损记录号	车站纪办人	进站日期

车站应提供状态良好的集装箱,托运人在使用前必须检查箱体状况,发现箱体状况不良时应及时提出,由车站予以更换。

车站应与托运人(收货人)签订铁路箱出站使用协议,明确免费使用期限、延期使用费、进出站检查、损坏和丢失赔偿等事项并可收取一定的保证金。

(2) 铁路箱进站　铁路箱凭铁路箱出站单和纸质货物运需求联进站,车站货运员须检查集装箱是否与照片相符,确认箱体状态良好、货物装载符合安全要求,箱门关闭状态良好,施封号码与需求单记载一致。

2. 自备集装箱或站内装箱的货物进站

自备集装箱或站内装箱的货物应于约定进站日期当日凭纸质货物运单需求联进站,若有延误,按规定核收仓储费。

自备集装箱重箱进站时,货运员须检查集装箱是否与照片相符,箱体状态、货物装载、箱门关闭状态等是否符合规定。

站内装箱的货物进站时,货运员要按照要求对待装货物进行清点和检查,还要检查待装箱箱体状态,确认箱体状况良好,按规定进行拍照或过磅。发现箱内有残货或杂物时,应通知托运人掏空或清扫干净。

二、集装箱堆码、检查与检斤验货

1. 集装箱堆码

(1) 固定场所　集装箱应固定作业场地,分区码放,与其他货物分开存放。

(2) 按箱位管理　集装箱货位应使用集装箱运输相关系统,实行按箱位管理。

(3) 分区划位　作业场地应划分箱区、箱位,在地面做出明显标识,留有检查作业通道。

(4) 整齐堆码　码放集装箱时,必须关闭箱门、码放整齐、箱门朝向宜保持一致。多层码放时,应角件对齐,不得超过限制堆码层数。

2. 集装箱开箱检查

(1) 箱体检查　车站应对发送、回空集装箱的箱体状况进行检查,逐箱确定发送集装箱重量和回空集装箱的空重状态。

(2) 开箱抽查　为了防止出现匿报货物品名、夹带危险货物、装载加固不良等问题,承运人有权对集装箱货物品名、重量、数量、包装、装载状况等进行检查。车站应根据货源情况等对发送的集装箱进行开箱抽查并应留存检查记录。

对需要开箱检查的货物,在发站应通知托运人到场,在到站应通知收货人到场。

发现托运人存在违约责任的,承运人应根据合同约定或有关规定核收违约金及因检查产生的相关作业费用。对可继运的货物,车站应会同托运人补封并编制普通记录后继运。

3. 检斤验货

集装箱进站或站内装箱时,除检斤验货外还需审核集装箱称重单据,确认箱内货物不超载。货运员在信息系统录入箱货总重、货物重量和施封号。

〖 知识点三 〗 集装箱计费与承运

一、集装箱制票

货运员在系统完成计费、制票作业,录入承运人记事,核认无误后打印货物运单的发站存查联与托运人存查联。有纸质领货需求的,还应打印货物运单的领货凭证联交予托运人。

二、集装箱承运

集装箱货物接收完毕并核收运费后,发站在货物运单上加盖车站日期戳时起,即为承运。

〖知识点四〗 集装箱装车与发车作业

一、集装箱装车的基本要求

集装箱的装箱由托运人负责,根据托运人要求可在站内指定区域装箱。

1. 装箱货物的限制

① 集装箱所装货物应符合所用箱型适箱货物要求,不得腐蚀、损坏箱体。

② 在一定季节和区域内不易腐烂、变质、冻损的易腐货物,经托运人和承运人协商一致并签订书面协议后,在保证不影响货物质量的前提下可使用通用集装箱装运。

③ 铁路通用箱不得装运煤、焦炭等易污染箱体的货物。

④ 集装箱不得与其他货物装入同一辆货车内,易腐货物与非易腐货物、危险货物与非危险货物、性质互抵的货物、运输条件不同的货物均不得混装于同一箱内。

2. 装箱重量的规定

① 托运的集装箱,单箱总重不得超过其标记总重,且不得超过发站和到站的集装箱起重能力,在车上直接装卸货物的特种货物箱、专用箱等除外。

② 使用铁路货车装运集装箱时,全车集装箱总重不得超过货车标记载重,且应符合货车装载技术条件要求,保证货车不出现超载、偏载、偏重等问题。

3. 装箱的技术要求

装箱时应码放稳固,装载均衡,不超载、不集重、不偏重、不偏载、不撞砸箱体,采取防止货物移动、滚动或开门时倒塌的措施,保证箱内货物和集装箱运输安全。敞顶箱装运易扬尘货物时,应采取苫盖篷布或抑尘等环保措施。

4. 载运车辆的要求

(1) 专用平车或共用平车　集装箱应使用集装箱专用平车或共用平车装运,禁止使用普通平车装运。未安装 F-TR 型锁的集装箱专用平车或共用平车在装运空集装箱时,必须使用 4 股及以上 8 号镀锌铁线捆绑牢固。其中,使用共用平车时,将集装箱底部角件与车辆捆绑牢固;使用专用平车时,将相邻两箱底部角件捆绑在一起,仅装运一箱时将集装箱底部角件与车辆底架捆绑牢固。

(2) 敞车、板架式汽车箱　确定需要使用敞车装运集装箱时,运行速度按有关规定执行,装运重箱时应采取防止偏载、偏重的措施。板架式汽车箱按其运输条件办理。

(3) 特殊情况的规定

① 进入青藏线格拉段(不含格尔木站)和拉日线的集装箱运输执行以下规定:

a.重集装箱禁止使用敞车装运,空集装箱(板架式集装箱除外)禁止使用未安装 F-TR 型锁的集装箱专用平车装运。

b. 发往台州南站的集装箱禁止使用敞车装运。

② 端部有门的 20 ft 集装箱使用集装箱专用平车或共用平车装运时,箱门应朝向相邻集装箱。

③ 使用 X3K 和 X4K 集装箱平车,两端箱位装载集装箱、中间箱位未装载集装箱时,箱门应朝向外侧门挡。

二、集装箱装车作业程序

1. 装车前准备

车站货运调度员核实货物运单和现箱信息,确认已制票、未装车的重箱和待回送空箱箱型和箱数,根据待装车股道和站存箱情况制定装车计划。

2. 装车前检查

铁路空箱装车前,应逐箱确认空箱状态。装车前,清扫干净车地板,确认箱体、车体上无杂物。使用集装箱专用平车或共用平车时,装车前必须确认锁头齐全、状态良好。

货运员检查集装箱箱体状态和车辆技术状态,执行"三确认"。

① 确认箱体外部状态良好,箱门锁闭。

② 确认敞车中门、下侧门部件齐全,关闭良好。

③ 确认集装箱平车锁头齐全,状态良好,处于工作位置。

3. 装车作业

货运员组织装卸班组按计划装箱,做到不错装、不漏装,防止偏载、偏重。装车时,应使用集装箱装卸搬运机械,稳起轻放,防止刮蹭、冲撞集装箱和货车。不得采用在货车上焊接、钉固等损坏车辆的加固方式。使用敞车装运重箱时应居中装载,并按规定放置集装箱草挡。

货运员在系统完成相关信息录入并生成货车装载清单。

4. 装车后检查

货运员进行装车后检查,主要包括:① 检查装箱重量,核对车号、箱号信息,检查箱体和施封情况;② 使用集装箱专用平车或共用平车的,装车后必须确认锁头完全入位,箱门处的集装箱专用平车门挡或共用平车端板立起;③ 使用特种货物箱和专用箱的,还应检查其附属件。

三、发车作业

1. 核对信息

货运员核对录入的车号、箱号等相关信息,确认与现场一致后向货运调度员汇报。

2. 发车作业

货运调度员核对已完成制票、装车作业可挂运的车辆,确定无误后发出"可取车"通知,车站行车部门获取票据信息后,据此编制作业计划,安排发车。

📦 **集装箱的途中作业**

集装箱途中作业组织可以参考整车(批量零散快运)货物作业,在此不赘述。

〖 知识点五 〗 集装箱卸车与排车作业

一、卸车前准备

货运调度员接收到达本站的重箱到达票据信息后,根据本班的集装箱卸车作业计划向货运员布置好卸车任务后下达卸车计划。

微课
集装箱到达
作业

二、卸车作业检查

1. 卸车前

卸车前,货运员要核对箱号、车号和到站信息,检查车辆技术状态,防止误卸。将铁线剪断并清除干净,防止损坏车辆和箱体。

2. 卸车时

卸车时,货运员要认真监卸,指导装卸工组落实安全规定。集装箱卸车时,装卸班组应核对箱号,检查箱体和施封情况。使用特种货物箱和专用箱的还应检查附属件。安装 F-TR 型锁的集装箱在平车卸箱时,应确认集装箱角件孔与车辆锁头分离后方可继续起升。

3. 卸车后

卸车后,货运员检查集装箱箱体、施封情况,确认车底板清扫干净、敞车关好车门、集装箱堆码良好。

三、排车作业

1. 核对信息

卸车作业后,货运员核对系统录入的车号、箱号信息与现场一致后,向货运调度员汇报。

2. 排车作业

货运调度员核对已完成卸车作业的车辆,确定无误后发出"可取车"通知,车站行车部门在系统获取票据信息,组织排空车辆。

〖 知识点六 〗 集装箱到货处理

一、仓储与到货通知

1. 到货通知

集装箱货物到达后,货运员按整车货物的要求向收货人发出领货或送货通知,收货人及时领取。

2. 仓储

收货人应于承运人发出领货通知的次日起算,2 日内领取集装箱货物,并于领取当日将箱内货物掏完或将集装箱搬出。

集装箱货物(含空自备箱)在车站存放超过免费仓储期限的,应按规定核收仓储费。

二、交付作业

1. 票据交付

货运员打印货物运单到站存查联、收货人存查联,按规定向收货人办理票据交付手续。

2. 现货交付

① 收货人持货物运单收货人存查联到货区领取集装箱和货物。

② 货运员将集装箱和货物点交给收货人,在货物运单上加盖"货物交讫"戳记。

③ 收货人凭加盖"货物交讫"戳记的货物运单收货人存查联将货物及自备箱搬出站。铁路箱在站外掏箱时凭铁路箱出站单作为出站和箱体状况交接的凭证。

三、掏箱作业

集装箱的掏箱由收货人负责。车站可根据收货人要求在站内指定区域掏箱,若需站外掏箱的按下列作业程序办理:

1. 站外掏箱

铁路箱凭铁路箱出站单出站。车站检查箱体状况并结清费用后,在铁路箱出站单乙联上加盖车站日期戳和经办人章,将收据交予还箱人。

2. 清扫与除污

铁路箱掏空后应清扫干净并确认箱门关闭良好,清除与本次运输有关的附加标记,对有污染的箱体必须洗刷除污。

车站对交还的空箱进行检查,发现未清扫或未洗刷的,应在空箱清扫或洗刷干净后再予以接收。

3. 送回车站

铁路箱掏空后应及时送回车站。铁路箱送回车站时,车站应检查箱体状况,收妥集装箱并结清费用后,在铁路箱出站单乙联上加盖车站日期戳和经办人章,将收据交予还箱人。

**　课程思政案例：按章办理、严谨细致,方保运输平安**

　　6 月 7 日,某货运站的货运员小赵在装车后检查作业中发现有两个发往台州南站的 20 ft 集装箱误用了敞车装运,车种车型为 C_{64K} 7701581。根据规定,发往台州南站的集装箱禁止使用敞车装运。因此,小赵立即向车站值班员报告,车站值班员立即安排取消了该批货物的承运手续,并组织人手调查造成集装箱误装的原因。

　　该次事件说明在组织集装箱运输过程中一定要加强从业人员培训,掌握特殊情况下车种使用的规定。

工 作 手 册

【任务名称】＿＿＿＿＿＿＿＿＿＿集装箱货物运输组织＿＿＿＿＿＿＿＿参考学时：＿2＿学时

【项目团队】＿＿＿＿＿＿＿＿＿＿＿＿＿＿＿＿＿＿＿＿＿＿＿＿＿＿＿＿＿＿＿＿＿

【任务实施关键点】

＿＿＿

＿＿＿

＿＿＿

工序	工作步骤	实施方案
1. 需求提报与受理	铁路箱需求提报	
	自备箱及其他箱型需求提报	
	提报物品清单	
2. 集装箱进站与验货	铁路集装箱进站	
	自备集装箱或站内装箱货物进站	
	集装箱堆码	
	检查与检斤验货	
3. 集装箱计费与承运	集装箱制票	
	集装箱承运	
4. 集装箱装车与发车	集装箱装车的基本要求	
	集装箱装车	
	集装箱发车	
5. 集装箱卸车与排车	卸车前准备	
	卸车作业检查	
	集装箱排车	
6. 集装箱到货处理	仓储与到货通知	
	交付作业	
	掏箱作业	

工作笔记:请从提升职业技能角度谈一谈你对组织集装箱运输中,如何做到"按章办理"的体会。

随堂练习

1. 铁路箱凭(　　　)出站。

A. 货物运单　　　　　　　　　　B. 进货通知、纸质运单需求联或需求号

C. 过磅单

D. 铁路箱出站单

2. 货物及自备箱凭(　　)出站。

A. 货物运单需求联

B. 货物运单收货人存查联

C. 货车装载清单

D. 铁路箱出站单

3. 集装箱的装箱由(　　)负责。

A. 托运人

B. 物流企业

C. 承运人

D. 收货人

4. 在一定季节和区域内不易腐烂、变质、冻损的易腐货物,经托运人和承运人协商一致并签订书面协议后,在保证不影响货物质量的前提下,可使用(　　)装运。

A. 专用箱

B. 普通货物箱

C. 特种货物箱

D. 通用集装箱

【专项技能 3.3】 集装箱运输日常管理

学习目标

微课
集装箱运输
日常管理

能力目标

能完成集装箱日常管理工作。

知识目标

(1) 熟悉集装箱的交接责任划分及交接方法。

(2) 掌握集装箱交接时异常情况的处理方法。

(3) 了解集装箱运输信息统计管理。

素质目标

培养"按章办事"的工作理念,具备良好的辨析与处事能力。

任务下达

◆ 阅读后,在工作手册中完成任务。

　　6月4日,由衡阳站发出的一批集装箱货物到达到站武昌东站。其中,货主自备的冷藏集装箱(货物为鲜奶、水果两种)无异常,铁路集装箱(货物为百货、医药两种)发生破损,里面装运的部分物资在办理交接时发生损坏。

　　请分析武昌东站对该批货物应采取的处理方法,并思考面对收货人的质疑与责备该如何处理?

 **理论学习**

<h2 align="center">〖 知识点一 〗 集装箱的交接</h2>

一、交接办法

1. 站内交接

集装箱已施封的可凭箱号、封印和箱体外状办理交接；集装箱未施封的，凭箱号和箱体外状办理交接。

2. 专用铁路、专用线装交接

由车站与铁路专用线、专用铁路的产权单位商定，写入铁路专用线、专用铁路运输协议。

二、异常情况处理

1. 集装箱异常

（1）发站接收时　发站发现箱号或封印内容与货物运单记载不符或未按规定关闭箱门、施封的，由托运人改善后方可接收。

车站不得接收箱体损坏已经危及货物和运输安全的集装箱。

（2）收货人接收时　收货人按照货物运单核对箱号并检查施封状态、封印内容和箱体外状，发现不符或有异状时应及时向车站提出，车站按相关规定及时处理。

2. 箱体和铭牌号码不一致

发现箱体和铭牌号码不一致的不得继续使用。若为铁路箱，由发现站上报铁路局集团公司货运部门，铁路局集团公司货运部门通知铁路箱产权单位处理，并将有关情况报国铁集团货运部。

3. 铁路箱损坏、丢失

（1）编制铁路箱破损记录　铁路箱发生损坏、丢失时，车站编制铁路箱破损记录，见表 3.2。铁路箱破损记录一式三份，是责任划分和赔偿依据。一份由记录编制站存查，一份交责任者，一份随箱同行。

表 3.2　铁路箱破损记录

甲联
No. ××××××

箱型＿＿＿＿＿＿＿＿　　　　　　箱号＿＿＿＿＿＿＿＿＿＿

1. 发站＿＿＿＿＿＿＿　发局＿＿＿＿＿＿　托运人＿＿＿＿＿＿＿＿

2. 到站＿＿＿＿＿＿＿　到局＿＿＿＿＿＿　收货人＿＿＿＿＿＿＿

3. 运单号＿＿＿＿＿＿＿＿＿＿＿＿＿＿＿　＿＿年＿＿月＿＿日承运

4. 车种车号＿＿＿＿＿＿＿＿＿＿＿＿

5. 发现集装箱损坏地点＿＿＿＿＿＿＿＿＿＿＿

6. 损坏部位。按下面符号所示内容填在视图上。

门端
左门　右门

地板（面向箱内）

箱底

前端

左侧

右侧

面向箱门左侧

面向箱门右侧

箱顶

状态代号：割伤 C . 擦伤 B . 破洞 H . 凹损 D . 破损 BR . 部件缺失 M . 污箱 DR .

7. 损坏原因和程度＿＿＿＿＿＿＿＿＿＿＿＿＿＿＿＿＿＿＿＿＿＿＿
8. 责任者（签章）＿＿＿＿＿＿＿＿＿＿＿＿＿＿＿＿＿＿
9. 装卸或货运主任（签章）＿＿＿＿＿＿＿＿＿＿＿＿＿
10. 填写单位：＿＿＿＿＿＿＿＿＿＿（章）　　填写人：＿＿＿＿＿＿＿
11. ＿＿＿＿＿年＿＿＿月＿＿＿日

（2）**责任者赔偿**　责任者在铁路箱破损记录上签字确认，按实际产生费用赔偿，主要包括：修理费、修理回送费、延期使用费及吊装搬运费等。

　　铁路箱市场重置价格由产权单位报国铁集团货运部公布。自备集装箱丢失或因损坏报废时按市场重置价格赔偿。

〖 知识点二 〗　交接责任的划分

一、基本原则

① 交接前由交方承担，交接后由接方承担。
② 运输过程中由于托运人责任造成的事故和损失由托运人负责。
③ 因集装箱质量发生的问题，责任由箱主或集装箱承租人负责。
④ 在承运人的运输责任期内，施封有效时，若箱体没有发生危及货物安全的损坏且箱号、施封号码与货物运单记载一致，箱内货物由托运人负责。

二、铁路箱损坏责任划分

1. 到站卸车发现损坏

到站认为集装箱损坏为发站责任的，应于卸车或站内掏箱 24 h 内拍照并编制铁路箱破损记录，将损坏情况以电报拍发给发站,抄送发送、到达铁路局集团公司货运部门以及国铁集团货运部、铁路箱产权单位。

属于发站责任的主要情形:

① 到站卸车发现损坏的,除卸车作业导致损坏、能判明其他责任者、发站证明没有责任的情形外,均由发站赔偿。

② 站内掏箱发现集装箱地板、端侧壁、顶部等内部损坏,除掏箱作业导致损坏及能判明其他责任者的情形外,均由发站赔偿。

③ 到达的集装箱出站后,发站不再承担赔偿责任。

2. 在站发生损坏

集装箱在车站(含站内、站外、铁路专用线、专用铁路等)发生损坏,由车站拍照并编制铁路箱破损记录,承担赔偿责任。属于托运人、收货人、铁路专用线、专用铁路、接取送达单位等责任的,车站按规定索赔。

3. 返站时在站外发生损坏

返回车站的集装箱在站外发生损坏时,由收货人或接取送达单位赔偿。收货人认为属于托运人装箱等原因导致地板、端侧壁、顶部等内部损坏的,由收货人向托运人索赔。

三、自备箱损坏责任划分原则

自备箱损坏、丢失时,车站应编制货运记录并按《铁路货物损失处理规则》的规定处理。

〖知识点三〗 集装箱运输指标

集装箱运输的主要指标分为数量指标和质量指标。

1. 数量指标

数量指标包括:集装箱发送箱(TEU)、到达箱(TEU)、集装箱发送吨、到达吨、集装箱运输收入、集装箱保有量(TEU)。

$$铁路集装箱保有量 = 铁路箱日均发送箱数 \times 平均停时 \tag{3-1}$$

2. 质量指标

质量指标包括:集装箱在站平均停留时间(天)、集装箱周转时间(天)、使用率。

(1) 集装箱在站平均停留时间的计算 集装箱在站停留时间仅对铁路集装箱计算,是指集装箱到站卸车完毕时起到重新装车时止的全部停留时间,但不包括期间的转入非运用时间。

$$平均停时 = \frac{总停时}{(发出总箱数 + 发出运用空箱数) \times 24} \tag{3-2}$$

(2) 使用率

$$使用率 = \frac{发送箱}{在站运用箱} \tag{3-3}$$

🔷 实例运算

A 站 40 ft 铁路集装箱月均发送量为 1 780 箱,总停时为 92 730 h,发送铁路集装箱 2 011 个,排空铁路集装箱 40 个,试计算集装箱保有量。

【解】(1) 计算平均停时

$$平均停时 = \frac{总停时}{(发出总箱数 + 发出运用空箱数) \times 24} = \frac{92\,730}{(2\,011+40) \times 24}(天)=1.88(天)$$

(2) 计算铁路集装箱保有量

$$铁路集装箱保有量 = 铁路箱日均发送箱数 \times 平均停时$$

$$= \frac{1\,780}{30} \times 1.88(TEU)=111.5(TEU) \approx 112(TEU)$$

📖 课程思政案例:遇事不推诿,工作有担当

6 月 7 日,某货运营业站发生铁路集装箱破损事件。该集装箱经由收货人站外掏箱后送还,货运员小刘检查空箱时,发现集装箱有破损,破损处尺寸为 25×28 cm。收货人表示掏箱作业规范,未造成集装箱破损。

货运员小刘未轻易做出判断,申请调用车站监控记录后发现,此次铁路集装箱破损是因车站卸车作业操作不当导致。经查,某门吊司机操作不慎导致一个铁路集装箱箱外侧破损,破损处约为 25×28 cm,部分货物外露但无破损。车站承担责任,拍照并编制铁路箱破损记录。

工 作 手 册

【任务名称】	集装箱的交接与异常情况处理		参考学时:__1__学时
【项目团队】			

【任务实施关键点】

_____

_____

_____

工序	工作步骤	实施方案
1. 集装箱的交接	办理集装箱交接	
	异常情况分析	
	编制铁路箱破损记录	
2. 交接责任的划分	铁路箱损坏责任划分	
	自备箱损坏责任划分	

工作笔记:请谈一谈在办理交接时如何做到"遇事不推诿,工作有担当"。

随堂练习

1. 车站与托运人或收货人交接集装箱时,施封的可凭箱号、封印和箱体外状,不施封的可凭(   )交接。

A. 箱号   B. 封印   C. 箱体外状   D. 箱内货物

2. 收货人在接收集装箱时,应按货物运单核对箱号,检查(   )。

A. 施封状态   B. 封印内容   C. 箱体外状   D. 箱内货物

3. 铁路箱发生损坏、丢失时,车站编制(   )作为责任划分和赔偿的依据,由责任者在(   )上签认并负责赔偿。

A. 货运记录   B. 普通记录

C. 货物损失报告   D. 铁路箱破损记录

4. 到站认为集装箱损坏为发站责任的,应于卸车或站内掏箱(   )内拍照,编制铁路箱破损记录。

A. 6 h   B. 12 h   C. 18 h   D. 24 h

5. 自备箱损坏、丢失时,车站应编制(   ),按《铁路货物损失处理规则》的规定处理。

A. 货运记录   B. 普通记录

C. 货物损失报告   D. 铁路箱破损记录

6. 下列(   )属于集装箱数量指标。

A. 集装箱在站平均停留时间   B. 集装箱保有量

C. 集装箱周转时间   D. 使用率

7. 下列(   )不属于集装箱质量指标。

A. 集装箱在站平均停留时间   B. 使用率

C. 集装箱周转时间   D. 集装箱运输

教学目标

能力目标

能按规章正确办理零散货物运输作业。

知识目标

（1）熟悉零散货物的快运方式与办理范围。

（2）掌握零散货物的运输组织方法。

素质目标

（1）具备热情、细致、认真的职业态度。

（2）树立"秉公办事"的职业意识，具备大局观念。

【专项技能 4.1】 零散货物运输基本条件

 ## 学习目标

微课
零散货物运
输条件

能力目标

能分析零散货物的办理条件。

知识目标

了解零散货物的定义、办理车站、快运方式与办理范围。

素质目标

具备细致耐心、热情周到的服务意识,培养"客户至上"的职业态度。

任务下达

🔹 **阅读后,在工作手册中完成任务。**

　　8 月 20 日,株洲北站(零散货物快运中心站)货运员接收下列零散货物运输需求:① A 公司运输 20 件调料,共 200 kg;② B 公司运输石蜡 1 000 件,共 20 000 kg;③ C 公司运输废钢轨 5 件,单件长约 17~20 m,共 3 000 kg;④ D 公司运输钛粉(干燥)1 800 件,单件重 15 kg,共 27 t,⑤ D 公司运输碎石,重 20 t。

　　请分析零散货物快运作业站应具备的功能,并判断以上货物是否能按零散货物快运办理,思考遇到不符合零散货物快运办理规定的情形该如何向客户作好解释工作?

 ## 理论学习

🔹 **按图索骥　零散货物运输流程**

　　零散货物指大宗货物外的货物。为加快转变铁路运输发展方式,推动铁路货运全面走向市场,更好地服务经济社会和广大人民群众,推出零散货物快运服务。零散货物运输包括发送作业、途中作业和到达作业,其流程如图 4.1 所示。

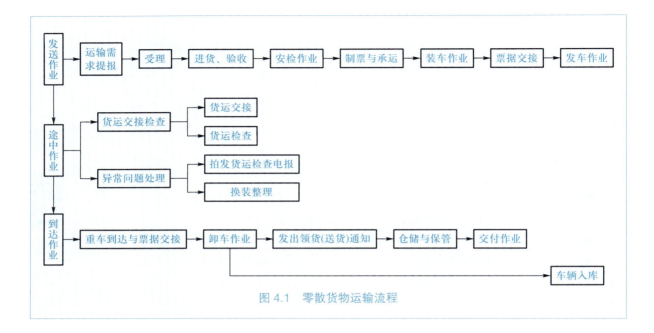

图 4.1 零散货物运输流程

〖 知识点一 〗 认识零散货物快运

现行的《铁路零散货物快运管理暂行规则》于 2015 年修订,依据《铁路安全管理条例》《铁路技术管理规程》《铁路货运安全管理规则》《铁路货物装卸安全技术规则》《铁路货物损失处理规则》等法律、法规、规章和国铁集团规定等制定,共七章六十九条。

一、分类

1. 环线快运

环线快运指以客车化模式开行的货物快运列车装运零散货物的装运方式,主要装运小批量零散货物。管内环线列车停靠作业站站台后直装、直卸,并在零散货物快运中心站与跨局快运列车中转交换或与其他管内环线列车跨环交换。

2. 点对点快运

点对点快运指同车所装零散货物全部为同一到站且一站直达的装运方式,一般在具有货场的作业站进行,利用最近的货物列车挂运,不通过零散货物快运中心站中转交换。

采用点对点快运方式,装运零散的货物原则上每车不低于 10 t。

二、办理范围

批量零散货物快运品类的货物,一批重量不足 40 t 且体积不足 80 m³ 的可按零散货物快运办理。非批量零散货物快运品类的货物,不足整车时可按零散货物快运办理,但以下情况除外:

① 散堆装货物。

② 危险货物、超限、超重和超长货物。

③ 活动物及需冷藏、保温运输的易腐货物。

④ 易污染其他货物的污秽货物。

⑤ 国际联运、需在米轨与准轨换装运输的货物。

⑥ 在专用线（专用铁路）装卸车的货物。

⑦ 国家法律法规明令禁止运输的货物。

⑧ 其他不宜作为零散货物运输的货物。如品名表里的 01 类（煤）、02 类（石油）、03 类（焦炭）、04 类（金属矿石）、05 类（钢铁）、06 类（非金属矿石）、07 类（磷矿石）七个大宗货物品类及使用棚车以外车辆装运的货物。

〖知识点二〗 零散货物快运车站的分类与功能

1. 零散货物快运中心站

零散货物快运中心站指铁路局集团公司管内环线列车和跨局快运列车的发到站和集中作业站，负责铁路局管内环线列车和跨局快运列车的货物中转、集散分拨、解编取送、车流交换、设备整备等作业。

零散货物快运中心站应为具有货场的编组站或靠近编组站的货运站，原则上每个铁路局集团公司设置 1~2 个中心站，应具备车流交换、货物分拣、码放、配装作业、安全检查等设施。

2. 零散货物快运作业站

零散货物快运作业站指铁路局集团公司管内环线列车运行图规定的停车站，负责零散货物的受理、承运、制票、集结、保管、装卸、交付等作业，应具备货物快运列车停靠、进出货、装卸车作业、货物集结、安全检查和防雨雪等基本条件，不受车站性质限制。

3. 零散货物快运接续作业站

零散货物快运接续作业站指相邻两局管内环线列车交汇点，负责邻局间货物的中转交换作业，应具备货物快运列车停靠、装卸车作业或车流交换等基本条件。

4. 零散货物快运办理站

零散货物快运办理站指铁路零散货物受理网点，负责零散货物的受理、保管、制票等作业，应具备货物存放、检斤计量、制票收款等条件，既有货运营业站应全部纳入零散货物快运办理站。

5. 零散货物快运无轨办理站

零散货物快运无轨办理站指在铁路车站营业场所以外的货源集散地设立的铁路物流经营服务网点，除具备揽货功能外，还应具备物流市场调查、品牌宣传、业务洽谈、物流方案设计、客户关系管理等营销功能及日常业务咨询、货物受理承运、电子商务服务、在线交易、周边客户自提等服务功能。

📖 **课程思政案例：荣辱不惊，以实际行动践行"客户至上"服务理念**

6月7日，某零散货物快运办理站的货运员小王接收到客户的运输需求，要求办理一批零散货物运输，货物包括煤（1 000 kg）、焦炭（240 kg）、钢铁（2 300 kg）、磷矿石（2 560 kg）。由于违反零散货物办理限制，小王依规驳回了客户提报的运输需求。客户被拒绝后情绪很激动，质疑是因为他托运的货物品类多、重量轻、费用低，所以货运员小王怕麻烦不想办理。面对客户的无理取闹，货运员小王保持了冷静，安抚好客户，才打开中国铁路货运网上营业厅相关网页，将零散货物办理规则调出来给客户查看，并耐心解释是因为该批货物中煤、焦炭不属于零散货物办理范围，无法按零散货物承运，建议客户将该批货物分开托运，钢铁（2 300 kg）、磷矿石（2 560 kg）按零散货物办理，煤（1 000 kg）、焦炭（240 kg）按批量零散货物办理。客户愉快地接受了货运员小王的建议并办理了相关运输手续，并为之前的行为表示了歉意。

工 作 手 册

【任务名称】	办理零散货物快运	参考学时：__1__学时
【项目团队】		

【任务实施关键点】

_____

_____

_____

工序	工作步骤	实施方案
1. 认识零散货物快运	确定零散货物快运的办理范围	
	判定零散货物快运的类别	
2. 认识零散货物快运车站	辨析零散货物快运车站的分类	
	分析零散货物快运车站的功能	

工作笔记：当面对烦琐的作业手续与偶尔的客户的苛责，作为一名货运员如何做到以实际行动践行"客户至上"服务理念？

🚆　**随堂练习**

1. 零散货物是指（　　）以外的货物。

A. 大宗货物 B. 长大货物

C. 整车货物 D. 批量零散货物

2. 环线快运是指以（　　）模式开行的货物快运列车装运零散货物的装运方式，主要装运小批量零散货物。

A. 高速化 B. 班列 C. 客车化 D. 重载化

3. 采用点对点快运方式装运零散货物的,原则上每车不低于(   )t。

A. 3   B. 5   C. 8   D. 10

4. 概述零散货物快运的办理范围。

【专项技能 4.2】 零散货物运输组织

学习目标

能力目标

能办理零散货物的运输作业。

知识目标

掌握零散货物的受理、进货、安检、制票、承运、装车、卸车、交付的作业程序与作业内容。

素质目标

培养"秉公办理"的职业态度,具有大局观。

任务下达

◆ 阅读后,在工作手册中完成任务。

    8 月 20 日,湖南某生态农林有限公司到株洲北站办理了一批零散快运货物(箱装调料 20 件,单件重 10 kg),到站为南宁南站。8 月 22 日,该批零散快运货物到达到站南宁南站。

    请分析株洲北站与南宁南站的作业程序与作业内容,并思考如果发现托运人违规夹带该如何处理?

理论学习

微课

零散货物发送作业(包含知识点一 ~ 五)

〖知识点一〗 零散货物的受理

一、受理范围与方式

1. 受理范围

    零散货物按货物实际重量与体积办理运输。对于单件重量超过 1.5 t、体积超过 2 m³ 或长度超过 5 m 的货物及有特殊运输需求的货物,由发站确认后受理并明确装运条件。

2. 受理方式

零散货物运输需求由铁路客服人员统一受理,比照整车货物运输办理,并查验经办人身份证原件,留存经办人身份证复印件或采集影像资料。

二、受理

1. 生成货物运单

车站办理时,车站货运工作人员代客户录入运输需求信息,生成并打印货物运单需求联;上门受理时,代客户录入运输需求信息,打印运单需求联,与作业站办理货物交接;零散货物快运办理站、零散货物快运无轨办理站受理时,代客户录入运输需求信息,打印运单发站存查联,与零散货物快运作业站办理货物交接。

2. 票据交接

客户凭货物运单需求联办理货物接收,由货运员填写货物重量、体积。

〖知识点二〗 零散货物的进货

一、清点货物

货运员依照货物运单需求联记载的件数逐件清点货物,核对货物品名、性质、重量、数量、规格尺寸、到站(到达地点)和特殊运输需求。对填记品名与实际货物不符、无包装标识、包装上无中文品名标识、不能确认物理化学性质的货物不得进货。

二、加挂标记

零散货物要按批堆码、留有通道,在每件货物上标明清晰明显、方向向外的标记(货签)。标记(货签)应用坚韧材料制作,在每件货物两端各粘贴或钉固一个,包装不适宜粘贴或钉固时可使用拴挂的办法。不适宜用纸制标记的货物,应使用油漆在货件上书写标记或使用金属、木质、布、塑料板等材料制成的标记。

〖知识点三〗 零散货物的安检

每批零散货物只安检一次,采用安检仪检查和人工检查相结合的方式,遵循"谁安检、谁签字、谁负责"的规定,安全检查合格后由安检人员签字或盖章,对拒绝接受检查或发现可疑物品的,车站不得办理货物运输。

一、安检仪检查

适合安检仪检查的货物一律采用安检仪过机检查。

1. 通道式 X 射线安检仪

（1）小型安检仪 小型安检仪一般适用于各营业场所的承运口,对进入安检仪的小件货物进行安全检查。小型安检仪如图 4.2 所示。

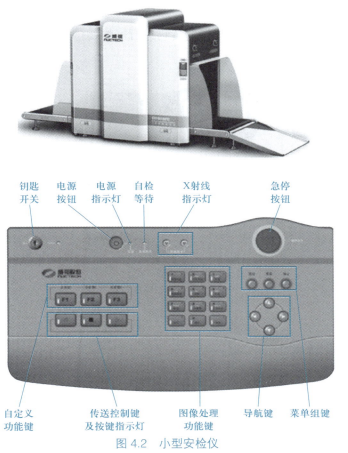

图 4.2 小型安检仪

（2）中型安检仪 中型安检仪一般适用于各营业场所对成批量同包装、品类、品名货物的初检。中型安检仪如图 4.3 所示。

（3）大型安检仪 大型安检仪适用在货运班列基地或物流基地,对成批量同包装、品类、品名货物的初检。大型安检仪如图 4.4 所示。

图 4.3 中型安检仪

图 4.4 大型安检仪

2. 手持式金属探测仪

手持式金属探测仪仅为安全检查的辅助手段,适用于无安检仪的货运站对承运货物进行安全检查,也适用于押运人员的安全检查。手持式金属探测仪如图 4.5a 所示。

3. 便携式电子爆炸物探测仪

便携式电子爆炸物探测仪适用于对承运的货物进行爆炸物排除检测,也适用于对押运人员进行安全检查,如图 4.5b 所示。

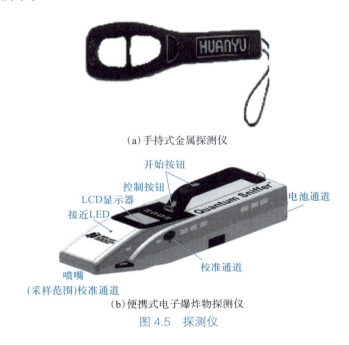

(a) 手持式金属探测仪

(b) 便携式电子爆炸物探测仪

图 4.5　探测仪

二、人工检查

人工检查适用于不便使用安检仪或安检仪检查不清的情形,主要包括:① 受体积所限不能使用安检仪且内部所装具体物品不明的;② 箱、包内物品包装标识与所装液体不符的;③ 发现有类似电池、枪械刀具、粉末状、导线、液体状和其他可疑物品的;④ 被通知重点检查人群所托运的货物或现场表现异常;⑤ 安检图像重叠情况严重,射线无法穿透,难以识别的箱包;⑥ 安检图像模糊不清,无法判断物品性质的;⑦ 声明不能用安检仪检查的。

〖知识点四〗　零散货物的制票与承运

一、制票

1. 制票

制票工作在系统完成,打印货物运单的发站存查联与托运人存查联,加盖车站日期戳。

2. 票据交接

承运人与托运人完成货物运单签章确认,将货物运单的发站存查联交由车站留存,托运人存查联交由托运人留存。

二、承运

计费制票后,在货物运单上加盖车站日期戳时起,即为承运。零散货物承运后不得办理变更到站手续。

〖 知识点五 〗 零散货物的装车与发车作业

一、下达装车计划

货运调度员根据本班的零散货物装车作业计划,向货运员布置好装车任务后下达装车计划。

二、装车作业

货运员组织接车对位、安设和撤出防护牌,进行装车前后"三检"等作业。

1. 装(卸)车作业责任划分

货物快运列车值班员负责零散快运列车装(卸)车作业的统一指挥工作。到发量较小的零散货物快运作业站由随车人员为主承担装(卸)作业,到发量较大的零散货物快运作业站由车站人员为主承担装(卸)作业。

2. 装(卸)车作业

(1) 货物装车　装(卸)零散货物应轻拿轻放、大不压小、重不压轻、长不压短、码放稳固、标签向外,符合包装指示标志要求。非同一到站时,以"远途到站装两端、近途到站装中间"的原则,按环(线)类别、到站顺序合理配装。

(2) 货物码放　货物在车内的码放由随车人员负责。零散货物装车时应将货物均衡装载在车地板上,货物码放位置边缘与车门距离不得小于 100 mm,不超载、不偏载、不偏重、不集重,易滚动、窜动、倒塌的货物不得装在车门处或车内上层,并应采用可靠的防滚动、防窜动、防倒塌措施。

(3) 装车后的检查　货物快运列车值班员组织人员检查确认货物装载和车门(窗)关(锁)闭状况是否良好、线路上有无坠落物,避免影响列车开行。

三、发车作业

货运调度员通过系统核对可挂运车辆的相关信息,确认无误后发出"可取车"通知。车站行车部门根据系统生成的票据进行取、送车作业。

> ◆ **零散货物的途中作业**
>
> 　　零散货物途中作业组织可以参考整车货物(含批量零散货物快运)作业,在此不赘述。

〖知识点六〗 零散货物的卸车与入库

微课
零散货物到
达作业(包
含知识点
六、七)

一、下达卸车计划

　　货运调度员接收到达重车票据信息后,根据本班的零散货物作业计划向货运员布置好卸车任务后下达卸车计划。

二、卸车作业

　　货运员组织接车对货位、安设和撤出防护牌、装卸派班、卸车前后"三检"等作业。

三、车辆入库

　　货运员确认已卸空的车辆和空的货区、货位,经货运调度员确定无误后发出"可取车"通知,执行入库命令,车站行车部门将装运零散货物的车辆调入指定货区、货位入库。

〖知识点七〗 零散货物的交付作业

一、作业要求

　　货物到达到站后,车站通过电话、短信等方式及时通知客户,凭收货人(代理人)身份证原件(复印件)、委托书办理货物交付。

二、作业程序

1. 票据交付
　　货运员在系统录入货物交付信息后,打印货物运单收货人存查联与到站存查联,并加盖车站日期戳,让收货人在到站存查联上签章,将收货人存查联交予收货人。货运员按规定采集收货人(经办人)身份证及头像影像资料。
2. 现货交付
　　(1) 客户取货　零散货物快运车站作业人员使用手持设备扫描货签条形码进行货物交付确认。
　　(2) 上门送货　车站作业人员在车站与送货人员进行货物交接,同步使用手持设备扫描货签条形码进行交接确认。若交接过程中手持设备发生故障,作业人员应在货物交接后的 15 min 内凭货物运单到站存查联在信息平台进行交接确认操作,并在货物运单到站存查联签章。

📖 **课程思政案例:不徇私情,秉公办事方显"大局观"**

　　6 月 29 日,某货运营业站的货运员小张在办理进货作业时发现一批零散货物中一件货物的原包装疑似被拆开过,观其外形与其他 19 件货物不太相同。由于该件货物包装上标识全部为英文,并无任何中文标识,小张无法确定该件货物的理化特性。因此,小张要求托运人提交该件货物生产厂家出具的证明文件。巧合的是,这批货物的托运人是小张的亲戚,托运人表示货物肯定没问题,可以事后补交证明文件。小张拒绝了,托运人补交了证明文件。小张确认该货物的理化性质后同意进货。托运人表示不理解,说他多次办理这类货物运输了,为什么还不信任他,还要多此一举。小张认真解释了铁路货运安全的重要性,托运人最后表示了理解。

工 作 手 册

【任务名称】 ＿＿＿＿＿＿＿办理零散货物运输作业＿＿＿＿＿＿＿　　参考学时: ＿1＿ 学时

【项目团队】 ＿＿

【任务实施关键点】

＿＿

＿＿

＿＿

工序	工作步骤	实施方案
1. 零散货物的受理	零散货物的受理范围与方式	
	零散货物的受理	
2. 零散货物的进货与安检	零散货物的进货	
	零散货物的安检	
3. 零散货物的制票与承运	零散货物的制票	
	零散货物的承运	
4. 零散货物的装车与发车作业	下达装车计划	
	装(卸)车作业	
	发车作业	
5. 零散货物卸车与入库	下达卸车计划	
	卸车作业	
	车辆入库	

工作笔记:请从树立"大局观"视角谈一谈如何看待业务办理中遇到的"熟人"与"小事"。

随堂练习

1. 零散货物运输需求通过（　　　）提报。

A. 95306 网客服电话   B. 95306 网微信"我要发货"

C. 车站营业厅   D. 上门服务

2. 车站上门受理零散快运货物时,打印运单需求联与（　　　）办理货物交接。

A. 零散货物快运作业站   B. 零散货物快运办理站

C. 零散货物快运无轨站   D. 零散货物快运接续作业站

3. 零散货物装车时,应将货物均衡装载在车地板上,货物码放位置边缘与车门距离不得小于（　　　）。

A. 50 mm   B. 100 mm   C. 150 mm   D. 200 mm

4. 安全检查采用（　　　）的方式。

A. 现场检查   B. 授权检查   C. 安检仪检查   D. 人工检查

5. 零散货物承运后不得办理（　　　）。

A. 变更到站   B. 补收运费

C. 途中交接检查   D. 再次开包检查

6. 零散货物交付过程中若手持设备发生故障,作业人员应在货物交接后的（　　　）min 内凭货物运单到站存查联在零散货物快运平台进行交接确认操作,并在货物运单到站存查联签章。

A. 10   B. 15   C. 20   D. 25

项目五
铁路货物装载加固

 教学目标

能力目标

能根据不同货物的特点确定经济合理的装载加固方案。

知识目标

(1) 掌握货物装载加固的基本要求和技术条件。

(2) 能够确定货物重心投影合理位置及重车重心高。

(3) 掌握超长货物的装载方法。

(4) 掌握运行中作用于货物的各种力的计算及货物稳定性的验算。

(5) 熟悉常用加固材料及加固装置的类型及用途。

素质目标

(1) 严格遵守劳动纪律和作业标准,具备按规章作业的基本职业素养。

(2) 具备精益求精的工作态度,能针对实际情况采取切实可行的措施确保车辆和货物的安全运行。

(3) 具备吃苦耐劳、规范严谨的职业道德素养。

【专项技能 5.1】 货物装载加固的基本要求

 学习目标

能力目标

熟悉货物装载加固的基本要求及技术条件。

知识目标

(1) 了解《铁路货物装载加固规则》基本框架。

(2) 熟悉货物装载加固的基本要求。

素质目标

(1) 认识铁路货物装载加固的重要性,具备按规章作业的基本职业素养。

(2) 强化铁路货物运输安全的重要性,具备严谨的工作态度。

 任务下达

> 阅读后,在工作手册中完成任务。
>
> 　　现有一件货物,重 48 t,重心高 1 500 mm,用 N_{17} 型平车装运。装车后,货物重心纵向偏移车辆横中心线 950 mm,横向偏移纵中心线 70 mm。假定宽度、高度均在机车车辆限界内,长度在车长范围内,装载后其中一个车辆转向架承重 29.06 t。
>
> 　　已知 N_{17} 型平车有关数据:自重 19.1 t,载重 60 t,销距为 9 000 mm,重心高 723 mm,车底板高 1 209 mm。
>
> 　　请绘制该货物装载方案的三视图,检验装载方案是否符合装载加固的基本要求,并思考为什么装载加固基本技术要求要强调货物装载时不超载、不偏载、不偏重、不集重。

 理论学习

微课
卷钢装车作业

〖 知识点 〗 货物装载加固的基本要求

一、认识《铁路货物装载加固规则》

《铁路货物装载加固规则》(简称《加规》)于 2015 年修订,共八章八十三条,包括总则(第一章)、基本技术条件(第二章)、特殊规定(第三章)、方案管理(第四章)、装载加固材料及装置管理(第五章)、应急处置(第六章)、满载工作(第七章)和附则(第八章),自 2016 年 1 月 1 日起施行。

《加规》是铁路货物装载加固和货车满载工作的基本依据,适用于国铁集团及所属各铁路局集团公司。合资铁路、地方铁路和专用铁路、铁路专用线企业通过国家铁路运输货物时,应遵照本规则签订相关运输协议。

二、货物装载加固的基本要求

使货物均衡、稳定、合理地分布在货车上,不超载,不偏载,不偏重,不集重;能够经受正常调车作业以及列车运行中所产生各种力的作用,在运输全过程中,不发生移动、滚动、倾覆、倒塌或坠落等情况。

三、货物总重心投影位置的要求

1. 货物总重心最佳位置

一般情况下,货物的重心为货物重量所在位置,货物的重心为货物的几何中心。装车后货物总重心在车地板上的最佳投影应位于货车纵、横中心线的交叉点,如图 5.1 所示。

2. 货物重心偏移的情况

(1) 偏载 货物总重心在车地板上的投影位于车地板纵中心线一侧,且偏移量超过限度,可能危及行车安全的情形,称为偏载。货物重心横向偏移量不得超过 100 mm。

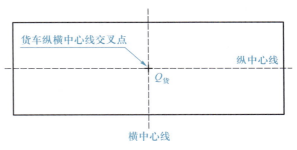

图 5.1 装车后货物总重心在车地板上的最佳投影

(2) 偏重 货物总重心在车地板上的投影位于车地板横中心线一侧,造成两车辆转向架承受重量之差超过规定限度的情形,称为偏重。特殊情况下,货物总重心必须发生纵向偏移时,每个车辆转向架所承受的货物重量不得超过货车容许载重量的 1/2,且两车辆转向架承受重量之差不得大于 10 t。

(3) 超载 超载指货车装载的货物重量(包括货物包装、防护物、装载加固材料及装置)超过货车容许的载重量。

在货运检查中,货车超偏载情况分为一般、严重两级,具体分级标准见表 5.1。

表 5.1 货车超偏载情况分级标准

项目	一般等级	严重等级
偏载	货物总重心投影距车辆纵中心线距离大于 100 mm	货物总重心投影距车辆纵中心线距离大于 150 mm
偏重	货车两车辆转向架承受重量之差大于 10 t	货车两车辆转向架承受重量之差大于 15 t
超载	大于货车容许载重量 5 t	大于货车容许载重量 10 t

（4）**集重**　货物重量应均匀分布在整个车地板上，对于单个重量大、支重面小的货物不能均衡分布时，需要考虑局部承载，应遵守《加规》的相关规定，使货物不集重。

四、散堆装货物的装载加固要求

散堆装货物装车时，应使用货运计量设备防止超载，装车后应采取平顶等措施防止偏载、偏重。

① 废钢铁等废金属材料、料石等不规则货物装车后，应使用轮重测定仪等超偏载检测装置进行检测。

② 废金属材料超出货车端侧墙（板）装载时，应采取可靠的加固措施。

③ 木片装运应优先采用袋装或集装方式。散装木片使用棚车装运时，不得将车门从车内反锁，并应在两侧车门处安设门挡。

五、成件包装货物的装载加固要求

1. 装载要求

装载成件包装货物时，应排列紧密、整齐。当装载高度或宽度超出货车端侧墙（板）时，应层层压缝，梯形码放，四周货物倾向中间，两侧超出侧墙（板）的宽度应一致。袋装货物袋（扎）口应朝向车内。

2. 加固要求

对超出货车端侧墙（板）高度的成件包装货物，应用绳网或绳索串联在一起捆绑牢固，也可用挡板（壁）、支柱、镀锌铁线（盘条）等加固。袋装货物起脊部分应使用上封式绳网等进行加固。

> 📖 **课程思政案例：细心严谨，谨防小事件变大事故**
>
> 　　2019 年 11 月 10 日，韶关东站发汉源站整车次氧化锌（车号 P3137097）一批，途中衡阳北站在货运交接检查时使用超偏载仪检测，发现运行后端偏重 14.02 t。经查，该批货物在发站韶关东站装车前分三批次入库，三批次货物均为袋装，外包装基本一致，单件重量分别为 30 kg（含金属量 45°）、25 kg（含金属量 45°）、60 kg（含金属量 70°），装车时混装导致偏重。
>
> 　　此次偏重装载事件发生的原因主要在于外勤货运员未能高度重视不同规格货物混装存在的危险，装卸工误将外包装基本一致的、不同重量的袋装货物混装。此次偏重属于一般偏重等级（后端偏重 14.02 t），虽然在运输途中货运交接检查时被发现，侥幸未发生安全事故，但铁路运输无小事，相关货运岗位人员一定要做到细心严谨，谨防小事件变大事故。

工 作 手 册

【任务名称】 _____货物装载加固方案的绘制与校验_____ 参考学时：__1__学时

【项目团队】 _____

【任务实施关键点】

_____

_____

_____

工序	工作步骤	实施方案
1. 绘图	绘制装载方案的三视图	
2. 货物装载加固的基本技术条件	货车装载货物重量的规定	
	货物总重心投影位置的确定	
3. 货物装载加固的基本要求	判断是否超载	
	判断是否偏载	
	判断是否偏重	

工作笔记: 请谈一谈作为一名货运员在装车作业中为什么要时刻保持警惕性。

随堂练习

1. 货物总重心在车地板上的投影位于车地板纵中心线一侧,且偏移量超过限度,称为( )。

A. 偏载　　　　　B. 超载　　　　　C. 集重　　　　　D. 偏重

2. 货物总重心在车地板上的投影位于车地板横中心线一侧,造成两车辆转向架承受重量之差超过规定限度,称为( )。

A. 偏载　　　　　B. 超载　　　　　C. 集重　　　　　D. 偏重

3. 货物重心横向偏移量不得超过( )。

A. 50 mm　　　　B. 100 mm　　　　C. 150 mm　　　　D. 170 mm

4. 下列属于货车严重超偏载的有( )。

A. 装载货物重量大于货车容许载重量 10 t

B. 货物总重心投影距车辆纵中心线距离大于 100 mm

C. 货车两车辆转向架承受重量之差大于 15 t

D. 货物总重心投影距车辆纵中心线距离大于 150 mm

5. 简述货物装载加固的基本要求。

【专项技能 5.2】  货车载重与局部承载的技术条件

学习目标

能力目标

（1）能确定货车容许载重量。

（2）能确定车辆局部地板面承载货物的容许载重量。

知识目标

（1）了解货车容许载重量的含义，掌握货车容许载重量的确定方法。

（2）了解集重货物的含义，掌握使用敞车、平车、凹底平车、长大平车装载货物免于集重装载的条件。

素质目标

（1）正确树立安全价值观，确保货物运输安全。

（2）树立严守标准、按章作业的职业素养。

任务下达

🔷 **阅读后，在工作手册中完成任务。**

请你以株洲北物流车间货运员身份完成下列工作任务，并思考在装卸及检测设施、设备日趋现代化的当下，为什么货运员还需要具备装卸检测的专业能力。

（1）一件货物重量为 57 t，货物支重面长度为 8 100 mm，使用 N_{17AK} 应如何装载？

（2）一件货物重量为 55 t，货物支重面长度为 4 500 mm，使用 N_{17AK} 应如何装载？

（3）一件货物重量为 40 t，货物支重面长度为 1 300 mm，使用 N_{17AK} 应如何装载？

（4）一件货物重量为 54 t，货物支重面长度为 6 000 mm，使用 N_{17AK} 应如何装载？

（5）使用标记载重量为 60 t 的 C_{62A} 型敞车装运一件钢梁，钢梁长 8 m，宽 2 m，重 32 t，该如何装载？

（6）使用标记载重量为 60 t 的 C_{62A} 型敞车装运钢梁，钢梁长 12 m，宽 2 m，全车容许装载重量为多少？

（7）使用标记载重量为 60 t 的 C_{62A} 型敞车装运同规格钢板（长 5 m，宽 2 m，每件重 3 t），该如何装载？

 **理论学习**

〖知识点一〗 货车容许载重量

一、货车容许载重量

货车容许载重量指铁路运输中货车的最大装载重量,包括以下三部分:

① 货车的标记载重量($P_标$),即标记在货车车体上的载重量。

② 特殊情况下可以多装的重量($P_特$),当货物包装、防护物重量影响货物净重或机械装载不易计算件数的货物,装车后减吨有困难时可以多装,但多装部分不得超过货车标记载重量的 2%。

③ 货车的增载量($P_增$),即为做好货车满载工作,在条件允许的情况下多装的重量,具体增载规定按《铁路货车增载规定》执行。

在确定货车容许载重量时,应根据货车的车种、车型、货物条件的不同,严格按照《铁路货车增载规定》,结合货车技术参数共同确定。凡货车车体上的标记技术参数与附录不一致的,以车体上的标记技术参数为准。

货车容许载重量 $P_容$ 的计算公式如下:

$$P_容 = P_标 + P_特 + P_增 \tag{5-1}$$

> 📦 **超载实例**
>
> ××××年×月××日8时58分,G28529次货物列车运行至京哈线银城铺站6道时,机后第52位货车运行方向第一轮对脱轨,构成铁路交通一般C类事故。经查,脱轨货车为 C_{62AK} 4516814,发站为云冈西,到站为银城铺,装载货物品名为原煤。经轨道衡检斤确认,原煤净重量 72.52 t,超载 9.32 t。

二、货车增载规定

1. 允许增载的情形

① 允许增载货车车型、适于增载货物品类及最大允许增载重量见表 5.2。

② 使用 60 t 平车装运军运特殊货物,允许增载 10%。

③ 国际联运的中、朝、越铁路货车(C_{70}型系列、C_{76}型系列、C_{80}型系列敞车除外),以标记载重量加 5% 为货车容许载重量。

2. 禁止增载的情形

① 企业自备车中标记载重量为 60 t 及以上敞车外的其他车种车型。

② P_{62K}、P_{62T}、P_{70} 等型棚车。

表5.2   允许增载货车车型、适于增载货物品类及最大允许增载重量

序号	允许增载货车车型	适于增载货物品类	最大允许增载重量 /t
1	C_{62BK}、C_{62BT}、C_{64A}、C_{64H}、C_{64K}、C_{64T} 型敞车	《铁路货物运价规则》附件一中的01类煤,03类焦炭,04类金属矿石中的0410铁矿石、0490其他金属矿石,05类0510生铁,06类非金属矿石中的0610硫铁矿、0620石灰石、0630铝矾土、0640石膏,07类磷矿石,08类矿物性建筑材料中的0811中泥土、0812砂、0813石料、0898灰渣等的散堆装货物	3
2	C_{62BK}、C_{62BT}、C_{64A}、C_{64H}、C_{64K}、C_{64T} 型敞车	除序号1所述品类外的其他适合敞车装运的货物	2
3	C_{62AK}、C_{62AT} 型敞车	适合敞车装运的货物	2
4	企业自备车中标记载重量为60 t及以上敞车	《铁路货物运价规则》附件一中的01类煤	2
5	P_{62NK}、P_{62NT}、P_{63}(含P_{63K})、P_{64}(含P_{64A}、P_{64AK}、P_{64AT}、P_{64GH}、P_{64GK}、P_{64GT}、P_{64K}、P_{64T})、P_{65}(含P_{65S})型棚车	适合棚车装运的货物	1(快速货物班列中P_{65}的装载重量按有关规定执行)

③ N_{17K}、N_{17AK}、N_{17AT}、N_{17GK}、N_{17GT}、N_{17T} 等型平车。

④ 罐车(G)、矿石车(K)、家畜车(J)、水泥车(U)、粮食车(L)、保温车(B)、集装箱车(X)、共用车(NX)、毒品车(W)、长大货物车(D)以及长钢轨运输车(T)。

⑤ 涂打有禁增标记的货车。

⑥ C_{70}(含 C_{70H}、C_{70A}、C_{70C}、C_{70E}、C_{70EH}、C_{70EF}、C_{70B}、C_{70BH}),C_{76}(含 C_{76H}、C_{76A}、C_{76B}、C_{76C}),C_{80}(含 C_{80H}、C_{80A}、C_{80AH}、C_{80B}、C_{80BH}、C_{80BF}、C_{80C}、C_{80CA})型敞车。

🔹 实例计算

(1) 使用60 t P_{63}型棚车装载箱装文教用品时,其容许载重量是多少?

(2) 使用60 t C_{62B}型敞车装载石料时,其容许载重量是多少?

(3) 使用70 t C_{70}型敞车装载煤炭时,其容许载重量是多少?

(4) 使用61 t C_{64K}型敞车装载袋装玉米时,其容许载重量是多少?

【解】(1) $P_{容}=P_{标}+P_{特}+P_{增}=(60+0+1)t=61\ t$

(2) $P_{容}=P_{标}+P_{特}+P_{增}=(60+60×2\%+3)t=64.2\ t$

(3) $P_{容}=P_{标}+P_{特}+P_{增}=(70+70×2\%+0)t=71.4\ t$

(4) $P_{容}=P_{标}+P_{特}+P_{增}=(61+0+2)t=63\ t$

〖知识点二〗 集重货物与集重装载

一、负重面长度和支重面长度

负重面长度(K)指承担货物重量的货车地板长度,支重面长度($L_支$)指支撑货物重量的货物底面长度,如图 5.2 所示。

微课
避免集重装载

二、集重货物和集重装载

货物的重量超过所装车辆负重面长度的最大容许载重量时,属于集重货物。装车后,货物的重量大于所装车辆负重面长度最大容许载重量时,属于集重装载。

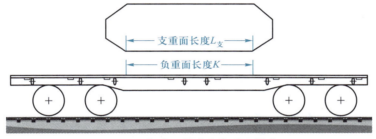

图 5.2 负重面长度和支重面长度

在实际工作中,不容许货物集重装载,对于集重货物,必须采取避免集重的措施。避免集重装载的方法主要有使用横垫木或纵横垫木、更换局部地板面以及使用载重量大的车辆等方法。

〖知识点三〗 平车装载货物免于集重的技术条件

一、平车、凹底平车、长大平车局部承受货物重量的规定

车辆横中心线两侧等距离范围内承受均布载荷或对称集中载荷时,最大容许载重量见表 5.3~表 5.5。

> 💎 **实例计算**
>
> (1) 使用 N_{17AK} 型平车装载一件货物,货物重量为 29 t,支重面长 2 000 mm,直接装载,判断该货物是否为集重货物。
>
> (2) 使用 N_{17GK} 型平车装载一件货物,货物重量为 50 t,支重面长 4 000 mm,直接装载,判断该货物是否为集重货物。
>
> (3) 使用 NX_{17K} 型共用车装载一件货物,货物重量为 52 t,支重面长 5 800 mm,直接装载,判断该货物是否为集重货物。

【解】（1）货物支重面长 2 000 mm，直接装在车地板上，车辆负重面长 2 000 mm，查表 5.3 可知，可承载货物 30 t。货物重量为 29 t，未超过所装平车地板负重面长度的最大容许载重量，所以该货物不属于集重货物。

（2）货物支重面长 4 000 mm，直接装在车地板上，车辆负重面长度为 4 000 mm，查表 5.3 可知，可承载货物 45 t。货物重量为 50 t，已超过所装平车地板负重面长度的最大容许载重量，所以该货物为集重货物。

（3）货物支重面长 5 800 mm，直接装在车地板上，车辆负重面长 5 800 mm，查表 5.3 可知，没有 5 800 mm 对应的容许载重量，用插入法确定其容许载重量：

$$\frac{5\,800-5\,000}{6\,000-5\,000}=\frac{Y-50}{53-50}$$

故：Y=52.4 t。

因此其容许载重量为 52.4 t，货物重 52 t，未超过所装平车地板负重面长度的最大容许载重量，所以该货物不属于集重货物。

表 5.3　平车局部地板面承受均布载荷或对称集中载荷时的最大容许载重量

地板负重面长度 / mm	两横垫木中心线间最小距离 /mm	最大容许载重量 /t						
		N_6、N_{17}	N_{60}	N_{16}	N_{17AK}、N_{17AT}、N_{17G}、N_{17GK}、N_{17GT}、N_{17K}、N_{17T}	NX_{17}、NX_{17A}、$NX17AK$、NX_{17AT}、NX_{17K}、NX_{17T}	NX_{17B}、NX_{17BK}、NX_{17BT}、NX_{17BH}	NX_{70}、NX_{70H}
1 000	500	25	25	25	25	25	25	30
2 000	1 000	30	27.5	27.5	30	30	30	35
2 500	1 250	35	28.5	28.5				
3 000	1 500	40	30	30	40	40	40	45
4 000	2 000	45	33	32	45	45	45	50
5 000	2 500	50	35	35	50	50	50	55
6 000	3 000	53	40	37.5	53	53	53	57
7 000	3 500	55	45	40.5	55	55	55	60
8 000	4 000	57	50	44	57	57	57	63
9 000	4 500	60	55	49	60	60	61	65
10 000	5 000		60	55				70
11 000	5 500			60				

表 5.4　凹底平车局部地板面承受均布载荷或对称集中载荷时的最大容许载重量

地板负重面长长度/mm	两横垫木中心线间最小距离/mm	最大容许载重量 /t																	
		D_2	D_{10}	D_{2C}	D_{2A}	D_{9A}	D_{15}	D_{25A}	D_{12K}	D_{18A}	D_{10A}	D_{15A}	D_{32}	D_{28}	QD_3	D_{15B}	D_{32A}	DA_{21}	DA_{25}
1 000	500	160																	
1 500	750		71	172	172		129		95	165	72	130			22	130			
2 000	1 000														23				
3 000	1 500		72	178	178	76	131	215	100	166	76	132		250	24	132		180	220
3 500	1 750																		
4 000	2 000														25				
4 500	2 250		74	183	183	80	134	216	105	168	83	135		260				185	225
5 000	2 500														27				
5 500	2 750																		
6 000	3 000		77	189	189	84	137	224	109	171	83	138		270	28	140		190	230
7 000	3 500												300		30		300		
7 500	3 750		81	197	197	87	142	229	113	175	88	142		275		145		200	240
8 000	4 000							236						280			310		
9 000	4 500		87	210	210	90	150	243	120	180	90	150	315			150	315	210	250
9 300	4 650							250											
9 800	4 900												320				320		
10 000	5 000		90								90								

表 5.5 长大平车局部地板面承受均布载荷或对称集中载荷时的最大容许载重量

地板负重面长度 /mm	两横垫木中心线间最小距离 /mm	最大容许载重量 /t			
		D_{22A}	D_{26A}/D_{26AK}	D_{70}	D_{22B}
2 000	1 000	62		32	55
3 000	1 500				
4 000	2 000	64		36	58
4 500	2 250				
5 000	2 500				
6 000	3 000	68		40	62
7 500	3 750				
8 000	4 000	74	260	44	66
9 000	4 500				
10 000	5 000	77		46	71
12 000	6 000	81		48	76
14 000	7 000	86		50	82
15 000	7 500			60	
16 000	8 000	98		70	88
16 500	8 250		260		
17 800	8 900				100
18 000	9 000	120			
20 000	10 000				108
20 400	10 200				
22 000	11 000				116
24 000	12 000				120
25 000	12 000				120

二、平车、凹底平车、长大平车免于集重装载方法

货物的装载状况直接关系着列车的运行安全和货物安全,只有当货物的重量小于或等于货车负重面长度的最大容许载重量时,才能运送。对于集重货物,如装载不当,就有可能酿成事故,造成车

毁货损。因此,当货物被确定为集重货物时,发站必须采取具体措施,根据货车最大容许载重量,选用适合的货车。

1. 直接装载

当车型一定、货物重量一定,货物支重面长度大于或等于平车地板负重面长度时,货物可直接装在车底板上,其最大容许载重量遵守表 5.3~ 表 5.5 的规定。直接装载如图 5.3 所示。

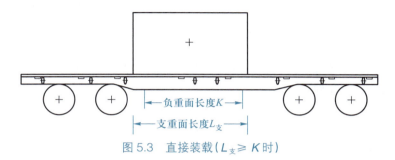

图 5.3 直接装载($L_支 \geqslant K$ 时)

2. 加横垫木装载

当货物支重面长度小于平车地板负重面长度且大于规定的两横垫木中心线间最小距离(K_1)时,需要使用横垫木,并使两横垫木中心线间最小距离符合表 5.3~ 表 5.5 的规定,如图 5.4 所示。

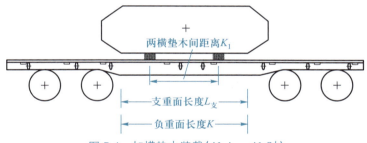

图 5.4 加横垫木装载($K > L_支 > K_1$ 时)

3. 先加横垫木再加纵垫木装载

当货物支重面长度小于或等于所需两横垫木中心线间最小距离($L_支 \leqslant K_1$)时,可按需要先铺设两根横垫木,然后在横垫木上加纵垫木,再将货物均衡地装在纵垫木上,使两横垫木中心线间最小距离符合表 5.3~ 表 5.5 的规定,如图 5.5 所示。

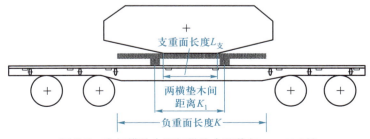

图 5.5 先加横垫木再加纵垫木装载($L_支 \leqslant K_1$ 时)

> **实例计算**
>
> (1) 使用 N_{17AK} 型平车装载一件货物,货物重量为 29 t,支重面长 2 000 mm,应如何装载?
>
> (2) 使用 N_{17GK} 型平车装载一件货物,货物重量为 50 t,支重面长 4 000 mm,应如何装载?
>
> (3) 使用 NX_{17K} 型共用车装载一件货物,货物重量为 53 t,支重面长 2 800 mm,应如何装载?

【解】(1) 查表 5.3 可知,货物重量为 29 t,使用 N_{17AK} 装载,负重面长度至少应为 2 000 mm。货物支重面长 2 000 mm,符合直接装载的条件。

(2) 查表 5.3 可知,货物重量为 50 t,使用 N_{17GK} 装载,负重面长度至少应为 5 000 mm。货物支重面长 4 000 mm,不符合直接装载的条件,可在货物底部加两根横垫木,并使两根横垫木中心线间距离不小于 2 500 mm 即可。

(3) 查表 5.3 可知,货物重量为 53 t,使用 NX_{17K} 装载,负重面长度至少应为 6 000 mm。货物支重面长 2 800 mm,不符合直接装载的条件,可在货物底部加两根横垫木,并使两根横垫木中心线间距离不小于 3 000 mm,但由于货物支重面长 2 800 mm,所以还需在横垫木上加纵垫木,然后将货物均衡地装在纵垫木上。

〖知识点四〗 敞车装载货物免于集重的技术条件

一、60 t 敞车装载

对于 C_{62A*}、C_{62A*K}、C_{62AK}、C_{62A*T}、C_{62AT}、C_{62BK}、C_{62BT}、C_{64K}、C_{64H} 及 C_{64T} 型敞车局部地板面承受货物重量时,应遵守下列规定:

(1) 仅在车辆两枕梁之间、横中心线两侧等距离范围内承受均布载荷时,如图 5.6 所示,容许载重量见表 5.6。

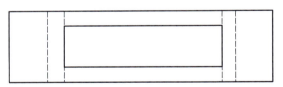

图 5.6 均布载荷

表 5.6 60 t、61 t 敞车承受均布载荷时的容许载重量

车辆负重面长度 /mm	车辆负重面宽度 B/mm	容许载重量 /t
2 000	$1\,300 \leqslant B < 2\,500$	15
	$B \geqslant 2\,500$	20
3 000	$1\,300 \leqslant B < 2\,500$	16
	$B \geqslant 2\,500$	23
4 000	$1\,300 \leqslant B < 2\,500$	17
	$B \geqslant 2\,500$	26

续表

车辆负重面长度 /mm	车辆负重面宽度 B/mm	容许载重量 /t
5 000	$1\,300 \leqslant B < 2\,500$	18.5
	$B \geqslant 2\,500$	29
6 000	$1\,300 \leqslant B < 2\,500$	20
	$B \geqslant 2\,500$	32
7 000	$1\,300 \leqslant B < 2\,500$	23.5
	$B \geqslant 2\,500$	35.5
8 000	$1\,300 \leqslant B < 2\,500$	27
	$B \geqslant 2\,500$	39
9 000	$1\,300 \leqslant B < 2\,500$	30
	$B \geqslant 2\,500$	43

（2）仅在车辆两枕梁之间、横中心线两侧等距离范围内承受对称集中载荷时，如图 5.7 所示，容许载重量见表 5.7。

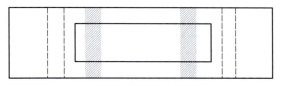

图 5.7　对称集中载荷

表 5.7　60 t、61 t 敞车承受对称集中载荷时的容许载重量

横垫木中心间距 /mm	横垫木长度 L/mm	容许载重量 /t
1 000	$1\,300 \leqslant L < 2\,500$	13
	$L \geqslant 2\,500$	17
2 000	$1\,300 \leqslant L < 2\,500$	14
	$L \geqslant 2\,500$	20
3 000	$1\,300 \leqslant L < 2\,500$	17
	$L \geqslant 2\,500$	21
4 000	$1\,300 \leqslant L < 2\,500$	24
	$L \geqslant 2\,500$	30
5 000	$1\,300 \leqslant L < 2\,500$	32
	$L \geqslant 2\,500$	42

续表

横垫木中心间距 /mm	横垫木长度 L/mm	容许载重量 /t
6 000	$1\,300 \leqslant L < 2\,500$	43
	$L \geqslant 2\,500$	49
7 000	$1\,300 \leqslant L < 2\,500$	46
	$L \geqslant 2\,500$	55
8 000	$1\,300 \leqslant L < 2\,500$	50
	$L \geqslant 2\,500$	60(61)
8 700		60(61)

（3）两枕梁直接承受货物重量且两枕梁承受的货物重量相等时，全车装载重量可以达到敞车容许载重量，如图 5.8 所示。

（4）在车辆两枕梁内外等距离（装载长度不超过 3.8 m）、宽度不小于 1.3 m 范围内承受均布载荷时，全车装载重量可以达到敞车标记载重量，如图 5.9 所示。

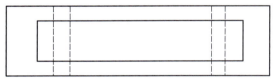

图 5.8　两枕梁直接承受货物重量且货物重量相等　　　图 5.9　全车装载重量与敞车标记载重量相等

（5）宽度小于 1.3 m 时加垫长度不小于 1.3 m 的横垫木，如果需要在货物下加垫横垫木或条形草支垫（稻草绳把）时，应分别加垫在枕梁上及其内外各 1 m 处，如图 5.10 所示。

（6）靠车辆两端墙向中部连续装载货物，每端装载长度超过 3.8 m 时，如图 5.11 所示，应遵守下列规定：

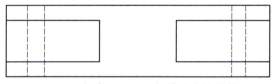

图 5.10　宽度 ≤ 1.3 m 加横垫木的装载　　　图 5.11　长度 ≥ 3.8 m 加横垫木的装载

① 装载宽度不小于 2.5 m 时，全车装载重量可以达到货车标记载重量。

② 装载宽度不小于 1.3 m、不足 2.5 m 时，全车装载重量不得超过 55 t。

（7）在车辆两枕梁内外等距离、宽度不小于 1.3 m 范围内和车辆中部三处装载时，中部货物重量不得大于 13 t，全车装载重量不得超过 57 t，如图 5.12 所示。

（8）靠车辆两端墙向中部连续装载货物，每端装载长度超过 3.8 m，且在车辆中部装载货物时，如图 5.13 所示，应遵守下列规定：

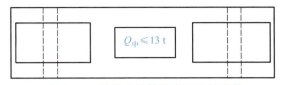

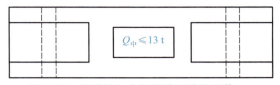

图 5.12　枕梁内外等距离三处的装载　　　　图 5.13　两端墙向中部连续三处的装载

① 中部所装货物的重量不得超过 13 t。
② 当两端货物的装载宽度不小于 2.5 m 时,全车装载重量不得超过 57 t。
③ 当两端货物的装载宽度不小于 1.3 m、不足 2.5 m 时,全车装载重量不得超过 55 t。
(9) 仅靠防滑衬垫防止货物移动时,全车装载重量不得超过 55 t。

🔷 实例计算

(1) 一件货物支重面长 5 000 mm,支重面宽 2 400 mm 和 2 700 mm 时,仅在车辆两枕梁之间、横中心线两侧等距离范围内承受均布载荷时,使用 C_{62AK} 容许载重量为多少?

(2) 使用标记载重量为 60 t 的 C_{62AK} 型敞车装运钢梁,钢梁长 12.6 m,宽 1.8 m,全车容许载重量为多少?

(3) 使用标记载重量为 60 t 的 C_{62AK} 型敞车装运同规格钢板,长 3 m,宽 1.5 m,每件重量为 2 t,该如何装载?

【解】(1) 查表 5.6 可知,仅在车辆两枕梁之间、横中心线两侧等距离范围内承受均布载荷时,支重面长度为 5 000 mm,支重面宽度为 2 400 mm 时,容许载重量为 18.5 t;支重面长度为 5 000 mm,支重面宽度为 2 700 mm 时,容许载重量为 29 t。

(2) 长 12.6 m 的钢梁可保证两枕梁直接承受货物重量,当两枕梁承受的货物重量相等时,全车装载重量可以达到货车容许载重量。

(3) 钢板长 3 m,宽 1.5 m,可在车辆两枕梁内外等距离范围内承受均布载荷时,全车装载重量可以达到货车标记载重量。

二、70 t 敞车装载

对于 C_{70}、C_{70H}、C_{70E}、C_{70EH} 型敞车局部地板面承受货物重量时,应遵守下列规定:

(1) 仅在车辆两枕梁之间、横中心线两侧等距离范围内承受均布载荷或对称集中载荷时,容许载重量见表 5.8、表 5.9。

表 5.8　C_{70}、C_{70H}、C_{70E}、C_{70EH} 型敞车承受均布载荷时的容许载重量

车辆负重面长度 /mm	车辆负重面宽度 B/mm	容许载重量 /t
2 000	$1\ 300 \leqslant B < 2\ 500$	25
	$B \geqslant 2\ 500$	30

续表

车辆负重面长度 /mm	车辆负重面宽度 B/mm	容许载重量 /t
3 000	$1\ 300 \leqslant B < 2\ 500$	28
	$B \geqslant 2\ 500$	39
4 000	$1\ 300 \leqslant B < 2\ 500$	34
	$B \geqslant 2\ 500$	40
4 500	$1\ 300 \leqslant B < 2\ 500$	34
	$B \geqslant 2\ 500$	40
5 000	$1\ 300 \leqslant B < 2\ 500$	36
	$B \geqslant 2\ 500$	42
6 000	$1\ 300 \leqslant B < 2\ 500$	42
	$B \geqslant 2\ 500$	45
7 000	$1\ 300 \leqslant B < 2\ 500$	44
	$B \geqslant 2\ 500$	48
8 000	$1\ 300 \leqslant B < 2\ 500$	48
	$B \geqslant 2\ 500$	52
9 000	$1\ 300 \leqslant B < 2\ 500$	52
	$B \geqslant 2\ 500$	62

表 5.9　C_{70}、C_{70H}、C_{70E}、C_{70EH} 型敞车承受对称集中载荷时的容许载重量

横垫木中心间距 /mm	横垫木长度 L/mm	容许载重量 /t
1 000	$1\ 300 \leqslant L < 2\ 500$	26
	$L \geqslant 2\ 500$	30
2 000	$1\ 300 \leqslant L < 2\ 500$	32
	$L \geqslant 2\ 500$	36
3 000	$1\ 300 \leqslant L < 2\ 500$	35
	$L \geqslant 2\ 500$	39
4 000	$1\ 300 \leqslant L < 2\ 500$	42
	$L \geqslant 2\ 500$	46
5 000	$1\ 300 \leqslant L < 2\ 500$	48
	$L \geqslant 2\ 500$	54
6 000	$1\ 300 \leqslant L < 2\ 500$	58
	$L \geqslant 2\ 500$	64

续表

横垫木中心间距 /mm	横垫木长度 L/mm	容许载重量 /t
7 000	1 300 ≤ L<2 500	60
	L ≥ 2 500	68
8 000	1 300 ≤ L<2 500	64
	L ≥ 2 500	70

有下列情况之一的，C_{70}、C_{70H}、C_{70E}、C_{70EH} 全车装载重量可以达到货车标记载重量：

① 当车辆负重面宽度不小于 2 000 mm，在车辆两枕梁处负重面长度各为 3 800 mm，或在车辆两枕梁及中央三处负重面长度不小于 2 000 mm 且均布对称装载时。

② 全车均布装载时。

使用横垫木在两枕梁处对称装载，当横垫木长度不小于 2 000 mm，两横垫木中心线间距离为 1 000 mm 时，全车装载重量可以达到货车标记载重量。

(2) 两枕梁直接承受货物重量且两枕梁承受的货物重量相等时，全车装载重量可以达到货车标记载重量。

(3) 在车辆两枕梁内外等距离(装载长度不超过 3.8 m)范围内承受均布载荷时，应遵守下列规定：

① 装载宽度不小于 2.5 m 时，全车装载重量可以达到货车标记载重量。

② 装载宽度不小于 1.2 m、不足 2.5 m 时，全车装载重量不得超过 65 t。

③ 如果需要在货物下加垫横垫木或条形草支垫(稻草绳把)时，应分别加垫在枕梁上及其内外各 1 m 处。

(4) 靠车辆两端墙向中部连续装载货物，每端装载长度超过 3.8 m 时，应遵守下列规定：

① 装载宽度不小于 2.5 m 时，全车装载重量可以达到货车标记载重量。

② 装载宽度不小于 1.2 m、不足 2.5 m 时，全车装载重量不得超过 65 t。

(5) 在车辆两枕梁内外等距离(装载长度不超过 3.8 m)范围内和车辆中部承受三处载荷时，应遵守下列规定：

① 中部货物装载宽度不小于 1.2 m，重量不大于 25 t，如图 5.14 所示。

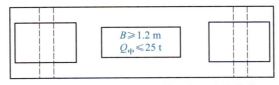

图 5.14　70 t 车枕梁内外等距离三处的载荷

② 当两端货物的装载宽度不小于 2.5 m 时，全车装载重量可以达到货车标记载重量；

③ 当两端货物的装载宽度不小于 1.2 m、不足 2.5 m 时，全车装载重量不得超过 65 t。

(6) 货物的装载宽度小于 1.2 m 时，可双排装载或加垫长度不小于 1.2 m 的横垫木。

💻 **课程思政案例：打磨专业技能，精益求精，为货运安全保驾护航**

　　××××年3月15日23时50分由黄埔站发出的散堆装货物，于3月18日19时59分经南宁南站超偏载仪检测，发现8车均有不同程度的超载，其中，P3325518、P3110984、P3106701、P3113773分别超载5.6 t、5.3 t、7.8 t、6.6 t。经查，黄埔站根据原装车方案将8个空棚车装载锌矿粉（吨袋包装货物，每件重量为0.75~1.25 t），经轨道衡检测，重量分别为52.3 t、53.8 t、48.1 t、53.2 t、47.76 t、52.78 t、51.45 t、50.01 t。货主认为亏吨，强烈要求加装，黄埔站将该组车辆送回原装车点补吨，加装后复衡，重量分别为56.4 t、58.4 t、56.2 t、57.01 t、55.17 t、56.75 t、55.35 t、55.28 t。

　　此次超载事件的原因在于：① 黄埔站货运员监装流于形式，装车作业过程控制失效，是导致超载发生的直接原因。货物装车前，应由企业运输员会同托运人核对货物清单，根据清单上的货物重量和规格进行配装，而货运员对装车重量完全不清楚。② 货运员安全意识极差，有严重的"设备依赖"心理，装车当日，轨道衡发生故障，检测数据2次出现异常，未引起车站警觉，仍盲目补装，第一次过衡时亏吨最多达到12.24 t，没有警觉，补吨后复衡，亏吨最多仍达到4.83 t，还是没有警觉。

　　此次事件充分说明，按章办事并不是走流程，运用新技术也不是一味依靠设备，而应该时刻保持细心严谨，平时多提升专业技能，为货运安全保驾护航。

工 作 手 册

【任务名称】	货车局部承载货物重量的条件判定		参考学时： 2 学时
【项目团队】			

【任务实施关键点】

_____

_____

_____

工序	工作步骤	实施方案
1. 平车、凹底平车、长大平车局部承受货物的重量	查询相关车辆参数	
	判断货物是否为集重货物	
	确定免于集重的装载方法	
2. 敞车局部承受货物的重量	查询相关车辆参数	
	确定装载方法	
	确定货物装载的容许载重量	

工作笔记：作为一名货运员，应该如何理解按章办事并不是走流程，运用新技术也不是一味依靠设备。

随堂练习

1. 使用 P_{64} 型棚车装载鞋帽,其 $P_{增}$为( )。
A. 2 t B. 3 t C. 1 t D. 1.2 t

2. 国际联运的中、朝、越铁路货车(C_{70} 型系列、C_{76} 型系列、C_{80} 型敞车除外),以标记载重量加( )为货车容许载重量。
A. 1.2% B. 2% C. 5% D. 10%

3. 使用 C_{62A*K} 型敞车装载货物时,靠车辆两端墙向中部连续装载货物,每端装载长度超过 3.8 m 时,货物装载宽度 1.3 m ≤ B<2.5 m 时,全车装载重量不得超过( )t。
A. 55 B. 57 C. 58 D. 60

4. 一件集重货物,均衡装载于 D_{22A} 型长大货物车上,需要支重面最小长度为 4 000 mm,则当用横垫木均衡装载货物时,两横垫木中心线间最小距离为( )mm。
A. 1 000 B. 2 000 C. 4 000 D. 8 000

5. 一件货物,用 N_{17AK} 型平车装运,需要货物支重面最小长度为 6 m,但货物支重面长度只有 4 m,则货物的合理装载方法是( )。
A. 直接装载在车底板上
B. 货物下垫纵垫木
C. 在货物下垫两横垫木,使两横垫木中心线间距离大于 3 m
D. 在货物下垫纵垫木,使纵垫木长度大于 6 m,横垫木中心线间距离大于 6 m

【专项技能 5.3】 整车货物轻重配装

学习目标

能力目标
能确定整车货物轻重配装方案,能运用满载的方法指导货物装载。

知识目标
(1) 了解重质货物和轻质货物的相关知识。
(2) 掌握整车货物轻重配装的方法。
(3) 理解整车货物轻重配装的符合条件。

素质目标
(1) 能根据货车车种、车型及货物条件确定整车货物轻重配装方案,能严格执行工作规程、作业程序和标准。
(2) 巧装满载,提高装车效益,具备灵活处事的职业素养。

任务下达

◆ **阅读后,在工作手册中完成任务。**

　　株洲北物流车间承运一批皮棉和一批箱装机械零件,共计 1 800 t,其中皮棉重量为 1 080 t(单位体积重量为 0.375 t/m³),箱装机械零件重量为 720 t(单位体积重量为 1 t/m³)。车站现有标记载重量为 60 t、车内有效容积为 120 m³ 的棚车若干。请你以株洲北物流车间货运员的身份完成下列工作任务,并思考:明明轻重配装方案的设计与执行会增大作业人员的工作量,为什么一定要做呢?

　　(1)需要多少辆 60 t 的棚车分别装运皮棉和箱装机械零件?

　　(2)若采用轻重配装,需要棚车多少辆?

　　(3)株洲北物流车间至箱装机械零件到站距离和皮棉到站距离分别为 2 890 km 和 2 487 km,该站能组织这两种货物的配装吗?

　　(4)确定轻重配装方案。

 理论学习

 〖 知识点一 〗 整车货物轻重配装的方法

一、整车货物轻重配装

铁路运输的货物根据货物的密度可分为轻质货物和重质货物。

1. 轻质货物

轻质货物又称轻泡货物、轻货、泡货、轻浮货物,是体积大而自重轻即货物积比(单位体积重量)小的货物。在铁路运输中,轻质货物指装满货车容积而总重达不到货车标记载重量的货物,如棉花、芦苇、包装编织袋等。

2. 重质货物

重质货物指单位体积重量大的货物,是在铁路运输中未装满货车容积,但已达到货车标记载重量的货物,如地砖、生铁块等。

3. 整车货物轻重配装

整车托运的重质货物和轻质货物应合理配装,将同一到站或同一径路的货物进行合理的配装,达到充分利用车辆容积和载重量的目的。装车时应先装重质货物,后装轻质货物。

二、整车货物轻重配装的方法

计算轻重货物重量比例的关系式如下:

微课
整车货物轻
重配装的方
法

$$P_标 = P_重 + P_轻$$

$$V_{有效} = V_重 + V_轻 = \frac{P_重}{\rho_重} + \frac{P_轻}{\rho_轻}$$

通过变形可得：

$$P_重 = \frac{\rho_重(P_标 - V_{有效}\rho_轻)}{\rho_重 - \rho_轻} \tag{5-2}$$

$$P_轻 = P_标 - P_重 \tag{5-3}$$

式中：$P_标$为货车标记载重量，t；$V_{有效}$为货车有效容积，m³；$P_重$为应装的重质货物重量，t；$P_轻$为应装的轻质货物重量，t；$\rho_重$为重质货物单位体积重量，t/m³；$\rho_轻$为轻浮货物单位体积重量，t/m³。

🧊 **实例计算**

株洲北物流车间现有待装货物棉花重 113 t，棉花单位体积重量为 0.1 t/m³，待装货物生铁块重 487 t，生铁块单位体积重量为 7.3 t/m³。车站现有标记载重量为 60 t、车内有效容积为 120 m³ 的棚车若干，株洲北物流车间该怎样进行配装？

【解】

$$P_重 = \frac{\rho_重(P_标 - V_{有效}\rho_轻)}{\rho_重 - \rho_轻} = 7.3 \times \frac{60 - 120 \times 0.1}{7.3 - 0.1} \text{ t} = 48.7 \text{ t}$$

$$P_轻 = P_标 - P_重 = (60 - 48.7) \text{ t} = 11.3 \text{ t}$$

每辆棚车可装载生铁块 48.7 t，装载棉花 11.3 t，共需 10 辆棚车。

〖知识点二〗 整车货物轻重配装的限制

微课
整车货物轻重配装的限制

一、整车轻重配装的条件

（1）车站必须有计划地事先组织货物轻重配装，根据批准的月度货物运输计划，把能配装的货物安排在同一句内装车。

（2）车站必须有计划地事先安排货物进货验收，能配装于一车的货物应指定在同一天进货，并堆放在同一货位或相邻货位上。

（3）车站应有计划地组织装车，装车时应先装重质货物，再装轻质货物。

（4）轻质货物和重质货物最好是同一到站的货物，或同一径路上相距不太远的两个到站，且不影响发站执行列车编组计划和实现运输方案，即两个到站应该在同一个列车编组组号范围内。

二、配装站的合理距离

实行轻重配装的两个车站间的合理距离，其计算如下：

$$S_2 \leq \frac{\Delta P_1}{\Delta P_2} S_1 \tag{5-4}$$

式中：S_2 为两到站间的合理距离，km；S_1 为发站至第一到站的距离，km；ΔP_1 为配装节省的车辆吨位，t；ΔP_2 为第一到站卸后浪费的车辆吨位，t。

🔷 **实例计算**

株洲北物流车间现有待装货物草粉重量为 257 t（单位体积重量为 0.3 t/m³），箱装机械零件重量为 343 t（单位体积重量为 1 t/m³）。两货物到站在同一径路上，可同列编组。发站至草粉到站的距离为 890 km，发站至箱装机械零件到站的距离为 1 240 km。车站现有标记载重量为 60 t、车内有效容积为 120 m³ 的棚车若干，问株洲北物流车间能组织这两种货物的配装吗？如何配装能提高货车载重量利用率？

【解】（1）不配装时：

$$P_{重}=V_{有效}\rho_{重}=120\times 1 \text{ t}=120 \text{ t}$$

可得，大于标记载重量为 60 t，只能装满标记载重量为 60 t 的货物，$P_{重}=60$ t

$$P_{轻}=V_{有效}\rho_{轻}=120\times 0.3 \text{ t}=36 \text{ t}$$

可得，小于标记载重量为 60 t，但已装满车容积的货物，$P_{轻}=36$ t

故：两车共装吨位数为 $P=(60+36)\text{t}=96$ t

（2）配装时：

$$P_{重}=\frac{\rho_{重}\left(P_{标}-V_{有效}\rho_{轻}\right)}{\rho_{重}-\rho_{轻}}=1\times\frac{60-120\times 0.3}{1-0.3}\text{ t}=34.3 \text{ t}$$

$$P_{轻}=P_{标}-P_{重}=(60-34.3)\text{t}=25.7 \text{ t}$$

故：两车共装吨位数为 $P=2\times(34.3+25.7)\text{t}=120$ t

（3）对比结果：

配装后两车共多装了 $(120-96)\text{t}=24$ t

（4）两到站间距离合理性校验：

$$S_2=\frac{\Delta P_1}{\Delta P_2}S_1=\frac{24}{25.7\times 2}\times 890 \text{ km}=415.56 \text{ km}$$

$$S=(1\,240-890)\text{ km}=350 \text{ km}$$

故：$S<S_2$，两到站间距离合理，可以组织轻重配装。

（5）确定轻重配装方案：

车辆	箱装机械零件装载重量 /t	草粉装载重量 /t
第 1~10 辆棚车	各 34.3	各 25.7
总计发送吨数	343+257 = 600	

📖 **课程思政案例：巧装满载提高净载重，打造高品质中国铁路货运品牌**

货运改革以来，邯郸货运中心定期组织召开由中心领导班子和市场营销科、物流服务科、中心调度室等职能科室部门参加的专题会，围绕现场装车情况研究制定应对措施。他们克服运用车、空车不足以及装车去向受限等困难，对装载情况及运输组织进行精心安排部署；加强宣传与沟通，争取客户的理解和支持，力求巧装满载，切实提高批量零散货物的净载重和以敞车代棚车的运用比例。

邯郸货运中心针对京广铁路沿线各网点粮食类货源激增、棚车车源紧张的现状，及时与货主沟通，详细介绍"敞代棚"的优势，全过程邀请货主观摩，打消货主对货物运输途中易发生湿损的顾虑，减少"货等车"的时间。

针对管内批量和零散货源的持续攀升，该中心本着有货源就不能流失的原则，力求做到"来多少发运多少"，并在提高净载重上下功夫，确保办理业务的各相邻网点信息共享，满足不同货主对运输条件的不同要求，坚持一单不丢，取得了良好的运输效益。

工 作 手 册

【任务名称】	编制整车货物轻重配装方案	参考学时：__2__学时
【项目团队】		

【任务实施关键点】

_____

_____

_____

工序	工作步骤	实施方案
1. 未轻重配装的方案	确定皮棉装载量	
	确定箱装机械零件装载量	
	确定需要车辆	
2. 设计轻重配装方案	确定皮棉装载量	
	确定箱装机械零件装载量	
	确定需要车辆	
3. 配装站间距离合理性判定	确定两到站间合理距离	
	确定两到站间实际距离	
4. 确定最终方案	轻重配装方案	

工作笔记：请结合"打造高品质中国铁路货运品牌"，谈一谈作为一名货运工作人员，如何才能在平凡的岗位上做出贡献。

随堂练习

株洲北物流车间现有待装货物草粉重 160 t(单位体积重量为 0.3 t/m³),袋装食盐重 140 t(单位体积重量为 2.1 t/m³)。两货物到站在同一径路上,可同列编组。发站至草粉到站的距离为 1 240 km,发站至袋装食盐到站的距离为 1 640 km。车站现有标记载重量为 60 t、车内有效容积为 120 m³ 的棚车若干。请根据资料回答下列问题:

(1) 下列整车货物轻重配装条件描述正确的有(   )。

A. 必须有计划地事先组织,根据批准的月度货物运输计划,把能配装的货物安排在同一旬内装车。

B. 配装于一车的货物应指定在同一天进货,堆放在同一货位或相邻货位上。

C. 装车时,应先装重质货物,再装轻质货物。

D. 轻质货物与重质货物为同一到站货物

(2) 装载 160 t 草粉需要(   )辆棚车。

A. 5   B. 6   C. 8   D. 10

(3) 装载 140 t 袋装食盐需要(   )辆棚车。

A. 2   B. 3   C. 4   D. 5

(4) 株洲北物流车间进行配装,每车装载草粉(   )t,装载袋装食盐(   )t。

A. 36   B. 32   C. 28   D. 24

(5) 株洲北物流车间进行配装,一共需要(   )辆棚车。

A. 5   B. 6   C. 7   D. 8

【专项技能 5.4】 货物重心合理位置与重车重心高

学习目标

能力目标

(1) 能正确判定超长货物经济合理的装载方式。

(2) 能根据货物装载的技术条件,正确确定货物重心投影位置、重车重心高及运行条件。

知识目标

(1) 掌握超长货物的判定方法。

(2) 掌握货物重心在车辆纵向合理位置的判定方法。

(3) 掌握货物重心在车辆横向合理位置的判定方法。

(4) 掌握横垫木、支座与转向架高度的计算方法。

(5) 掌握重车重心高的计算方法,熟悉重车重心高超高时的应对措施。

素质目标

(1) 树立严谨细致的工作态度,严格执行工作规程、作业程序和标准。

（2）树立正确价值导向，培育精益求精的工作态度。

 ## 任务下达

🔷 **阅读后，在工作手册中完成任务。**

　　株洲某股份有限公司到株洲北物流车间托运铝制反应釜一件，重量为 30 t，长 16 600 mm，直径为 2 980 mm，拟用 N_{17} 型平车装运。请你以株洲北物流车间货运员身份完成下列工作任务，并思考为什么要不断优化装载方案。

　　（1）绘制货物三视图。

　　（2）确定经济合理的装载方案并简述理由。

　　设计装载方案一：一车负重，两端均衡突出，画出装载示意图并判断货物重心投影位置、重车重心高是否合理。

　　设计装载方案二：一车负重，一端突出装载，画出装载示意图并判断货物重心投影位置、重车重心高是否合理。

　　设计装载方案三：自行设计第三种装载方法并判断货物重心投影位置、重车重心高是否合理。

 ## 理论学习

〖知识点一〗 超长货物装载方式

一、超长货物的定义

　　一车负重，突出车端，需要使用游车或跨装运输的货物，称为超长货物。

1. 货物突出车端长度的限制

　　（1）当货物突出端半宽小于或等于车地板半宽时，货物允许突出车辆端梁 300 mm，此时货物不属于超长货物，不需要加挂游车，如图 5.15 所示。

微课
超长货物的
判定

🔷 **货物突出长度允许范围的由来**

　　以 N_6 型平车为例，两辆平车使用车钩连挂时，正常连挂的两端部间最小间距为 908 mm；车钩处于压缩状态时，每一车钩压缩量为 75 mm；运行于曲线半径为 300 m 的线路上，曲线内侧货物端部较中间向前 35 mm。

　　当相邻车辆均装有突出端梁 300 mm 的货物时，根据计算：(908-300×2-75×2-35×2)mm=88 mm，因此，货物端部（曲线内侧）还有 88 mm 的安全量。所以，允许装载货物时突出端梁一定的距离，可不加挂游车。

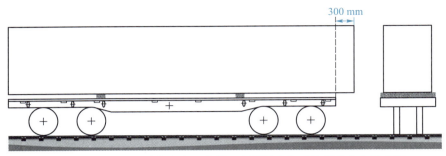

图 5.15　货物突出端半宽小于或等于车地板半宽时的装载方案示意图

（2）当货物突出端半宽大于车地板半宽时，货物允许突出车辆端梁 200 mm，此时货物不属于超长货物，不需要加挂游车，如图 5.16 所示。

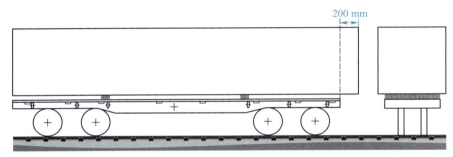

图 5.16　货物突出端半宽大于车地板半宽时的装载方案示意图

🔷 **实例计算**

某桥梁厂托运一件均重货物，该货物长 15.8 m，宽 2.8 m，要求使用 NX_{17B} 型平车装运。

（1）两端均衡突出装载时，该货物是否为超长货物？

（2）一端突出装载时，该货物是否为超长货物？

【解】NX_{17B} 型平车车地板长 15 400 mm，宽 2 980 mm。货物突出端半宽（1 400 mm）小于车地板半宽（1 490 mm），货物允许突出车辆端梁 300 mm 装载。

（1）采用两端均衡突出装载时，两端各突出 200 mm，突出端长度没有超过允许突出范围，该货物装车后可不使用游车，不属于超长货物。

（2）采用一端突出装载时，突出端长度为 400 mm，超过了允许突出范围，必须使用游车，该货物为超长货物。

2. 影响超长货物判定的因素

（1）**装载车辆**　确定某种货物是否超长，与所使用的车辆有密切关系。如一件长 12 850 mm 的货物，当选用车地板长 12 500 mm 的 N_6 型平车一车负重装载时，货物属于超长货物；当选用车地板长 13 000 mm 的 N_{17} 型平车一车负重装载时，货物不属于超长货物。

（2）装载方法　确定某货物是否超长，与选用的装载方法有一定关系。如一件长 12 800 mm 的非均重货物，货物重心距货物左端 6 850 mm，假设货物重心纵向最大容许偏移量为 500 mm，选用车地板长 13 000 mm 的 N_{17} 型平车装载。此时，若采用货物重心投影与车辆横中心线相重合的装载方案，则该货物属于超长货物，如图 5.17 所示；若采用货物重心向货物右端偏移 350 mm 的装载方案，则该货物不属于超长货物。

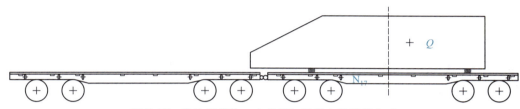

图 5.17　非均重货物一车负重加挂游车的装载方式

二、超长货物一车负重的装载方式

1. 一车负重装载方式的种类

货物的全部重量由一辆货车承担，在负重车的一端或两端加挂游车的装载方法，称为一车负重的装载方法。具体装载形式有以下两种：

（1）一端突出装载，即一车负重，一端突出，使用一辆游车，如图 5.18 所示。

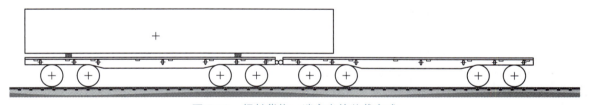

图 5.18　超长货物一端突出的装载方式

（2）两端突出装载，即一车负重，两端突出，两端各使用一辆游车，如图 5.19 所示。

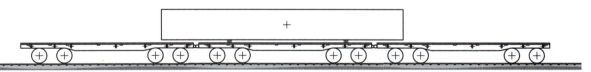

图 5.19　超长货物两端突出的装载方式

2. 一车负重装载技术条件

（1）均重货物使用 60 t、61 t 平车两端均衡突出时，其装载量不得超过相关规定，见表 5.10。

（2）利用游车装载货物时，两车上两件货物的间距不得小于 350 mm，货物突出部分的两侧不得装载货物，如图 5.20 所示。

表 5.10 60 t、61 t 平车两端均衡突出装载量

突出车端长度 L/mm	$L<1\ 500$	$1\ 500 \leqslant L<2\ 000$	$2\ 000 \leqslant L<2\ 500$	$2\ 500 \leqslant L<3\ 000$	$3\ 000 \leqslant L<3\ 500$	$3\ 500 \leqslant L<4\ 000$	$4\ 000 \leqslant L<4\ 500$	$4\ 500 \leqslant L<5\ 000$
容许载重量 $Q_{容}$/t	58	57	56	56	55	54	53	52

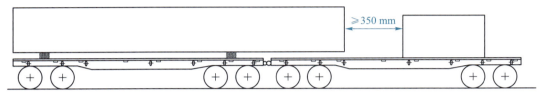

图 5.20 利用游车装载货物时货物的间距规定

（3）两批货物共用同一游车时，考虑车辆运行条件下需要使货物与货物之间保持一定的安全距离，则两件货物间距不得小于 500 mm，如图 5.21 所示。

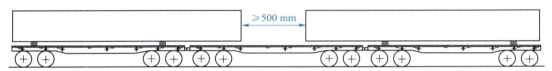

图 5.21 两批货物共用游车时货物的间距规定

三、超长货物两车负重的跨装方式

1. 跨装装载方式的种类

两车负重装运的货物，称为跨装货物。使用的数辆平车，称为跨装车组。跨装运输装载方式包括以下四种形式：

（1）两车负重，不加挂游车，如图 5.22 所示。

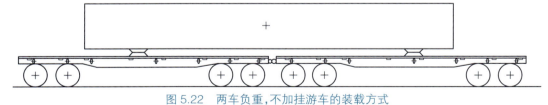

图 5.22 两车负重，不加挂游车的装载方式

（2）两车负重，中间加挂游车，如图 5.23 所示，中间加挂游车最多为 1 辆。

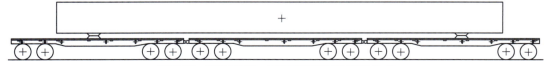

图 5.23 两车负重，中间加挂游车的装载方式

（3）两车负重，两端均加挂游车，如图 5.24 所示，各端加挂游车最多为 1 辆。

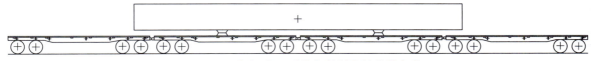

图 5.24 两车负重，两端均加挂游车的装载方式

（4）两车负重，中间及两端均加挂游车，如图 5.25 所示，跨装车组的车辆总数最多为 5 辆。

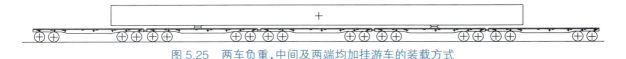

图 5.25 两车负重，中间及两端均加挂游车的装载方式

2. 跨装装载的技术条件

（1）跨装时，只准两车负重。负重车车地板高度应相等，如高度不等时需要垫平。

（2）对未达到容许载重量的货车，可以加装货物，但不得加装在货车的两侧，且与跨装货物端部间距不小于 400 mm，如图 5.26 所示。

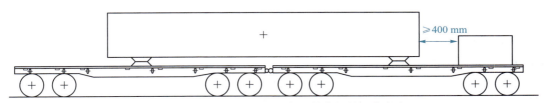

图 5.26 跨装运输时使用游车装载货物的装载方式

（3）在两辆负重车的中间只准加挂 1 辆游车。

（4）跨装货物应使用货物转向架。货物转向架下架体的重心投影应位于货车纵、横中心线的交叉点上。若因特殊情况确需纵向偏移时，必须保证负重车货物转向架负担的货物重量（含货物转向架的重量）不超过货车标记载重量的 1/2，两货物转向架负重之差不大于 10 t。

（5）为了防止跨装车组通过驼峰或线路变坡点时，货物与负重车或游车地板发生接触，影响运行安全，货物转向架的高度必须符合要求。

（6）货物转向架上架体与跨装货物、下架体与车辆分别固定在一起。对货物及货物转向架的加固不得影响车辆通过曲线，并将提钩杆用镀锌铁线捆紧。

（7）中间加挂游车的跨装车组通过 9 号及以下道岔时不得推送调车。遇设备条件不容许或尽头线时，允许以不超过 5 km/h 的速度匀速推进。

（8）跨装车组应使用车钩缓冲停止器，安装应在车钩自然状态下进行。

（9）跨装车组禁止溜放。

〖知识点二〗 货物重心合理位置

一、货物重心在车辆纵向的合理位置

1. 一车装载一件货物时货物重心纵向的合理位置

（1）货物重心纵向最大容许偏移量 $a_容$ 的计算 设货车容许载重量为 $P_容$，车辆两转向架承受货物的重量分别为 R_A、R_B，且 $R_A > R_B$，根据《铁路货物装载加固规则》的规定，两转向架承重应满足以下条件：

$$R_A \leqslant \frac{1}{2} P_容 \qquad R_A - R_B \leqslant 10 \text{ t}$$

根据力矩平衡原理，可推导出货物重心纵向最大容许偏移量 $a_容$ 的计算公式。

① 当 $P_容 - Q < 10 \text{ t}$ 时：

$$a_容 = \left(\frac{P_容}{2Q} - 0.5 \right) l \tag{5-5}$$

② 当 $P_容 - Q \geqslant 10 \text{ t}$ 时：

$$a_容 = \frac{5}{Q} l \tag{5-6}$$

式中：$a_容$ 为重心（总重心）纵向最大容许偏移量，mm；$P_容$ 为车辆的容许载重量，t；l 为车辆转向架中心距，mm；Q 为车辆所装货物重量，t。

（2）货物重心纵向偏移合理性校验 根据装载方案确定货物重心纵向实际偏移量（$a_实$）的大小，当 $a_实$ 小于或等于 $a_容$ 时，货物重心纵向位置是合理的。

🔶 **实例计算**

一件货物长 11 500 mm，重量为 48 t，货物重心距货物一端为 7 000 mm，选用 60 t 的 N_{16} 型平车装载，距重心较远的货端与车地板平齐，试问该装载方法是否符合货物重心纵向偏移的条件？

【解】N_{16} 型平车：$L_车 = 13\,000 \text{ mm}$，$B_车 = 3\,000 \text{ mm}$，$l = 9\,300 \text{ mm}$。

距重心较远的货端与车地板平齐装载，如图 5.27 所示。

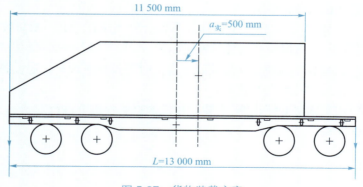

图 5.27 货物装载方案

$$P_{客} - Q = (60-48)\text{t} = 12\ \text{t} \geqslant 10\ \text{t};$$

$$a_{客} = \frac{5}{Q}l = \frac{5}{48} \times 9\ 300\ \text{mm} = 968\ \text{mm}$$

装载方案中货物重心纵向实际偏移量 $a_{实}$ 为 500 mm，小于货物重心纵向最大容许偏移量 $a_{客}$，可判定该装载方案中货物重心纵向位置符合规定。

2. 一车装载多件货物时货物总重心纵向的合理位置

（1）货物总重心纵向实际偏移量 $a_{总}$ 的计算　一车装载多件货物时，需首先计算出货物总重心纵向实际偏移量 $a_{总}$。为便于说明问题，现以一车装载三件货物为例，其重心纵向水平位置示意图如图 5.28 所示。

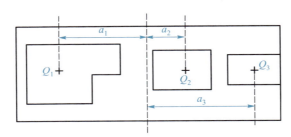

图 5.28　多件货物重心纵向水平位置示意图

当一车装载多件货物时，以车辆横中心线为作用点（轴），根据力矩平衡原理可得：

$$\pm a_1Q_1 \pm a_2Q_2 \pm \cdots \pm a_nQ_n = a_{总}(Q_1 \pm Q_2 \pm \cdots \pm Q_n)$$

则货物总重心计算公式如下：

$$a_{总} = \frac{\pm Q_1a_1 \pm Q_2a_2 \pm \cdots \pm Q_na_n}{Q_1+Q_2+\cdots+Q_n} \tag{5-7}$$

式中：$a_{总}$ 为多件货物总重心纵向实际偏移量，mm；Q_1、Q_2、$\cdots$、Q_n 为每件货物的重量，t；a_1、a_2、$\cdots$、a_n 为每件货物重心距车辆横中心线的距离，mm。

计算时，所有位于车地板横中心线一侧的货物重心至横中心线的距离应取同一符号，若货物重心在一侧时取正号，另一侧则取负号。

（2）货物总重心纵向偏移量合理性校验

① 根据计划装载方案判定每件货物重心纵向是否偏移及各自偏移量的大小。

② 根据公式（5-7）确定多件货物总重心纵向实际偏移量 $a_{总}$ 的值。

③ 根据公式（5-5）或公式（5-6）确定多件货物总重心纵向最大容许偏移量 $a_{容}$ 的值，公式中的 Q 为所有货物的重量和。

④ 比较 $|a_{总}|$ 与 $a_{容}$，判定多件货物总重心纵向偏移的合理性。若装载方案中多件货物总重心纵向实际偏移量 $|a_{总}|$ 小于或等于多件货物总重心纵向最大容许偏移量 $a_{容}$，则该装载方案的货物总重心纵向偏移量符合规定。

💎 **实例计算**

　　某站选用一辆 60 t 的 N₁₇ 型平车装载四件货物,计划装载方法为:Q_1=8 t,a_1=4 m;Q_2=16 t,a_2=0.2 m;Q_3=12 t,a_3=-2 m;Q_4=10 t,a_4=-3.5 m。试核定此装载方法是否符合货物重心纵向位移的条件。

【解】 已知 N₁₇ 型平车相关技术参数:l=9 000 mm。

　　(1) 计算多件货物总重心纵向实际偏移量

$$a_{总} = \frac{\pm Q_1 a_1 \pm Q_2 a_2 \pm \cdots \pm Q_n a_n}{Q_1 + Q_2 + \cdots + Q_n}$$

$$= \frac{8 \times 4\,000 + 16 \times 200 - 12 \times 2\,000 - 10 \times 3\,500}{8 + 16 + 12 + 10}\ \text{mm} = -517\ \text{mm}$$

　　(2) 计算多件货物总重心纵向最大容许偏移量

$$P_{容} - Q = \left[\,60 - (8 + 16 + 12 + 10)\,\right]\text{t} = 14\ \text{t} > 10\ \text{t}$$

$$a_{容} = \frac{5}{Q}\,l = \frac{5}{46} \times 9\,000\ \text{mm} \approx 978\ \text{mm}$$

　　(3) 判定多件货物总重心纵向偏移合理性

　　$|a_{总}| < a_{容}$,故此装载方案的货物总重心纵向偏移量符合规定。

二、货物重心在车辆横向的合理位置

1. 货物重心横向容许偏移量的规定

　　货物的重心或总重心的投影位于车辆的纵中心线上时,同一转向架两侧轮压相同,有利于平稳运行。当货物重心偏离车辆纵中心线时,将使车辆一侧弹簧负荷较大,容易使货物在运行中发生横向移动或倾覆;当偏移量过大时,运行中可能造成一侧旁承压死,影响车辆顺利通过曲线,严重的可能导致重车的倾覆。实践证明,货物重心横向偏移量不超过 100 mm 时,不影响运行安全。

　　在实际工作中,如装载形状不规则的货物时往往需要采用货物重心偏离车辆纵中心线的装载方案,如图 5.29 所示。若货物重心横向偏移量小于或等于 100 mm,则货物装载符合装载技术条件的要求,否则货物装载为偏载。

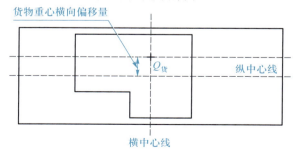

图 5.29　货物重心偏离车辆纵中心线的装载方案示意图

2. 一车装载多件货物时货物总重心横向的合理位置

当一车装载多件货物时,多件货物的总重心横向偏移量必须小于或等于货物重心横向容许偏移量($b_容$=100 mm),此时装载方案中货物总重心的横向位置才符合规定,如图 5.30 所示。

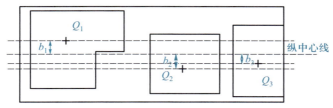

图 5.30　一车装载多件货物时货物总重心横向水平位置示意图

一车装载多件货物时,依据力矩平衡原理,货物总重心距车辆纵中心线的距离 $b_总$ 如下:

$$b_总 = \frac{\pm Q_1b_1 \pm Q_2b_2 \pm \cdots \pm Q_nb_n}{Q_1+Q_2+\cdots+Q_n} \tag{5-8}$$

式中:$b_总$为多件货物总重心距车辆纵中心线的距离,mm;b_1、b_2、$\cdots$、b_n为每件货物重心距车辆纵中心线的距离,mm;

计算时,所有位于车地板纵中心线一侧的货物重心至纵中心线的距离应取同一符号,若货物重心在一侧时取正号,另一侧则取负号。

3. 货物(总)重心横向位置不合理时的配重措施

若装载方案中货物(总)重心横向偏移量超过 100 mm,当改变货物的装载方法无法使横向偏移量调整到规定的范围内时,为了确保行车和货物的安全,应采取配重措施,使配重后的货物总重心横向偏移量不超过 100 mm。

配重后货物总重心横向水平位置示意图如图 5.31 所示,$b_总$的计算公式(5-8)可转换为:

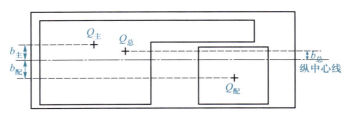

图 5.31　配重后货物总重心横向水平位置示意图

$$b_总 = \frac{Q_主b_主 - Q_配b_配}{Q_主+Q_配} \tag{5-9}$$

式中:$b_总$为配重后货物总重心偏离车辆纵中心线的距离,mm;$b_主$为配重前货物重心偏离车辆纵中心线的距离,mm;$b_配$为配重货物重心偏离车辆纵中心线的距离,mm;$Q_主$为配重前的货物重量,t;$Q_配$为配重货物重量,t。

(1) 配重货物重量的计算　采取配重措施时,$Q_配$、$b_配$必须使 $|b_总| \leqslant$ 100 mm,$Q_配 \leqslant P_标 - Q_主$,且 $b_配 \leqslant \dfrac{B_车}{2}$($B_车$为货车车地板宽度,mm),则配重货物重量 $Q_配$ 的计算公式为:

$$Q_{配} = \frac{Q_{主}(b_{主}-b_{总})}{b_{总}+b_{配}} \tag{5-10}$$

（2）配重货物重心横向偏移量的计算　采取配重措施时，依据上述必须满足的三个条件，$b_{配}$ 的计算公式为：

$$b_{配} = \frac{Q_{主}b_{主}-b_{总}(Q_{主}+Q_{配})}{Q_{配}} \tag{5-11}$$

> **◆ 实例计算**
>
> 　　某站选用一辆 N_{60} 型平车装载一件货物，$Q_{主}$=45 t，$b_{主}$=0.3 m，在车辆另一侧装载配重货物，$Q_{配}$=15 t。试问：当配重货物的配距 $b_{配}$ 为多少时，才能使其总重心符合装载要求？
>
> 　**【解】**由题意可知，若要使配重后的货物总重心符合要求，应满足 $0 \leq b_{总} \leq 100$ mm。
>
> 　　（1）$b_{总}$=100 mm 时，$b_{配}$ 计算如下：
>
> $$b_{配} = \frac{Q_{主}b_{主}-b_{总}(Q_{主}+Q_{配})}{Q_{配}} = \frac{45 \times 300 - 100 \times (45+15)}{15} \text{ mm} = 500 \text{ mm}$$
>
> 　　（2）$b_{总}$=0 时，$b_{配}$ 计算如下：
>
> $$b_{配} = \frac{Q_{主}b_{主}-b_{总}(Q_{主}+Q_{配})}{Q_{配}} = \frac{45 \times 300}{15} \text{ mm} = 900 \text{ mm}$$
>
> 　　结论：500 mm ≤ $b_{配}$ ≤ 900 mm 时，配重后的货物总重心符合装载要求。

〖知识点三〗　重车重心高的计算

一、重车重心高的定义

　　重车重心高指货物装车后将货物和车辆看成一个整体，其总重心至钢轨平面的高度。以一车装载一件货物为例，如图 5.32 所示，图中 $Q_{货}$ 为货物重量，$Q_{车}$ 为货车自重，$Q_{总}$ 为总重量，$h_{车}$ 为空车重心自轨面起算的高度，$h_{货}$ 为装车后货物重心自轨面起算的高度，H 为重车重心高。

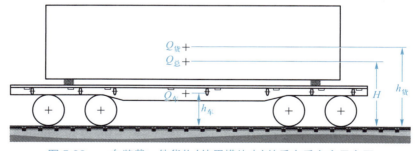

图 5.32　一车装载一件货物（使用横垫木）的重车重心高示意图

　　重车重心越高，倾覆力矩越大，列车运行越不稳定；反之，重车重心越低，倾覆力矩越小，列车运行越稳定。为了保证重车运行安全，《铁路货物装载加固规则》规定重车重心高从钢轨面起一般不得超过 2 000 mm。

二、横垫木、支座(架)与转向架高度的计算

微课
横垫木高度
的计算

若货物装载时需要使用横垫木、支座(架)或转向架时,重车重心高计算前需确定横垫木、支座(架)或转向架的高度。

1. 横垫木或支座(架)的适用情形

装有超长货物的连挂车组通过线路纵向变坡点时,为了使货物突出部分的底部与游车车地板不接触,应根据实际情况使用符合高度要求的横垫木或支座(架),以保证行车和货物安全,如图 5.33 所示。

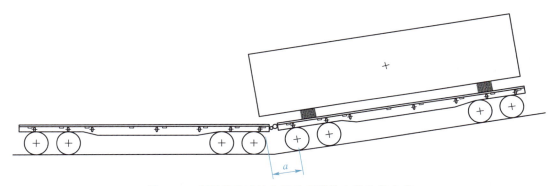

图 5.33 超长货物连挂车组使用横垫木的装载方式

2. 横垫木或支座(架)高度的计算

(1) 装载规则货物时 装有超长货物的连挂车组使用横垫木或支座(架)的合理高度 $H_{垫}$ 可按公式(5-12)计算:

$$H_{垫}=0.031\,a+h_{车差}+f+80 \tag{5-12}$$

式中:a 为货物突出端至负重车最近轮轴的轴心所在垂直平面的距离,mm;$h_{车差}$ 为游车地板高度与负重车地板高度差,游车地板比负重车地板高时,取正值,反之取负值,mm;f 为货物突出端的挠度,mm。

公式(5-12)中货物突出端至负重车最近轮轴的轴心所在垂直面的距离 a 如图 5.33 所示,其值可按公式(5-13)计算:

$$a=y_{端}+\frac{L_{车}-l-l_{轴}}{2} \tag{5-13}$$

式中:$y_{端}$ 为货物突出负重车端梁较长一端的长度,mm;$L_{车}$ 为负重车车地板长度,mm;l 为负重车转向架中心距,mm;$l_{轴}$ 为负重车固定轴距,mm。

(2) 装载不规则货物时

① 货物突出车端部分底部低于其支重面时,横垫木的高度按公式(5-12)计算出数值后,还应加上该突出部分低于货物支重面的尺寸,如图 5.34 所示。

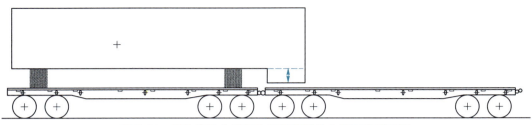

图 5.34　货物突出车端部分底部低于其支重面的示意图

②　货物突出车端部分底部高于货物支重面时,横垫木的高度按公式(5-12)计算出数值后,还应减去货物突出车端部分高于货物支重面的尺寸,如图 5.35 所示。

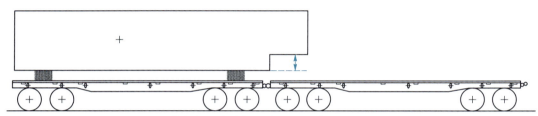

图 5.35　货物突出车端部分底部高于货物支重面的示意图

💠 实例计算

　　均重货物钢板梁一件,重量为 25 t,长 16 000 mm,宽 2 500 mm,拟使用 N₆₀ 平车装载,一端突出 300 mm,另一端突出 2 700 mm。请确定横垫木的高度。

【解】已知 N_{60} 型平车参数有:车地板长 $L_车$=13 000 mm,转向架中心距 L=9 300 mm,固定轴距 $l_轴$=1 700 mm。

（1）计算 a 值

$$a=y_端+\frac{L_主-l-l_轴}{2}=\left[2\,700+\frac{13\,000-9\,300-1\,700}{2}\right]mm=3\,700\ mm$$

（2）计算横垫木高度

$$H_垫=0.031\,a+h_{车差}+f+80=(0.031\times3\,700+0+0+80)mm=194.7\ mm$$

3. 跨装运输时转向架高度的计算

两车跨装时,货物转向架高度的计算公式如公式(5-14)所示,装载方式中相关技术参数如图 5.36 所示。

$$H_转=a\tan\gamma+h_{车差}+f+80 \tag{5-14}$$

式中:$H_转$为货物转向某高度,mm;γ 为变坡点处两个坡道线间夹角,°;其他字母含义与横垫木高度计算公式一致。

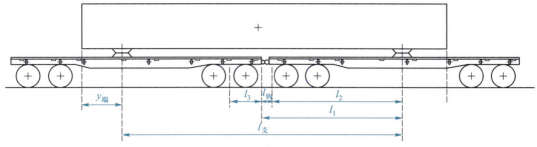

图 5.36　两车跨装的相关参数示意图

（1）两车负重，两端或一端加挂游车时

$$a=y_{端}+l_3$$
$$\tan\gamma=0.031$$

式中：l_3 为负重车车端至其最近轮轴的轴心所在垂直平面间的距离，mm。

（2）两车负重，中间无游车时

① 当 $y_{销}\leqslant 1.29\,l_2$ 时，$a=l_2$

$$\tan\gamma=\frac{0.04\,(\,l_1+l_3\,)}{l_{支}} \qquad (5-15)$$

② 当 $y_{销}>1.29\,l_2$ 时，$a=y_{销}$

$$\tan\gamma=\frac{0.031\,(\,l_1+l_3\,)}{l_{支}} \qquad (5-16)$$

式中：$y_{销}$ 为货物超出货物转向架中心销外方的长度，mm；l_1 为货物转向架中心销至另一辆负重车相邻车端的距离，mm；l_2 为货物转向架中心销至其所在车辆内方车端的距离，mm；$l_{支}$ 为跨装支距，mm。

（3）两车负重，中间有游车时，$a\tan\gamma$ 的值取以下两者中较大的。

$$a\tan\gamma=\left[\,0.04-\frac{0.04\,(\,l_1+l_3\,)-0.015\,(\,l_{支}-l_{台}-l_1-l_3\,)}{l_{支}}\,\right]l_1+0.04\,l_3$$

$$a\tan\gamma=\frac{0.031\,(\,l_{支}-l_2+l_3\,)\,y_{销}}{l_{支}}$$

式中：$l_{台}$ 为驼峰平台长度（两竖曲线切点之间的距离），可按 10 000 mm 计算。

> 📦 **实例计算**
>
> 　　某站发送一件货物，货物重量为 90 t，长 22 m，宽 2.6 m，高 2.6 m。拟选用 NX$_{70}$ 两车负重跨装，货物转向架位于货车横中心线上，如图 5.37 所示。请确定其货物转向架最小高度。
>
> 　　【解】 经查，NX$_{70}$ 相关技术参数有：钩舌内侧距离为 16 366 mm；$L_{车}$=15 400 mm；l=10 920 mm；$l_{轴}$=1 830 mm。因两车负重，中间无游车，可进行如下计算：
>
> 　　（1）计算 $y_{销}$、$1.29\,l_2$：
>
> $$l_{钩}=16\ 366-15\ 400\ \text{mm}=966\ \text{mm}$$
>
> $$y_{销}=\frac{22\ 000-16\ 366}{2}\ \text{mm}=2\ 817\ \text{mm}$$

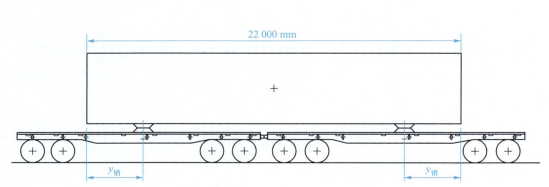

图 5.37 货物装载示意图

$$l_2 = \frac{15\,400}{2}\ \text{mm} = 7\,700\ \text{mm}$$

故:$1.29\,l_2 = 1.29 \times 7\,700\ \text{mm} = 9\,933\ \text{mm}$,即 $y_{销} \leqslant 1.29\,l_2$,则 $a = l_2 = 7\,700\ \text{mm}$。

(2) 计算 $\tan \gamma$:

$$l_1 = l_2 + l_{钩} = (7\,700 + 966)\ \text{mm} = 8\,666\ \text{mm}$$

$$l_3 = (L_{车} - l - l_{轴})/2 = (15\,400 - 10\,920 - 1\,830)/2\ \text{mm} = 1\,325\ \text{mm}$$

因货物转向架置于货车横中心线上,则 $l_{支} = 16\,366\ \text{mm}$

故:

$$\tan \gamma = \frac{0.04\,(l_1 + l_3)}{l_{支}} = \frac{0.04 \times (8\,666 + 1\,325)}{16\,366} = 0.024\,4$$

(3) 计算 $H_{转}$:

$$H_{转} = a \tan \gamma + h_{车差} + f + 80$$
$$= (7\,700 \times 0.024\,4 + 0 + 0 + 80)\ \text{mm} = 267.88\ \text{mm} \approx 268\ \text{mm}$$

故:两货物转向架最小高度为 268 mm。

三、重车重心高的计算

1. 一车装载一件货物时重车重心高的计算

一车装载一件货物如图 5.32 所示,其重车重心高的计算公式为:

$$H = \frac{Q_{车} h_{车} + Q_{货} h_{货}}{Q_{车} + Q_{货}} \tag{5-17}$$

式中:H 为重车重心高,mm;$Q_{车}$ 为货车自重,t;$Q_{货}$ 为货物重量,t;$h_{车}$ 为空车重心自轨面起算的高度,mm;$h_{货}$ 为装车后货物重心自轨面起算的高度,mm。

> 💠 **实例计算**
>
> 　一件货物重量为 38 t,重心高 1 500 mm,计划使用一辆 60 t 的 N₁₆ 型平车直接置于车底板上装载,试计算重车重心高。
>
> **【解】** 经查,N₁₆ 型平车相关技术参数为:$Q_车$=19.7 t,$h_车$=730 mm,车地板高度为 1 210 mm。
>
> $$H=\frac{Q_车 h_车+Q_货 h_货}{Q_车+Q_货}=\frac{19.7\times730+38\times(1\,500+1\,210)}{19.7+38}\,\text{mm}\approx2\,034\,\text{mm}$$
>
> 　故:重车重心高 2 034 mm。

2. 一车装载多件货物时重车重心高的计算

一车装载多件货物时重车重心高示意图如图 5.38 所示,其重车重心高的计算公式为:

$$H=\frac{Q_车 h_车+Q_1h_1+Q_2h_2+\cdots+Q_nh_n}{Q_车+Q_1+Q_2+\cdots+Q_n} \tag{5-18}$$

式中:Q_1、Q_2、$\cdots$、Q_n 为每件货物的重量,t;h_1、h_2、$\cdots$、h_n 为装车后每件货物重心自轨面起算的高度,mm。

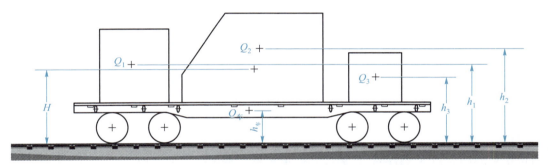

图 5.38　一车装载多件货物时重车重心高示意图

3. 跨装运输时重车重心高的计算

跨装运输时,以一件货物采用两车跨装为例,如图 5.39 所示,其重车重心高可按公式(5-19)计算:

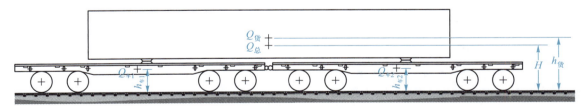

图 5.39　两车跨装时重车重心高示意图

$$H=\frac{Q_{车1}h_{车1}+Q_{车2}h_{车2}+Q_货 h_货}{Q_{车1}+Q_{车2}+Q_货} \tag{5-19}$$

式中:$Q_{车1}$、$Q_{车2}$ 分别为两负重车自重,t;$h_{车1}$、$h_{车2}$ 分别为两负重车空车重心自轨面起算的高度,mm。

四、应对重车重心高超过规定的措施

1. 选择合适的车辆

选择车辆时,尽可能选择空车重心高度和车地板高度较低而自重较大的车辆,以达到降低重车重心高的目的。

2. 采取配重措施

(1) 配重的条件　当重车重心高超过 2 000 mm 时,可采取配装措施,以达到降低重车重心高的目的。采取配重措施时,应符合以下条件:① 车辆的载重能力有富余;② 车地板上有可供装载的位置,且符合货物装载的技术条件;③ 有到达同一到站且重心又较低的货物。

(2) 配重后的重车重心高计算　配重后的重车重心高 H 计算公式为:

$$H=\frac{Q_{车}h_{车}+Q_{货}h_{货}+Q_{配}h_{配}}{Q_{车}+Q_{货}+Q_{配}} \tag{5-20}$$

式中:H 为配重后的重车重心高,mm;$Q_{配}$ 为配重货物重量,t;$h_{配}$ 为配重货物装车后,其重心自轨面起算的高度,mm。

(3) 确定配重货物重量　通过配重降低重车重心高时,配重货物重量 $Q_{配}$ 可按公式(5-21)计算:

$$Q_{配}=\frac{Q_{总}(H-2\,000)}{2\,000-h_{配}} \tag{5-21}$$

式中:$Q_{总}$ 为货车自重与主货重量之和,t;H 为未配重前重车重心高,mm。

结合货车载重量的规定,配重货物的重量应同时满足 $Q_{配} \leqslant P_{标}-Q_{货}$ 与公式(5-21)计算值的要求。

3. 限速运行

当重车重心高超过 2 000 mm,且无法降低重车重心高至规定要求内时,按《铁路货物装载加固规则》规定应限速运行,其限速运行表见表 5.11。

表 5.11　重车重心高超过 2 000 mm 时的限速运行表

重车重心高 H/mm	区间限速 /(km/h)	通过侧向道岔限速 /(km/h)
2 000<H ≤ 2 400	50	15
2 400<H ≤ 2 800	40	15
2 800<H ≤ 3 000	30	15

注:适用于除罐车和双层集装箱外的其他车辆。罐车要求 H ≤ 2 200 mm,不需限速。双层集装箱要求 H ≤ 2 400 mm,不需限速。

🔷 **实例计算**

某站选用标记载重量 60 t 的平车装一件箱型货物,货重 32 t,货物重心高 1 590 mm,平车自重 18.4 t,空车重心高 730 mm,车地板高 1 210 mm。试计算:

(1) 重车重心高是多少?

(2) 若重车重心高超过规定,计划选用一件重心高 490 mm 的货物配重,以降低其重车重心高,则配重货物的重量范围是多少?

(3) 配重后的重车重心高是多少?

【解】(1) 计算重车重心高 H:

$$h_货=(1\,210+1590)\,\text{mm}=2\,800\,\text{mm}$$

$$H=\frac{Q_车 h_车 + Q_货 h_货}{Q_车 + Q_货}=\frac{18.4\times730+32\times2\,800}{18.4+32}\,\text{mm}=2\,044.29\,\text{mm}$$

(2) 计算配重货物的重量:

$$Q_配=\frac{Q_总\,(H-2\,000)}{2\,000-h_配}=\frac{(18.4+32)\times(2\,044.29-2\,000)}{2\,000-(1\,210+490)}\,\text{t}=7.44\,\text{t}$$

结合货车载重量的规定,配重货物的重量应满足 $Q_配 \leqslant P_标 - Q_货$ 与公式(5-21)计算值的要求,则 $7.44\,\text{t} \leqslant Q_配 \leqslant (60-32)\,\text{t}$。

故:配重货物的重量范围为 7.44~28 t。

(3) 计算配重后的重车重心高:

$$H=\frac{Q_车 h_车 + Q_货 h_货 + Q_配 h_配}{Q_车 + Q_货 + Q_配}=\frac{18.4\times730+32\times2\,800+7.44\times(1\,210+490)}{18.4+32+7.44}\,\text{mm}\approx2\,000\,\text{mm}$$

📖 **课程思政案例:违规操作会酿大祸,技术规范方显"匠心"**

2001 年 7 月 13 日,29008 次货物列车因装载加固不良引发重大路外伤亡事故。

(一) 事故概况

2001 年 7 月 13 日 22 时 02 分,29008 次货物列车运行至达成线营山站至小桥站间,机后 11 位平车装载的钻井仪表组合台,因捆绑的铁线松脱,输出传动箱向列车运行方向右侧转动倒下侵限,将在铁路边乘凉的沿线村民击死 22 人,击伤 16 人。22 时 35 分,列车驶入八庙车站,值班员接车时发现列车运行方向右侧冒出火花,接近后发现列车右侧有货物倒塌侵限,立即拦停了列车。

(二) 事故原因

违章承运大型机械设备,加固不牢,造成所装货物活动部件转动超限,撞击铁路边和桥梁上行走、纳凉的村民,造成人员伤亡。

(三) 教训与措施

(1) 要严格遵守《铁路货物运输规程》《铁路货物装载加固规则》《铁路专用线专用铁路管理办法》的相关规定。

(2) 对易于旋转或有活动部位的货物,装车站应将旋转或活动部位捆绑牢固。

(3) 加强对铁路沿线村民的法制宣传教育(如《铁路法》),禁止在铁路线(桥)路两旁坐卧休息。

(4) 加大货检作业检查力度,货检站对重点货物的加固装载状态要认真检查,发现异状及时做扣车处理。

工 作 手 册

| 【任务名称】 | 编制超长货物装载方案 | 参考学时：__2__ 学时 |

【项目团队】_____

【任务实施关键点】

_____

_____

_____

工序	工作步骤	实施方案
1. 一车负重	选择合适车辆,分析装载方式	
	判断货物重心投影位置是否合理	
	确定横垫木或支座(架)的高度	
	计算重车重心高并确定运行条件	
2. 跨装运输	选择合适车辆,分析装载方式	
	确定货物转向架高度	
	计算重车重心高并确定运行条件	

工作笔记:作为一名货运员,如何看待"对技术作业做到严谨细致,对规范操作做到精益求精"?

随堂练习

1. 使用 61 t 平车一车负重、两端均衡突出的方式装载一件 18 m 的超长均重货物,其最大容许载重量不得超过( )t。

A. 56　　　　　　B. 55　　　　　　C. 58　　　　　　D. 57

2. 一件货物重 50 t,外形尺寸为 14 000 mm × 2 700 mm × 1 600 mm,使用 N_{17} 型平车装载,货物重心纵向最大容许偏移量为( )mm。

A. 1 000　　　　　B. 1 125　　　　　C. 900　　　　　D. 1 180

3. 用一辆 N_{60} 型平车装载四件货物,拟定的装载方法为 $Q_1=5$ t,$a_1=4$ m;$Q_2=20$ t,$a_2=0.2$ m;$Q_3=10$ t,$a_3=-2$ m;$Q_4=10$ t,$a_4=-4$ m。货物总重心距车辆横中心线的距离为( )mm。

A. 800　　　　　　B. 650　　　　　　C. 700　　　　　　D. 750

4. 使用 N_{16} 型平车(自重 19.7 t,车底板至钢轨面高 1 210 mm,重心高 730 mm)装运圆柱形货物一件,两端均衡突出,货物长 17.4 m,直径为 2.8 m,重 34 t,重心高 1.6 m,支座高 200 mm,试计算重车重心高。若重心超高,现有重心高 250 mm 的配重货物,求配重货物的重量范围。

【专项技能 5.5】  货物稳定性校验

学习目标

能力目标

（1）能正确计算运输过程中作用于货物上的各种力的值。

（2）能正确验算运输过程中货物的稳定性。

知识目标

（1）掌握运输过程中作用于货物上的各种力的计算方法。

（2）掌握货物倾覆、水平移动及滚动的稳定性检验方法。

素质目标

（1）培养综合运用货物装载加固理论知识，服务于现场工作的职业能力。

（2）强化安全责任意识，严格执行工作规程、作业程序和标准。

任务下达

🔷 **阅读后，在工作手册中完成任务。**

　　一件长方形均重钢结构货物，重 35 t，外形尺寸为 12 000 mm×2 000 mm×2 000 mm，使用 N_{17AT} 型平车装载，货物直接置放于车地板上，货物重心投影于车辆纵横中心线上，使用钢丝绳加固，货物装载加固示意图如图 5.40 所示。

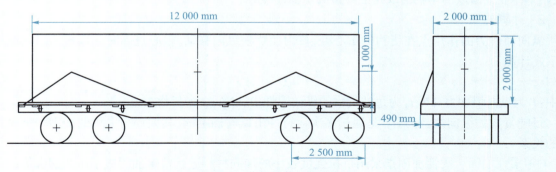

图 5.40　货物装载加固示意图

　　经查，N_{17AT} 型平车自重 19.7 t，l=9 000 mm，$h_{车地板}$=1 211 mm，$L_{车}$=13 000 mm。

　　请你以某站货运员身份验算货物的稳定性，并思考为什么要严格按照《铁路货物装载加固规则》有关规定完成作业。

理论学习

〖知识点一〗 运行中作用于货物的各种力

车辆运行及调车作业受到各种振动及摩擦力的作用,车上所装的货物也受到各种力的影响,这些力具体表现为纵向惯性力(T)、横向惯性力(N)、垂直惯性力($Q_{垂}$)、风力(W)、纵向摩擦力($F_{纵摩}$)和横向摩擦力($F_{横摩}$),各种力的作用点与作用方向如图 5.41 所示。

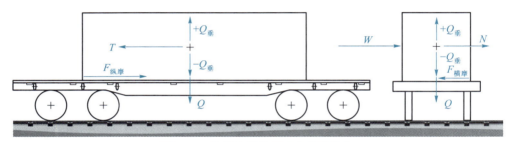

图 5.41 各种力的作用点与作用方向

一、纵向惯性力

1. 产生的原因及影响

纵向惯性力主要是因为车辆运动状态发生变化而引起的,如列车启动、加速、制动、机车连挂车组、调车作业中溜放的车辆与线路上停留的车辆冲撞等。

2. 计算方法

纵向惯性力的作用点在货物的重心处,该力使货物纵向移动,重心过高时会倾覆。纵向惯性可用下式计算:

$$T = t_0 Q \tag{5-22}$$

式中:T 为纵向惯性力,kN;t_0 为每吨货物的纵向惯性力,kN/t;Q 为货物重量,t。

每吨货物的纵向惯性力(t_0)是通过多次运行冲击试验确定的,其大小与采用的加固种类有相当大的关系。

(1)柔性加固 柔性加固指采用抗拉强度较小的加固材料进行拉牵加固或下压式捆绑等的弹性加固,如钢丝绳、多股 8 号铁线、挡木、腰箍等。

此时,t_0 的计算如下:

$$t_0 = 0.001\ 2Q_{总}^2 - 0.32Q_{总} + 29.85 \tag{5-23}$$

式中:$Q_{总}$ 为重车总重,KN/t;采用跨装运输时,按跨装车组总重计算。当 $130\ \text{t} < Q_{总} \leqslant 150\ \text{t}$ 时,规定 $t_0 = 6.78\ \text{kN/t}$;当 $Q_{总} > 150\ \text{t}$ 时,规定 $t_0 = 5.88\ \text{kN/t}$。

(2) 刚性加固   刚性加固指采用角钢焊接或螺栓进行加固的方式,此时,每吨货物的纵向惯性力可用公式(5-24)计算:

$$t_0=26.69-0.13Q_{总} \tag{5-24}$$

当 $Q_{总}$ >130 t 时,按 130 t 计算。

二、横向惯性力

1. 产生的原因

(1) 车辆经过曲线或过侧向道岔时产生离心力,离心力与车辆的运行方向垂直,能使货物产生横向移动。

(2) 曲线外轨超高产生水平分力,该力的方向与离心力的方向相反,能抵消一部分离心力。

(3) 车辆运行过程中由各种振动(如摇头振动、侧摆振动和侧滚振动)产生横向惯性力,该力的方向与车体摆动的方向相反,并在车辆横向左右交替变化。

2. 计算方法

横向惯性力的大小与线路质量、车辆走行部分的性能、货物的重量、列车在曲线上的速度、曲线半径大小,以及外轨超高程度等因素有关。横向惯性可用公式(5-25)计算:

$$N=n_0Q \tag{5-25}$$

式中: N 为横向惯性力,kN; n_0 为每吨货物的横向惯性力,kN/t。

每吨货物的横向惯性力 n_0 可用公式(5-26)计算:

$$n_0=2.82+2.2\frac{a}{l} \tag{5-26}$$

式中: a 为货物重心偏离车辆横中心线的距离,mm;跨装时,为货物转向架中心销偏离车辆横中心线的距离,mm。 l 为负重车转向架中心距(具有多层转向架群的货车为底架心盘中心距),mm。

三、垂直惯性力

1. 产生的原因

列车行经钢轨接缝处、线路下沉处,或车体与走行部之间弹簧的伸缩时会出现沉浮振动、点头振动和侧滚振动,于是车上的货物产生一个向上或向下交替变化的垂直惯性力,该力的作用点在货物的重心处。

2. 计算方法

垂直惯性力的大小与车辆的性能、线路状况、列车运行状态、装载货物的重量以及货物重心位置有关。垂直惯性力可用公式(5-27)计算:

$$Q_{垂}=q_{垂} \times Q \tag{5-27}$$

式中: $Q_{垂}$ 为垂直惯性力,kN; $q_{垂}$ 为每吨货物的垂直惯性力,kN/t。

每吨货物的垂直惯性力 t_0 的计算方法如下:

① 使用敞车和普通平车装载时:

$$q_{垂}=3.54+3.78\frac{a}{l} \tag{5-28}$$

② 使用长大货物车装载时：

$$q_{垂}=4.53+7.84\frac{a}{l} \tag{5-29}$$

四、风力

1. 产生的原因

列车在运行中,车上的货物将受到纵向、横向的风力作用。由于在纵向货物受到前后车辆及车上所装货物的阻挡,因此纵向风力很小,对货物的影响也小,可忽略不计。但横向风力对货物的影响很大,特别是当横向风力和横向惯性力方向一致时,很容易导致货物在车辆上产生一个横向位移,因此应考虑该力对货物的影响。

2. 计算方法

风力与货物形状、受风面积和风压大小有关。风力可用下式计算:

$$W=qF \tag{5-30}$$

式中:W 为风力,kN;q 为侧向计算风压,受风面为平面时,$q=0.49$ kN/m²,受风面为圆球体或圆柱体侧面时,$q=0.245$ kN/m² ;F 为侧向迎风面的投影面积,m²。

五、摩擦力

1. 产生的原因

摩擦力分为纵向摩擦力与横向摩擦力。列车在运行中,货物与车地板或垫木间会产生摩擦力,该力的方向正好与作用在货物上的各种外力的合力方向相反,是阻止货物在车上发生水平移动的力,对货物稳定性起着有利的作用。

2. 计算方法

摩擦力的大小与货物本身的自重及相互摩擦物体表面的性质有关。

(1) 纵向摩擦力:

$$F_{摩}^{纵}=9.8\,\mu Q \tag{5-31}$$

(2) 横向摩擦力:

$$F_{摩}^{横}=\mu(9.8Q-Q_{垂}) \tag{5-32}$$

式中:μ 为摩擦系数,按表 5.12 取值。当货物与车地板间加有垫木(或衬垫)时,应取货物与垫木(或衬垫)间、垫木(或衬垫)与车地板间摩擦系数较小者进行计算。

表 5.12　铁路货物常用摩擦系数

物体名称	摩擦系数	物体名称	摩擦系数
木与木	0.45	橡胶垫与木	0.60
木与钢板	0.40	橡胶垫与钢板	0.50

续表

物体名称	摩擦系数	物体名称	摩擦系数
木与铸钢	0.60	稻草绳把与钢板	0.50
钢板与钢板	0.30	稻草绳把与铸钢	0.55
履带走行机械与车辆木地板	0.70	稻草垫与钢板	0.44
橡胶轮胎与车辆木地板	0.63	草支垫与钢板	0.42

🔷 **实例计算**

株洲北物流车间拟发均重设备一件,重量为 20 t,长 16 000 mm,宽 2 800 mm,高 2 400 mm,货物重心高 1 200 mm,拟用一辆 NX$_{17B}$ 型共用车装载,货物重心投影落在车地板横、纵中心线的交点上。经查,NX$_{17B}$ 型车自重 22.4 t,车地板高 1 211 mm,空车重心高 740 mm,μ=0.45。

试计算重车重心高及各种力的大小,计算结果保留小数点后两位。

【解】(1) 计算重车重心高:

$$H = \frac{Q_车 h_车 + Qh}{Q_车 + Q} = \frac{22.4 \times 740 + 20 \times (1\ 211 + 1\ 200)}{22.4 + 20}\ \text{mm} = 1\ 528.2\ \text{mm}$$

(2) 相关力值的计算:

① 纵向惯性力:

$t_0 = 0.001\ 2Q_总^2 - 0.32Q_总 + 29.85$

　　$= [\ 0.001\ 2 \times (22.4 + 20)^2 - 0.32 \times (22.4 + 20) + 29.85\ ]\ \text{kN/T} = 18.44\ \text{kN/T}$

$$T = t_0 Q = 18.44 \times 20\ \text{kN} = 368.8\ \text{kN}$$

② 横向惯性力:装载方案中货物重心纵向偏移量 a 为零。

$$n_0 = 2.82 + 2.2\frac{a}{l}\ \text{kN/t} = 2.82\ \text{kN/t}$$

$$N = n_0 Q = 2.82 \times 20\ \text{kN} = 56.40\ \text{kN}$$

③ 垂直惯性力:装载方案中货物重心纵向偏移量 a 为零。

$$q_垂 = 3.54 + 3.78\frac{a}{l} = 3.54\ \text{kN/t}$$

$$Q_垂 = q_垂 Q = 3.54 \times 20\ \text{kN} = 70.80\ \text{kN}$$

④ 风力:

$$W = qF = 0.49 \times 16 \times 2.4\ \text{kN} = 18.82\ \text{kN}$$

⑤ 摩擦力:摩擦系数取 0.45。

纵向摩擦力:$F_摩^纵 = 9.8\mu Q = 9.8 \times 0.45 \times 20\ \text{kN} = 88.20\ \text{kN}$

横向摩擦力:$F_摩^横 = \mu(9.8Q - Q_垂) = 0.45 \times (9.8 \times 20 - 70.80)\ \text{kN} = 56.34\ \text{kN}$

〖知识点二〗 货物稳定性校验

一、货物稳定系数

稳定系数指稳定力矩(力)与不稳定力矩(力)之间的比值,是用来判定在外力作用下货物稳定与否的依据。当货物稳定系数 $\eta \geqslant 1.25$ 时,货物不需要采取加固措施,反之则需要采取加固措施。稳定系数 η 的计算公式如下:

$$\eta = \frac{稳定力矩}{不稳定力矩} \geqslant 1.25 \tag{5-33}$$

二、货物水平移动的稳定性校验

微课
货物水平移动的稳定性校验

1. 货物纵向水平移动稳定性的校验

货物所受到的摩擦力对其起稳定作用,但当货物的纵向惯性力大于纵向摩擦力时,货物会发生纵向水平移动。为了防止货物的纵向水平移动,必须采取一定的加固措施。加固材料应承受的纵向力可按公式(5-34)计算:

$$\Delta T = T - F_{摩}^{纵} \tag{5-34}$$

2. 货物横向水平移动稳定性的校验

当横向惯性力与风力之和的 1.25 倍大于横向摩擦力时,货物将产生横向水平移动。为了防止货物的横向水平移动,必须采取一定的加固措施。加固材料应承受的横向力可按公式(5-35)计算:

$$\Delta N = 1.25(N+W) - F_{摩}^{横} \tag{5-35}$$

> 📦 **实例计算**
>
> 　株洲北站拟发均重设备一件,重量为 20 t,长 16 000 mm,宽 2 800 mm,高 2 400 mm,货物重心高 1 200 mm,拟用一辆 NX$_{17B}$ 型共用车装载,货物重心投影落在车地板横、纵中心线的交点上。经查,NX$_{17B}$ 型共用车自重 22.4 t,车地板高 1 211 mm,空车重心高 740 mm,$\mu=0.45$。试确定货物是否会发生移动,计算结果保留小数点后两位。
>
> 【解】(1) 由上一个实例计算可知:$T=368.80$ kN,$N=56.40$ kN,$W=18.82$ kN,$F_{摩}^{纵}=88.20$ kN,$F_{摩}^{横}=56.34$ kN。
>
> (2) 校验货物水平移动的稳定性:
>
> 纵向:$\Delta T = T - F_{摩}^{纵} = 368.80-88.20$ kN $\geqslant 0$
>
> 横向:$\Delta N = 1.25(N+W) - F_{摩}^{横} = [\,1.25 \times (56.40+18.82)-56.34\,]$kN $\geqslant 0$
>
> 因此,该货物纵向和横向均可能发生移动,需要采取加固措施。

三、货物倾覆的稳定性校验

1. 无防护情况下的货物倾覆稳定性校验

（1）货物纵向倾覆稳定性的校验　货物在纵向将受到纵向惯性力的作用,若货物重力形成的稳定力矩与纵向惯性力形成的纵向倾覆力矩(不稳定力矩)之比不能达到稳定条件,则货物就会发生纵向倾覆。货物在车地板上的倾覆趋势示意图如图 5.42 所示。

微课
货物倾覆稳
定性校验

货物免于纵向倾覆的稳定条件:

$$\eta_{纵向} = \frac{稳定力矩}{不稳定力矩} = \frac{9.8Qa}{Th} \geqslant 1.25 \tag{5-36}$$

式中:a 为货物重心所在横向垂直平面至货物倾覆点之间的距离,mm;h 为货物重心自倾覆点所在水平面起算的高度,mm。

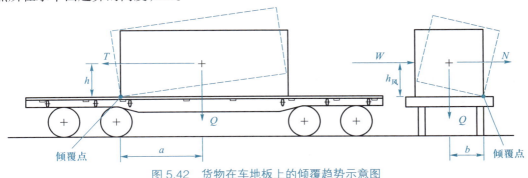

图 5.42　货物在车地板上的倾覆趋势示意图

若通过计算得出的纵向倾覆稳定系数小于 1.25,则需要采取加固措施。

（2）货物横向倾覆稳定性的校验　货物在横向将受到横向惯性力和横向风力的作用,若货物重力形成的稳定力矩与横向惯性力和风力形成的横向倾覆力矩(不稳定力矩)之比不能达到稳定条件,则货物就会发生横向倾覆。

货物免于横向倾覆的稳定条件:

$$\eta_{横向} = \frac{稳定力矩}{不稳定力矩} = \frac{9.8Qb}{Nh+Wh_{风}} \geqslant 1.25 \tag{5-37}$$

式中:b 为货物重心所在纵向垂直平面至货物倾覆点之间的距离,mm;$h_{风}$为风力合力作用点自倾覆点所在水平面起算的高度,mm。

若通过计算得出的横向倾覆稳定系数小于 1.25,则需要采取加固措施。

📦 **实例计算**

　　株洲北物流车间拟发一件均重设备,重 20 t,长 16 000 mm,宽 2 800 mm,高 2 400 mm,货物重心高 1 200 mm,拟用一辆 NX$_{17B}$ 型共用车装载,货物重心投影落在车地板横、纵中心线的交点上。经查,NX$_{17B}$ 型共用车自重 22.4 t,车地板高 1 211 mm,空车重心高 740 mm,μ=0.45。试确定货物是否会发生倾覆,计算结果保留小数点后两位。

【解】(1) 由前面实例计算可知：$T = 368.80\ \text{kN}$，$N = 56.40\ \text{kN}$，$W = 18.82\ \text{kN}$。

(2) 校验货物倾覆的稳定性：

纵向：$\eta = \dfrac{9.8Qa}{Th} = \dfrac{9.8 \times 20 \times (16\,000/2)}{368.80 \times 1\,200} = 3.54 \geqslant 1.25$

横向：$\eta = \dfrac{9.8Qb}{Nh + Wh_{风}} = \dfrac{9.8 \times 20 \times (2\,800/2)}{56.40 \times 1\,200 + 18.82 \times 1\,200} = 3.04 \geqslant 1.25$

因此，该货物纵向和横向均不会发生倾覆。

2. 加挡木情况下的货物倾覆稳定性校验

为防止货物水平移动，装车后一般在货物的两端会加挡木，加挡木时货物在车地板上的倾覆趋势示意图如图 5.43 所示。

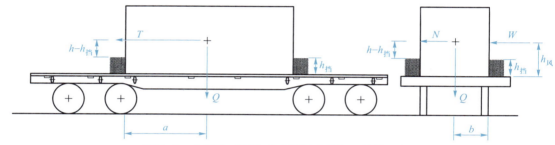

图 5.43 加挡木时货物在车地板上的倾覆趋势示意图

（1）加挡木时货物纵向倾覆稳定性校验 货物免于纵向倾覆的稳定条件：

$$\eta_{纵向} = \frac{稳定力矩}{不稳定力矩} = \frac{9.8Qa}{T(h - h_{挡})} \geqslant 1.25 \tag{5-38}$$

式中：$h_{挡}$ 为挡木的高度，mm；

若通过计算得出的纵向倾覆稳定系数小于 1.25，则需要采取加固措施。

（2）加挡木时货物横向倾覆稳定性校验 货物免于横向倾覆的稳定条件：

$$\eta_{横向} = \frac{稳定力矩}{不稳定力矩} = \frac{9.8Qb}{N(h - h_{挡}) + W(h_{风} - h_{挡})} \geqslant 1.25 \tag{5-39}$$

若通过计算得出的横向倾覆稳定系数小于 1.25，则需要采取加固措施。

四、货物滚动的稳定性校验

圆柱形、球形货物及轮式货物，装车后若不进行任何加固，货物将发生滚动，故此类货物必须使用三角挡、凹木或掩木等加固材料进行加固。货物在车地板上滚动趋势示意图如图 5.44 所示。

1. 货物纵向滚动稳定性校验

货物免于纵向滚动的稳定条件：

微课
货物滚动的
稳定性校验

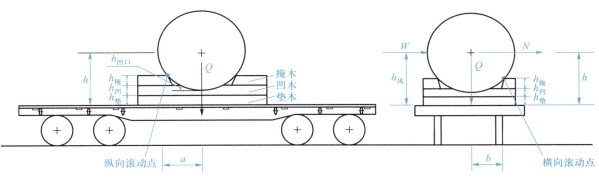

图 5.44　货物在车地板上滚动趋势示意图

$$\eta_{纵向} = \frac{稳定力矩}{不稳定力矩} = \frac{9.8Qa}{T(R-h_{掩})} \geqslant 1.25 \tag{5-40}$$

式中：a 为货物纵向滚动点至货物重心所在横向垂直平面的距离，mm；R 为货物或轮子半径，mm；$h_{掩}$ 为掩木或三角挡与货物接触点自货物或轮子最低点所在水平面起算的高度，mm。

若使用了掩木、凹木与垫木，则公式(5-40)中的 a 可用公式(5-41)计算。公式中，$h_{凹}$ 为凹木凹口高度。若仅使用掩木与垫木，则在公式(5-41)中去掉 $h_{凹}$ 即可。

$$a = \sqrt{R^2 - (R - h_{掩} - h_{凹})^2} \tag{5-41}$$

若通过计算得出的纵向倾覆稳定系数小于 1.25，则表明所使用的掩木或三角挡高度不够，应同时采用其他加固措施。

2. 货物横向滚动稳定性校验

货物免于横向滚动的稳定条件：

$$\eta_{横向} = \frac{稳定力矩}{不稳定力矩} = \frac{9.8Qb}{(N+W)(R-h_{掩})} \geqslant 1.25 \tag{5-42}$$

式中：b 为货物横向滚动点至货物重心所在纵向垂直平面的距离，mm。

若使用了掩木、凹木与垫木，则公式(5-42)中的 b 可用公式(5-43)计算。公式(5-43)中，$h_{凹}$ 为凹木凹口高度。若仅使用掩木与垫木，则在公式(5-43)中去掉 $h_{凹}$ 即可。

$$b = \sqrt{R^2 - (R - h_{掩} - h_{凹})^2} \tag{5-43}$$

若通过计算得出的横向倾覆稳定系数小于 1.25，则表明所使用的掩木或三角挡高度不够，应同时采用其他加固措施。

🔷 **实例计算**

株洲北物流车间拟发一件均重设备圆柱形货物，货物重量为 20 t，长 20 000 mm，直径为 3 000 mm，采用 N_{16} 型平车负重，均匀顺向卧装，两端用同样车型作游车，货物下面垫凹口深 10 mm、凹部高 200 mm 的凹木，两凹木中心线间距与车辆转向架中心销间距相等，凹木上钉高 200 mm 的掩木。试检验货物在滚动方面的稳定性。

【解】该货物为顺向卧装，只有可能发生横向方面的滚动，故只需检验横向滚动稳定性。

(1) 各种相关力值的计算：

① 横向惯性力：$n_0=2.82+2.2\times\dfrac{a}{l}=2.82$ kN

$$N=n_0Q=2.82\times20\text{ kN}=56.40\text{ kN}$$

② 风力：$W=qF=0.245\times20\times3\text{ kN}=14.70\text{ kN}$

（2）校验横向滚动的稳定性：

$$b=\sqrt{R^2-(R-h_\text{拖}-h_\text{凹})^2}=\sqrt{(3\,000/2)^2-(3\,000/2-200-10)^2}\text{ mm}$$
$$=765.44\text{ mm}$$

故：

$$\eta=\frac{9.8Qb}{(N+W)(R-h_\text{拖})}=\frac{9.8\times20\times765.44}{(56.40+14.70)\times(3\,000/2-200-10)}=1.64\geqslant1.25$$

因此，该货物不会发生横向滚动，不需要采取加固措施。

🏛 课程思政案例：按章办事，严把作业标准关，时刻牢记货运安全无小事

（一）事故概况

1994 年 5 月 19 日 20 时 12 分，2116 次货物列车运行至浙赣线樟树大桥时，机后第 16 位平车所装载的挖掘机回转平台转动侵限，击打、撞击樟树大桥受力拉杆，致第 9 孔桥梁垮塌。机后 15、16、17、23 位脱轨，18~22 位掉入江中，16、17 位平车装载的广州西站发往上海局北郊站的 1 台挖掘机也掉入江中。

该事故造成 2 人死亡，5 辆货车报废，2 辆中破，1 辆小破，大桥 1 孔 60 m 桁梁折断报废，175 m 线路损坏、2 架信号机损坏，中断行车 17 h 46 min。

（二）事故原因

直接原因是挖掘机回转平台捆绑铁线磨损拉断，回转平台发生转动后超出铁路限界，撞击大桥受力杆，造成大桥垮塌；装车站在托运人没有委派押运人的情况下，仍然将车挂出，从而使挖掘机在运行中的动态变化无人监控。

（三）教训与措施

（1）严格遵守《铁路货物运输规程》有关规定，对需要派押运人的货物，托运人必须派人押运。

（2）严格遵守《铁路货物装载加固规则》有关规定，严格按装载加固方案装车和加固。

（3）加强货物装载加固知识的学习，熟练掌握各类货物的装载方式、加固方法和所用加固材料，特别是对易转动、可旋转的货物，要采取锁定或捆绑的加固方法。

（4）加大货检作业检查力度，货检站对重点货物的装载加固状态要认真检查，发现异状及时扣车处理。

工 作 手 册

【任务名称】	货物在倾覆、水平移动与滚动方面的稳定性校验	参考学时： 2 学时

【项目团队】

【任务实施关键点】

工序	工作步骤	实施方案
1. 运行中作用于货物的各种力	不利于货物稳定的力的计算	
	有利于货物稳定的力的计算	
2. 验算货物稳定性	货物倾覆的稳定性	
	货物水平移动的稳定性	
	货物滚动的稳定性	

工作笔记:请以货运员的身份谈一谈对"按章办事,严把作业标准关"的理解。

随堂练习

1. 铁路运输过程中,导致货物在车上发生纵向移动的力主要是( )。

A. 垂直惯性力　　　　　　　　　　B. 纵向惯性力

C. 横向惯性力　　　　　　　　　　D. 蛇形力

2. 运行中作用在货物上的各力中,( )是使货物保持稳定的力,能阻止货物的倾覆、滚动、移动。

A. 横向惯性力　　　　　　　　　　B. 摩擦力

C. 纵向惯性力　　　　　　　　　　D. 垂直惯性力

3. 车体与走行部之间弹簧的伸缩会使运行车辆产生( )形态。

A. 点头振动　　　B. 侧滚振动　　　C. 沉浮振动　　　D. 伸缩振动

4. 圆柱形、球形货物及轮式货物应使用( )等加固材料进行加固,否则会产生滚动现象。

A. 三角挡　　　B. 凹木　　　C. 挡木　　　D. 掩木

5. 一件长方形均重钢结构货物长 12 000 mm,宽 2 500 mm,高 2 400 mm,重量为 42 t,使用 N_{17AK} 型平车装载,货物直接放置于车地板上,货物重心投影落于车辆纵横中心线上,拟使用钢丝绳加固。经查,N_{17AK} 型平车自重 20.8 t,l=9 000 mm,$h_{车地板}$=1 211 mm,$L_车$=13 000 mm,μ=0.4。试计算作用在货物上的各种力和验算货物的稳定性,计算结果保留小数点后一位。

【专项技能 5.6】  装载加固材料与加固方法

 学习目标

能力目标
(1) 能正确选择和使用加固材料及加固装置。
(2) 能根据验算结果选择合适的加固材料并确定合理的加固方法。

知识目标
(1) 了解铁路货物装载加固定型方案。
(2) 掌握常用加固材料与加固装置的规格及使用方法。
(3) 掌握加固材料强度的验算方法。

素质目标
(1) 强化"按章办事"的职业意识。
(2) 培养吃苦耐劳、诚实守信、爱岗敬业的职业精神。

 任务下达

> 🔷 阅读后,在工作手册中完成任务。
>
> 　　一件长方形均重钢结构货物,重量为 35 t,外形尺寸为 12 000 mm×2 000 mm×2 000 mm,使用 N_{17AT} 型平车装载,货物直接放置于车地板上,货物重心投影于车辆纵横中心线上,使用钢丝绳加固装载方式。经查,N_{17AT} 型平车重量为 19.7 t,$l=9\,000$ mm,$h_{车地板}=1\,211$ mm,$L_{车}=13\,000$ mm。
>
> 　　请你以某站货运员身份完成加固材料的选择并验算货物的加固强度,并思考按照既定装载加固方案作业时若发现问题该如何处理。

🚄 理论学习

〖知识点一〗 装载加固材料与加固装置

一、拉牵捆绑材料

1. 拉牵捆绑材料

有镀锌铁线、盘条、钢丝绳和钢丝绳夹、固定捆绑铁索、绳索、螺旋式紧线器、84 紧固器、腰箍等,

下面进行部分说明。

(1) 镀锌铁线　常用的镀锌铁线为 6~12 号,拉牵采用的镀锌铁线直径不得小于 4 mm(8 号),捆绑使用的镀锌铁线直径不得小于 2.6 mm(12 号)。

使用镀锌铁线时应注意:① 镀锌铁线不得用作腰下压式加固,一般不用作整体捆绑;② 禁止使用两股以上镀锌铁线一次性缠绕;③ 禁止使用受损和使用过的镀锌铁线;④ 绞紧时不得损伤镀锌铁线。

(2) 盘条　盘条的直径为 5.5 mm、6.0 mm、6.5 mm,可用于拉牵加固、整体捆绑,但不得用作腰箍下压式加固。

使用盘条时应注意:① 采用拉牵加固时,禁止两端头相互搭接缠绕,绞紧时不得损伤盘条;② 禁止使用用过的及有问题的不合格产品,如存在裂纹、折叠、结疤、耳子、分层、夹杂的产品;③ 禁止使用受损的盘条。

(3) 钢丝绳和钢丝绳夹

① 使用数量:使用钢丝绳加固时,钢丝绳头应用钢丝绳夹固定。固定单股钢丝绳头时,应不少于 3 个钢丝绳夹;两根钢丝绳搭接时,应不少于 4 个钢丝绳夹。

② 加固方法:钢丝绳夹正反扣装并紧固,底板扣装在主绳一侧,夹头间距应等于钢丝绳直径的 6~7 倍。绳头余尾长度控制在 100~300 mm,钢丝绳夹使用示意图如图 5.45 所示。加固时禁止使用吊车吊钩张紧钢丝绳。

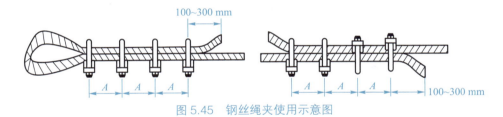

图 5.45　钢丝绳夹使用示意图

(4) 固定捆绑铁索　固定捆绑铁索长度为 2 600 mm,由 4 股 8 号镀锌铁线制成。固定捆绑铁索配合支柱拦护货物。加固木材使用固定捆绑铁索作腰线时,应分别用 3 股游线穿入固定捆绑铁索环内,各缠绕支柱 2 周、拧固 3 周,捆绑松紧适度,固定铁索应与木材密贴。同一固定捆绑铁索允许使用一个游线环,铁索两端不得同时使用固定游线。

(5) 绳索

① 材质要求:绳索应使用优质麻制作或用抗拉强度和伸长率符合要求的尼龙丝等材料制作,绳索的拉力不得小于 7.84 kN,加固轻浮货物时其破断拉力不得小于 2.94 kN,受到 80% 破断拉力时绳索的伸长率不大于 15%。

② 使用方法:绳索长度应适合捆绑加固货物的需要,横向下压绳索不准有接头;端部交叉和纵向下压捆绑绳索,每道允许有一个接头,绳头余尾只缠绕在自身绳杆上,禁止攀拉其他绳杆。绳索经过人力制动机制动台时,应从其上方绕过,经过人力制动机制动杆或提钩杆时应从其内侧穿过。

③ 绳索拴结的处理:绳索拴结后应缠绕在自身绳杆上并至少打两个死结,绳头余尾长度不得超过 300 mm,一般不小于 100 mm。

拴结方法采用蝴蝶套结法或链扣抽结法。

a. 蝴蝶套结法:将绳索向下拉紧并绕丁字铁直铁一周后,作成蝶翅状圈套,套入丁字铁一端横铁拉紧;然后,再作蝴蝶状圈套,套入丁字铁另一端横铁拉紧。

b. 链扣抽结法:绳索穿过支柱槽向下拉紧缠绕槽壁两周,在支柱槽上方做成直径约 50 mm 的扣眼,然后将绳头绕绳杆一周并穿过扣眼向下拉紧,上述方法连续两次。绳索在敞车下门折页横铁上的结应采用链扣抽结法。

④ 禁止使用的绳索拴结方法:

a. 敞车装载的货物,禁止使用绳索在车侧拴结点上拴结后,绕过货物侧面、顶面和端面与车端拴结点拴结的交叉捆绑。

b. 禁止使用绳索仅绕过货物侧面、端面,而不绕过货物顶面的捆绑。

(6)腰箍　腰箍主要用于加固顺装的圆柱体货物,也可用于加固箱形货物。腰箍可使用扁钢或钢丝绳制作。制作扁钢腰箍时,扁钢可以接长,接口处可采用对接或搭接方式。

2. 拉牵捆绑的方法

使用镀锌铁线、盘条、钢丝绳拉牵加固的方式主要有八字形、反八字形、交叉、下压式、又字形或反又字形等,部分拉牵加固方式如图 5.46 所示。

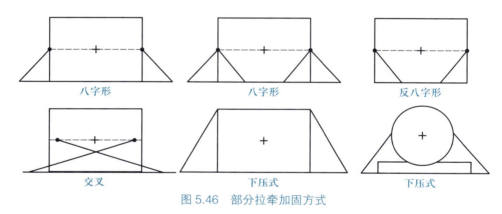

图 5.46　部分拉牵加固方式

各种拉牵方式可单独使用,也可两种或两种以上组合使用。拉牵应尽可能对称,拉牵绳与车地板的夹角一般为 45°。若加固主要用于防止货物水平移动,则拉牵绳与车地板的夹角可小于 45°;若加固主要用于防止货物倾覆,则拉牵绳与车地板的夹角应适当大于 45°,如图 5.47 所示。

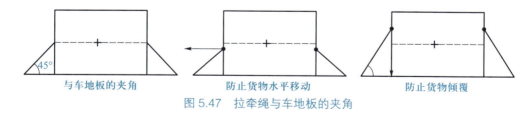

图 5.47　拉牵绳与车地板的夹角

二、衬垫类材料

1. 垫木与隔木

(1)适应情形　装运货物时,为了增大货物支重面的长度和宽度,避免超长货物突出部分底部与游车车地板相接触或者降低超限等级,必要时可使用纵垫木、横垫木。

在分层装载货物时,为防止层间货物发生滑动,必须使用隔木。

(2) 材质规格   横垫木和隔木的长度一般不应小于货物装载宽度,且不大于车辆宽度。垫木的宽度不得小于高度。横垫木和隔木的常用规格见表 5.13。

表 5.13   横垫木和隔木的常用规格

名称	规格尺寸 /mm			基本要求
	长	宽	高	
横垫木	2 700~3 000	150	140	装载超长货物时横垫木的高度根据突出长端长度计算确定
纵垫木	—	150	140	—
隔木	—	100	35	长度不得小于货物装载宽度

(3) 使用方法

① 横垫木应置于车地板和货物间。

② 用于避免集重装载,则安放位置应符合《铁路货物装载加固规则》的有关规定。

③ 用于超长货物运输,对于一车负重装载超长货物的情形,横垫木的最小高度应根据《铁路货物装载加固规则》计算后确定。

④ 用于货物分层装载时,可在层间铺隔木,便于装卸和增加摩擦力。

2. 条形草支垫、稻草垫、稻草绳把及橡胶垫

(1) 适用情形   条形草支垫、稻草垫、稻草绳把用于支承货物并起到防滑作用,既可置于车地板上,也可置于货物层间。

橡胶垫用作防滑材料、防磨材料、缓冲材料,使用时应采取防脱落措施,不得使用再生橡胶制作。

(2) 材质规格

① 条形草支垫规格尺寸见表 5.14,单根允许承载负荷 150 kN,压实后 D_{30} 高度不得小于 10 mm,其他型号不得小于 40 mm。

表 5.14   条形草支垫规格尺寸

型号	D_{30}	D_{70}	D_{100}	D_{120}
长度 /mm	1 450 ± 10	1 450 ± 10	1 450 ± 10	1 450 ± 10
宽度 /mm	160+5	160+5	160+5	160+5
高度 /mm	30+10	70+10	100+10	120+10

② 常用稻草绳把单件允许承载 150 kN,压实后高度不得小于 40 mm。

③ 稻草垫厚度不得小于 30 mm,压实后高度不得小于 10 mm。

④ 橡胶垫的尺寸可根据实际情况确定。

(3) 使用方法

① 同层货物下衬垫的条形草支垫、稻草绳把规格应相同。

② 稻草垫一般铺垫于货物与车地板间或货物层间,用作防滑衬垫材料。

③ 条形草支垫、稻草绳把、稻草垫均限使用一次。

④ 橡胶垫用作衬垫、防滑材料时,一般置于货物与车地板间或货物层间;用作防磨材料时,置于拉牵加固材料与货物、车辆棱角接触处;用作缓冲材料时,一般置于货物与阻挡加固材料之间。

三、掩挡类材料及其他材料

1. 支柱

(1) 材质规格　支柱是用来拦护货物的加固材料,一般包括木支柱、钢管支柱、竹支柱,常用支柱的材质及规格见表 5.15。

表 5.15　常用支柱的材质及规格

类别	材质或树种	规格 /mm		
		长度	大头直径	小头直径
木支柱	榆、柞、槐、桦、栗、栎、水曲柳等各种硬木	≤ 2 800	85 ≤ 直径 ≤ 160	≥ 65
	落叶松、黄菠萝		105 ≤ 直径 ≤ 160	≥ 85
	杉木、樟松		≤ 180	≥ 100
钢管支柱	普通碳素钢或其他钢种的无缝钢管或焊接钢管		≥ 65	≥ 65
竹支柱	毛竹		≥ 80	≥ 80

(2) 制作要求

① 木支柱。木支柱应以坚实圆直的木材制成,不允许有腐朽、死节和虫眼(表皮虫沟除外),活节不超过 2 个。桦木支柱必须剥皮或理平。

② 钢管支柱。钢管支柱应圆直,无裂纹,壁厚不小于 4 mm,禁止使用铸铁管制作支柱。

③ 竹支柱。竹支柱需用节密、瓤实、圆直的竹子制成,不得有腐朽、虫眼和裂缝。

(3) 使用限制

① 支柱折断必须更换。

② 敞车使用木、竹支柱必须倒插。

③ 使用平车时,不得使用竹支柱,木支柱不准倒插。

④ 竹支柱仅限装运竹子及轻浮货物时使用。

(4) 使用方法

① 木支柱外插时,大头应加工成四方形,紧插于支柱槽内,适当外露,露出支柱槽下长度不得超过 200 mm。

② 钢管支柱外插使用时,其插入端应焊有挡铁。钢管支柱也可用 8 kg/m 以上的轻轨代用。

2. 三角挡、凹木、方木与掩木

(1) 材质规格　三角挡、凹木、方木与掩木用坚实、无节、无裂纹、无虫眼的木材制作。

(2) 使用限制

① 单独使用三角挡、凹木、掩木,其高度应按相关计算公式确定。若配合其他加固方法使用,高度可适当降低。

② 三角挡底宽不小于高度的 1.5 倍,其计算高度不足 100 mm 时按 100 mm 取用。

③ 常用方木的规格为 500 mm × 200 mm × 160 mm。

3. 围挡及挡板(壁)

(1) 适用情形　围挡有竹笆、竹板、箭竹、钢网、木板五种。围挡及挡板(壁)用于加高敞车车帮高度,装运散装货物。

(2) 材质规格　围挡常用规格的长度为 1 500~2 000 mm,宽度为 1 200 mm。

(3) 使用方法

① 围挡用于挡固敞车装载焦炭的起脊部分,在焦炭装到一定高度时,将围挡沿车辆端侧墙内侧一周安插在端侧墙与货物之间,其超出车辆侧墙的高度不得超过围挡总高度的 1/2。

② 围挡的搭接长度不得小于 100 mm(钢网搭接长度不得小于 30 mm),每个搭接部分用 2 股直径不小于 3.2 mm 的镀铁线上下均匀拧固 4 处,将围挡连成一体。

4. 板、方材挡板(壁)

(1) 材质规格　挡板的长度为 2 850~2 900 mm,厚度不小于 25 mm,宽度不应小于所装车内宽度,高度以板、方材装载高度为限。

(2) 使用方法

① 挡板安装在敞车两端墙的上方,挡板下沿与车侧墙上沿密贴,木支柱朝外(车端)。

② 按木材装载方案的规定进行加固。

③ 禁止使用腐朽木材制作挡板。

④ 挡板安装不得超限。

四、装载加固装置

常用的装载加固装置有货物转向架、车钩缓冲停止器、钢支架、钢座架等。

1. 货物转向架

货物转向架每副两个,一个有死心盘,中心销孔为一圆孔;另一个有活心盘,中心销孔为一长孔。每个货物转向架由上架体和下架体组成。

(1) 货物转向架的编号　货物转向架用三段代码方式编号,由所属局名简称、类型及单架承载能力代码段,车组中间能否加挂游车代码段和顺序代码段组成,三段代码之间用短横杠相连。除单架承载能力代码段作为类型代码的下标外,其余代码均用相同字形、字号表示。

> 🔹 **货物转向架编号**
>
> 　　北京局管内某托运单位,两车一组,不加挂中间游车,单架承载能力 30 t 以下的普通货物转向架,其编号为京 P_{30}-2-0123;三车一组,中间加挂游车,单架承载能力 30 t 以上且 60 t 以下的专用货物转向架,其编号为京 Z_{60}-3-0223。
>
> 　　"京"为局名简称,"P""Z"为普通和专用型货物转向架首字的汉语拼音;下标"30""60"为单架承载能力;"2""3"为车组中间能否加挂中间游车,"0123""0223"为顺序编码。

(2) 货物转向架的使用　货物转向架编号应标打在货物转向架的明显部位。托运人托运货物时,应在货物运单托运人记事栏处注明货物转向架编号。车站凭统一编号的货物转向架办理交接检查,无编号或无技术档案的货物转向架不准使用。

两车一组跨装货物时,活心盘中心销定位于中央;三车一组跨装货物、中间加挂游车时,活心盘中心销置于活心盘孔内的位置,距中间游车一端(内侧)180 mm,距另一端(外侧)120 mm。活心盘孔在上架体上时相反。

2. 车钩缓冲停止器

(1) 材质规格　车钩缓冲停止器由钢板和螺杆等部件组成,其钢板厚度不小于 20 mm,螺杆直径不小于 16 mm。置于冲击座和钩头背之间的钢板,在冲击座一侧,应制作成梯形或圆弧形(圆弧半径不大于 100 mm),宽度(最宽处)应小于冲击座至钩头背间距离的 3~5 mm。

(2) 使用方法　在车钩的自然状态下,将车钩缓冲停止器安装在货车冲击座和车钩钩头背之间。卸车后或回送前,应拆卸车钩缓冲停止器。

3. 钢支架与钢座架

钢支架、钢座架应根据货物形状、重量、使用车辆等条件制作,其强度、规格、防滑及加固应能满足安全运输货物的要求。

> 🔷 **加固材料的选用与验算的重要作用**
>
> 　　货物装载以后,若检验出货物会发生倾覆、水平移动或滚动现象,则必须对其进行加固,以保证货物在运输过程中的稳定性和安全性。常用的加固方式有拉牵、横腰箍下压式捆绑、阻挡、掩垫等。为保证货物运输安全,要根据货物稳定性的验算情况,通过计算确定加固材料的强度及数量,确定合适的加固材料和加固方法。

〖知识点二〗　拉牵加固时每根拉牵绳应承受的力

一、对称拉牵加固时每根拉牵绳应承受的力

1. 对称拉牵加固时拉牵绳位置

对称拉牵加固的位置示意图如图 5.48 所示。O 为拉牵绳在货物上的拴结点;B 为 O 点在车地板上的投影;BC 为 O 点所在纵向垂直平面至车辆边线的距离;A 为拉牵绳在车辆上的拴结点。

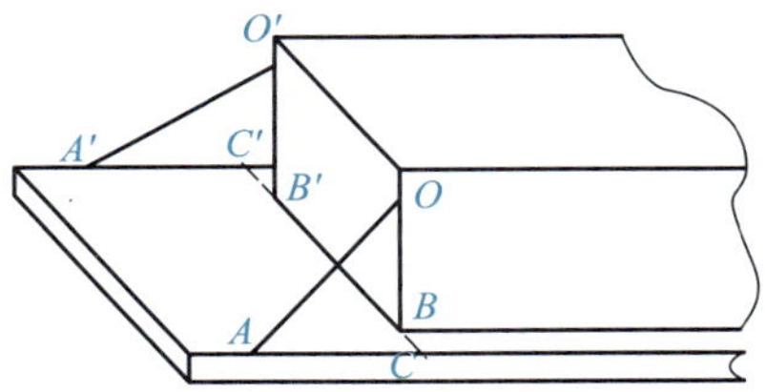

2. 拉牵需加固力($S_拉$)的计算

当同一方向有 n 根拉牵绳时,每根应承受的拉力 $S_拉$ 计算如下:

防止纵向移动时

图 5.48　对称拉牵加固的位置示意图

$$S_{纵移} = \frac{\Delta T}{nAC}\sqrt{AC^2+BO^2+BC^2} \tag{5-44}$$

防止横向移动时

$$S_{横移} = \frac{\Delta N}{nBC} \sqrt{AC^2+BO^2+BC^2} \tag{5-45}$$

防止纵向倾覆时

$$S_{纵倾} = \frac{1.25Th-9.8Qa}{n（l_{纵}+AC）BO} \sqrt{AC^2+BO^2+BC^2} \tag{5-46}$$

防止横向倾覆时

$$S_{横倾} = \frac{1.25（Nh+Wh_{风}）-9.8Qb}{n（l_{横}+BC）BO} \sqrt{AC^2+BO^2+BC^2} \tag{5-47}$$

式中：$l_{纵}$ 为货物纵向倾覆点至拉牵绳在货物上拴结点所在横向垂直平面间的距离，mm；$l_{横}$ 为货物横向倾覆点至拉牵绳在货物上拴结点所在纵向垂直平面间的距离，mm；h 为货物重心自倾覆点所在水平面起算的高度，mm；$h_{风}$ 为风力合力作用点自倾覆点所在水平面起算的高度，mm；$S_{纵移}$、$S_{横移}$、$S_{纵倾}$、$S_{横倾}$ 单位均为 kN。

3. 每根拉牵绳应承受力的计算

拉牵绳既要防止货物倾覆，又要防止货物移动，因此，每根拉牵绳应承受的力为：

$$S \geq \max\{S_{纵移}, S_{横移}, S_{纵倾}, S_{横倾}\} \tag{5-48}$$

选用钢丝绳拉牵时，钢丝绳的破断拉力不得小于 2S。选用镀锌铁线或盘条拉牵时，每根拉牵绳需要股数为：

$$n = \frac{S}{0.9P_{许}} \tag{5-49}$$

式中：$P_{许}$ 为镀锌铁线或盘条的许用拉力，kN。

二、非对称拉牵加固时每根拉牵绳应承受的力

1. 非对称拉牵加固时拉牵绳的位置

非对称拉牵加固的位置示意图如图 5.49 所示。

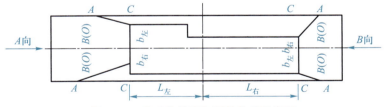

图 5.49　非对称拉牵加固的位置示意图

2. 左、右拉牵绳拉力的计算

（1）防止货物纵向移动时，左、右拉牵绳的拉力 $S_{左}^{纵移}$、$S_{右}^{纵移}$ 计算

$$S_{左}^{纵移} = \frac{\Delta Tb_{右}}{（b_{左}+b_{右}）AC_{左}} \sqrt{AC_{左}^2+BC_{左}^2+BO_{左}^2} \tag{5-50}$$

$$S_{右}^{纵移} = \frac{\Delta Tb_{左}}{（b_{左}+b_{右}）AC_{右}} \sqrt{AC_{右}^2+BC_{右}^2+BO_{右}^2} \tag{5-51}$$

式中:$b_左$、$b_右$分别为 A 向或 B 向两侧左、右拉牵绳在货物上的拴结点至货物重心所在纵向垂直平面的距离,mm;$AC_左$、$AC_右$分别为左、右拉牵绳在货物上的拴结点所在横向垂直平面分别至车辆上拴结点之间的距离,mm;$BC_左$、$BC_右$分别为左、右拉牵绳在货物上的拴结点所在纵向垂直平面分别至车辆边线的距离,mm;$BO_左$、$BO_右$分别为左、右拉牵绳在货物上的拴结点自车地板面起算的高度,mm。

(2) 防止货物横向移动时,左、右拉牵绳的拉力 $S_左^{横移}$、$S_右^{横移}$计算

$$S_左^{横移} = \frac{\Delta N l_右}{(l_左 + l_右) BC_左}\sqrt{AC_左^2 + BC_左^2 + BO_左^2} \tag{5-52}$$

$$S_右^{横移} = \frac{\Delta N l_右}{(l_左 + l_右) BC_右}\sqrt{AC_右^2 + BC_右^2 + BO_右^2} \tag{5-53}$$

式中:$l_左$、$l_右$分别为左、右拉牵绳在货物上的拴结点至货物重心所在横向垂直平面的距离,mm。

3. 每根拉牵绳应承受的力的计算

每根拉牵绳应承受的力的计算:

$$S \geq \max\{S_左^{纵移}, S_右^{纵移}, S_右^{横移}, S_左^{横移}\} \tag{5-54}$$

当同一方向有 n 根拉牵绳时,在计算防止货物纵向移动需要拉牵绳承受的拉力时,$b_左$ 及 $b_右$ 应分别取同一方向上左侧或右侧各拉牵绳在货物上的拴结点至货物重心所在纵向垂直平面距离的平均值;BO、BC 取较大者,AC 取较小者。

在计算防止货物横向移动需要拉牵绳承受的拉力时,$l_左$、$l_右$应分别取同一方向左侧或右侧各拉牵绳在货物上的拴结点至货物重心所在横向垂直平面距离的平均值;BC 取较小者,BO、AC 取较大者。上述数值中最大者为每根拉牵绳能承受的拉力。

〖知识点三〗　腰箍加固时每道腰箍应承受的力

一、加固顺装圆柱形货物

用 n 道腰箍加固顺装圆柱形货物时,每道腰箍应承受的力分析:

(1) 防止纵向或横向移动时

$$P_移 = \frac{\max\{\Delta T, \Delta N\}}{2n\mu\cos\gamma} \tag{5-55}$$

(2) 防止横向滚动时

$$P_滚 = \frac{1.25(N+W)(R - h_掩 - h_凹) - 9.8Qb}{2nb\cos\gamma} \tag{5-56}$$

(3) 确定每道腰箍应承受的力

既防止货物移动,又防止货物滚动时,每道腰箍应承受的力:

$$P \geq \max\{P_移, P_滚\} \tag{5-57}$$

式中:μ 为货物与横垫木、横垫木与车地板或货物与车地板间的摩擦系数,取其较小者;n 为腰箍的道数;$h_掩$ 为掩木或三角挡与货物接触点的高度,mm;R 为货物的半径,mm;$h_凹$ 为横垫木或鞍座凹部深度,mm;Q 为货物重量,t;b 为货物重心所在纵向垂直平面至货物与掩木或三角挡接触点之间的距离,mm;γ 为腰箍两端拉直部分与车辆纵向垂直平面间的夹角。

用钢丝绳作腰箍时,钢丝绳的破断拉力不得小于 $2P$。用扁钢带作腰箍时,扁钢带的截面积:

$$F \geqslant \frac{10P}{[\sigma]} \tag{5-58}$$

式中:$[\sigma]$ 为扁钢带的许用应力,MPa;F 为扁钢带的截面积,cm^2。

二、加固箱形货物

用 n 道腰箍加固箱形货物时,每道需要承受的力的计算:
(1) 防止纵向或横向移动时

$$P_{移} = \frac{\max\{\Delta T, \ \Delta N\}}{2n\mu \cos \gamma} \tag{5-59}$$

(2) 防止纵向倾覆时

$$P_{纵倾} = \frac{1.25Th - 9.8Qa}{2(l_1 + l_2 + \cdots + l_n) \cos \gamma} \tag{5-60}$$

(3) 防止横向倾覆时

$$P_{横倾} = \frac{1.25(Nh + Wh_{风}) - 9.8Qb}{nB \cos \gamma} \tag{5-61}$$

式中:a、b 为货物重力的稳定力臂,mm;l_1、l_2、$\cdots$、l_n 为每道腰箍所在横向垂直平面至货物纵向倾覆点之间的距离,mm;B 为货物的宽度,mm。

三、确定每道腰箍应承受的力

既防止货物移动,又防止货物倾覆时,每道腰箍应承受的力:

$$P \geqslant \max\{P_{移}, P_{纵倾}, P_{横倾}\} \tag{5-62}$$

一般采用钢丝绳作腰箍,钢丝绳的破断拉力不得小于 $2P$。

〖知识点四〗 焊接加固时焊缝长度的确定

使用铁地板长大货物车装载,在货物两端或两侧焊接钢挡时,同一方向钢挡的焊缝长度 l 的计算:
(1) 防止纵向移动时,焊接加固时的焊缝长度计算

$$l_{纵} = \frac{10 \Delta T}{0.7K[\tau]} \tag{5-63}$$

(2) 防止横向移动时,焊接加固时的焊缝长度计算

$$l_{横} = \frac{10 \Delta N}{0.7K[\tau]} \tag{5-64}$$

式中:K 为焊缝高度,cm;$[\tau]$ 为焊缝的许用剪切应力,MPa。

🔷 实例计算

　　株洲北物流车间拟发一件均重钢结构设备,重量为 25 t,长 15 000 mm,宽 2 600 mm,高 2 600 mm,货物重心高 1 300 mm。拟用一辆 N_{17} 型平车负重,两端均衡装载,每端各加挂一辆游车,使用的横垫木长 2 980 mm,高 180 mm,货物重心投影落在车地板横、纵中心线的交点上。经查,N_{17} 型平车自重 19.1 t,l=9 000 mm,$h_{车地板}$=1 209 mm,$L_{车}$=13 000 mm。

　　试确定经济合理的装载加固方案。

【解】1. 确定货物装载方案

　　(1) 货物装载方案示意图如图 5.50 所示,货物重心投影在负重车车地板中心,货物重心没有纵向偏移量,即 $a_{实}$=0,该货物重心位置处于理想状态。

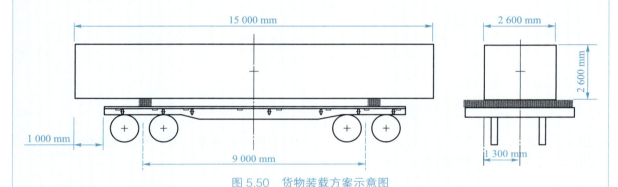

图 5.50　货物装载方案示意图

　　(2) 计算横垫木高度:

$$H_{垫}=0.031a+h_{车差}+f+80=0.031 \times \left(y_{端}+\frac{L_{车}-l-l_{轴}}{2}\right)+0+80$$

$$=\left[0.031 \times \left(1\ 000+\frac{13\ 000-9\ 000-1\ 750}{2}\right)+80\right] \text{mm}=145 \text{ mm}$$

　　故:该方案采用高度为 180 mm 的横垫木,符合规定。

　　(3) 计算重车重心高:

$$H=\frac{Q_{车}h_{车}+Q_{货}h_{货}}{Q_{车}+Q_{货}}=\frac{19.1 \times 723+25 \times (1\ 300+180+1\ 209)}{19.1+25} \text{mm}$$

$$=1\ 837.51 \text{ mm}$$

　　故:货物运输时不需要限速运行。

2. 运输过程中作用于货物的各种力

　　(1) 计算纵向惯性力:

$$T=t_0Q_{货}=(0.001\ 2Q_{总}^2-0.32Q_{总}+29.85) \times Q_{货}$$

$$=\left[0.001\ 2 \times (19.1+25)^2-0.32 \times (19.1+25)+29.85\right] \times 25 \text{ kN}=451.79 \text{ kN}$$

　　(2) 计算横向惯性力:

$$N=n_0 Q_{货}=\left(2.82+2.2\times\frac{a_{实}}{l}\right)Q=(2.82+0)\times25\ \text{kN}=70.50\ \text{kN}$$

(3) 计算垂直惯性力：

$$Q_{垂}=q_{垂}Q_{货}=\left(3.54+3.78\times\frac{a_{实}}{l}\right)\times Q_{货}=(3.54+0)\times25\ \text{kN}=88.50\ \text{kN}$$

(4) 计算风力：

$$W=qF=0.49\times15\times2.6\ \text{kN}=19.11\ \text{kN}$$

(5) 计算摩擦力：

$$F_{摩}^{纵}=9.8\ \mu Q_{货}=9.8\times0.4\times25\ \text{kN}=98.00\ \text{kN}$$

$$F_{摩}^{横}=\mu\left(9.8Q_{货}-Q_{垂}\right)=0.4\times(9.8\times25-88.5)\text{kN}=62.60\ \text{kN}$$

3. 验算货物稳定性

(1) 货物水平移动的稳定性校验：

纵向：$\Delta T=T-F_{摩}^{纵}=451.79-98\ \text{kN}=353.79\ \text{kN}>0$

横向：$\Delta N=1.25\times(N+W)=1.25\times(70.50+19.11)\text{kN}=112.01\ \text{kN}>0$

故：货物在纵向和横向均会发生移动，需要采取加固措施。

(2) 货物倾覆的稳定性校验：

根据图 5.50 所示，货物重心所在横向垂直平面至货物倾覆点间的距离：$a=\dfrac{9\,000}{2}\ \text{mm}=4\,500\ \text{mm}$，

货物重心所在纵向垂直平面至货物倾覆点间的距离：$b=\dfrac{2\,600}{2}\ \text{mm}=1\,300\ \text{mm}$。

纵向：$\eta=\dfrac{9.8Qa}{Th}=\dfrac{9.8\times25\times4\,500}{451.79\times1\,300}=1.88\geqslant1.25$

横向：$\eta=\dfrac{9.8Qb}{Nh+Wh_{风}}=\dfrac{9.8\times25\times1\,490}{70.50\times1\,300+19.11\times1\,300}=3.13\geqslant1.25$

故：货物纵向和横向均不会发生倾覆。

(3) 货物滚动的稳定性校验：因货物形状为长方体，不会发生滚动，故不需对滚动的稳定性进行校验。

结论：采用该装载方案时，货物可能会在纵向和横向发生水平移动，需要采取加固措施。

4. 选择加固材料与计算加固强度

(1) 选择加固方法与加固材料：采用拉牵加固，同一方向有 4 道拉牵绳，每道 2 股，每股应承受的拉力：

$\Delta T=353.79\ \text{kN}$；$\Delta N=112.01\ \text{kN}$；$AC=2\,000\ \text{mm}$；$BO=1\,000\ \text{mm}$；$BC=200\ \text{mm}$；$n=8$

(2) 拉牵需加固力（$S_{拉}$）的计算：

① 防止纵向移动时：

$$S_{纵移}=\frac{\Delta T}{nAC}\sqrt{AC^2+BO^2+BC^2}=\frac{353.79}{8\times2\,000}\sqrt{2\,000^2+1\,000^2+200^2}\ \text{kN}$$

$$=49.64\ \text{kN}\approx50\ \text{kN}$$

② 防止横向移动时：

$$S_{横移} = \frac{\Delta N}{nBC}\sqrt{AC^2+BO^2+BC^2} = \frac{112.01}{8\times200}\sqrt{2\,000^2+1\,000^2+200^2} \text{ kN}$$

$$=157.16 \text{ kN} \approx 160 \text{ kN}$$

（3）每根拉牵绳应承受的力的计算：为了防止货物移动，每根拉牵绳应承受的力为：

$$S \geq \max\{S_{纵移}, S_{横移}\} \geq 160 \text{ kN}$$

选用钢丝绳拉牵时，钢丝绳的破断拉力不得小于 2 S。根据《公称抗拉强度 1 670 MPa 规格 6×19（b）钢丝绳的破断拉力和许用应力》要求，要选用公称抗拉强度 1 670 N/mm²，规格 6×19×ϕ26 mm 的钢丝绳拉牵，每股钢丝绳的破断拉力为 346 kN ≥ 2 S=2×160=320 kN。

〖知识点五〗　铁路货物装载加固定型方案

一、装载加固方案的种类

铁路货物装载加固方案分为装载加固定型方案、装载加固暂行方案与装载加固试运方案。

1. 装载加固定型方案

装载加固定型方案是铁路明定品名与规格的货物装载加固定型方案。这类方案系列化程度较强、覆盖范围较广，是一个规范性的文件。定型方案是执行按方案装车和装车质量签认制度的基本依据，托运人和承运人都应该严格遵守和执行。

2. 装载加固暂行方案

装载加固暂行方案是由铁路局集团公司审批、报国铁集团备案的，铁路局集团公司明定的货物装载加固定型方案，是对定型方案的有效补充，这些方案很可能在适当时机被纳入定型方案。同时，装载加固暂行方案不应与定型方案相抵触，也不应重复。

3. 装载加固试运方案

装载加固试运方案的效力等同于《加规》，各试运方案均规定了相应的试运范围，如站名、托运人等。

二、装载加固定型方案的内容

现行的装载加固定型方案涉及货物装载品类中的千余种，包括 11 类，共 50 项，分为 01 类成件包装货物，02 类集装箱、集装件及箱装设备，03 类水泥制品、料石及箱装玻璃，04 类木材、竹子，05 类起重机梁及钢结构梁、柱、架，06 类轧辊、轮对、电缆、钢丝绳、变压器及卧式锅炉，07 类金属材料及制品，08 类轮式、履带式货物，09 类圆柱形、球形货物，10 类大型机电设备，11 类口岸站进口设备。

每个货物用一个编号来编码，编号由 6 位阿拉伯数字组成。6 位数字从左至右，第 1、2 位为类别代码，第 3、4 位为项别代码，第 5、6 位为顺序码。

每个品名的定型方案都包括以下内容：

① 货物装载加固定型方案示意图。

② 货物规格：包括货物的重量范围、外形尺寸情况及货物性质。

③ 准用货车：包括车辆的使用限制情况。

④ 加固材料（装置）：包括所用加固材料的种类。

⑤ 装载方法：具体的装车方案。

⑥ 加固方法：确定了装车后具体的加固措施。

⑦ 其他要求：装载加固的特殊规定或强调装载加固后的附属工作。

📖 课程思政案例：按标作业执行到位，仔细核实不能尽信"书"

（一）事件概况

2017 年 12 月 29 日，株洲北站发杨行站 2 车锌锭（车号 C1678320、1503317），1 月 4 日、6 日分别在向塘西、鹰潭、南京东等货检站检测，均偏重 10 t 以上。经到站核实，货物向车辆前端窜动，后端货物距离车辆端墙约 1.4 m。

（二）问题分析

（1）装载加固方案存在缺陷导致货物窜动。车站执行的"长货 Z2017-25 号"装载加固方案存在较大安全隐患，按照方案装车导致货物未布满车地板装载，仅靠稻草垫防止货物纵向移动，纵向空隙较大，留隐患。

（2）作业标准执行不到位。① 装车单位铺设稻草垫未能布满车地板，减弱了衬垫的防滑作用。② 货运员审查装载加固时，未认真检查发现问题。

工 作 手 册

【任务名称】	加固材料强度验算与材料数量计算	参考学时： 2 学时
【项目团队】		

【任务实施关键点】

_____

_____

_____

工序	工作步骤	实施方案
1. 选择加固材料	选择加固材料	
2. 验算加固材料的强度	确定拉牵加固材料的强度	
	确定腰箍加固材料的强度	
3. 确定加固材料的数量和规格	确定加固材料的数量	
	确定加固材料的规格	
4. 确定加固方案	确定加固方案	

工作笔记：请以货运员的身份谈一谈在实施中发现既定作业方案存在缺陷时该如何处理。

随堂练习

1. 钢丝绳夹间的距离等于（　　　）倍钢丝绳直径。

A. 2~3　　　　　　　　　B. 4~5　　　　　　　　　C. 6~7　　　　　　　　　D. 7~8

2. 捆绑用镀锌铁线直径不得小于（　　　）mm。

A. 2.2　　　　　　　　　B. 2.3　　　　　　　　　C. 2.6　　　　　　　　　D. 3.2

3. 常用的装载加固装置有（　　　）等。

A. 货物转向架　　　　　　　　　　　　B. 钢支架

C. 钢座架　　　　　　　　　　　　　　D. 车钩缓冲停止器

4. 使用锌铁线、盘条、钢丝绳拉牵加固的方式主要有八字形、（　　　）等。

A. 反八字形　　　　　B. 交叉　　　　　C. 又字形　　　　　D. 反又字形

5. 每个品名的定型方案应包括（　　　）。

A. 准用货车　　　　B. 装载加固材料（装置）　　　　C. 加固方法

D. 装载方法　　　　E. 准用设备

项目六
铁路货物运输费用核算

 教学目标

能力目标

能正确按规章办法核收铁路货物运输中的各项费用。

知识目标

(1) 掌握整车运输运杂费核收规定。

(2) 掌握集装箱运输运杂费核收规定。

(3) 掌握零散货物运输运杂费核收规定。

素质目标

具备精益求精的职业态度和严谨、细致、专业的职业素养。

【专项技能 6.1】 货物运单的填制

 学习目标

微课
认识货物运
单

能力目标
(1) 能快速识别托运人填制的货物运单是否完整。
(2) 能完成货物运单中承运人填制的部分。

知识目标
(1) 了解货物运单的定义、格式及背书。
(2) 掌握货物运单的联数及各联的用途。
(3) 掌握货物运单中托运人、承运人各自填写部分及填写要求。

素质目标
不断提高技术业务素质,培养精益求精的职业态度。

 任务下达

📦 阅读后,在工作手册和货物运单样表中完成任务。

　　2 月 8 日,长沙某面粉有限公司作为托运人到长沙东托运一批面粉,发往宝鸡东,收货人为宝鸡某粮油食品有限公司。该批面粉共 2 400 袋,重量为 60 t,价格为 24 000 元。托运人选择保价运输,且不支付到站杂费。长沙东使用 P_{62K} 3127744 装运,施封两枚 F57865/57866,长沙东到宝鸡东运价里程为 1 572km。

　　请你以货运员身份根据以上货运信息填制铁路货物运单(其他未给定信息自拟),并思考货物运单上哪几处需要托运人签章。

🚄 理论学习

〖 知识点一 〗 货物运单的格式

一、货物运单的定义

　　铁路货物运单是指铁路货物运输合同或运输合同的组成部分,也是铁路收取货物运输费用的结算单据之一。

二、货物运单的联数

铁路货物运单为一整套票据，由带相同编号的第一～六联和不带编号的第七联组成，可以按照需求分别打印各联。其中，发站存查联（第一联）与托运人存查联（第三联）为已生效的货物运输合同正本，分别由发站与托运人留存；收款人报告联（第二联）为发站收款的已生效的运输合同，作为财务凭证留存；到站存查联（第四联）为到站留存的已生效运输合同；收货人存查联（第五联）为收货人留存的已生效运输合同；领货凭证联（第六联）为收货人在到站办理领货的凭证；需求联（第七联）为客户提报需求的记录，无编号，由发站留存。

三、货物运单的构成

货物运单正面如图 6.1 所示，下面介绍其构成。

铁路货运 CHINA RAILWAY FREIGHT 安卓手机客户端

中国铁路×××局集团有限公司
货 物 运 单

BKHZA0123456
（整车、集装箱、批量、零散）

需求号：

托运人	发站（局）		专用线			货区	
	名称		经办人			货位	
			手机号码			车种车号	
	□上门取货	取货地址	联系电话			取货里程/km	
收货人	到站（局）		专用线			运到期限	标记重量
	名称		经办人			施封号	
			手机号码			篷布号	
	□上门送货	送货地址	联系电话			送货里程/km	
付费方式	□现金 □支票 □银行卡 □预付款 □汇总支付		领货方式	□电子领货 □纸质领货		装车方	施封方

货物名称	件数	包装	货物价格/元	重量/kg	箱型箱类	箱号	集装箱施封号	承运人确定重量/kg	体积/m³	运价号	计费重量/kg
合计											

第×联 ××××联

		费目	金额/元	税额/元	费目	金额/元	税额/元
选择服务	□上门装车						
	□上门卸车						
	□保价运输 □装载加固材料						
	□仓储 □冷藏（保温）						
	其他服务						
增值税发票类型 □普通票 □专用票	受票方名称： 纳税人识别号： 地址、电话： 开户行及账号：	费用合计	大写：				

托运人记事： 签章	承运人记事： 卸货时间 年 月 日 时　到站收费票据号码： 通知时间 年 月 日 时　领货人身份证号码： 货运员　车站日期戳

收货人签章　车站接（交）货人签章　制单人　制单日期

图 6.1 货物运单正面

1. 货物运单正面

(1) 货物运单顶部居中位置打印“中国铁路 ××× 局集团有限公司货物运单”字样。

(2) 货物运单左上角为铁路货运统一标识、安卓手机客户单二维码和需求号。

(3) 货物运单右上角打印运单号码及其条形码和运输方式。运单号码由 5 位字母（3 位车站电报码，1 位票种代码，1 位窗口代码）和 7 位数字（7 位循环顺序号）组成，运单上的条形码供自动识别。根据托运人选择的运输方式,在货物运单右上角分别自动打印"整车""集装箱""批量"或"零散"字样。

(4) 货物运单框内包括托运人信息、收货人信息、货物信息、装车信息、付费方式、领货方式、选择服务、发票信息、费用栏目、托运人记事、承运人记事等内容。货物运单框内左半部分为托运人填写部分,右半部分为承运人填写部分,以黑色加粗折线分隔。

(5) 货物运单底部打印收货人签章、车站接(交)货人签章、制单人、制单日期等栏目。

2. 货物运单背面

货物运单有背书,由三部分内容构成,分别是"托运人须知""收货人须知"和需要托运人签字盖章的"货物托运安全承诺书",如图 6.2 所示。

托运人须知

1. 托运人在铁路托运货物,在本单签字或盖章,即证明愿意遵守《中华人民共和国合同法》《中华人民共和国铁路法》《铁路安全管理条例》等法律法规,以及《铁路货物运输规程》等铁路规章的有关规定。

2. 托运人应签署《货物托运安全承诺书》,不得匿报、谎报货物品名,不得托运或在所托运货物中夹带国家禁止运输的物品,不得在普通货物中夹带危险货物,不得在危险货物中夹带禁止配装的货物。

3. 托运人在本单所记载的货物名称、件数、包装、价格、重量等事项应与货物的实际完全相符,并对其真实性负责。

4. 货物的内容、品质和价格是托运人提供的,承运人在接收和承运货物时并未全部核对。

5. 托运人应妥善保管电子领货密码或领货凭证,并及时将电子领货密码告知或将领货凭证寄交收货人,收货人凭电子领货密码或领货凭证经到站验证后,在到站领取货物。

6. 托运人选择电子领货方式时,应在电子运单中正确填记收货人的经办人姓名、身份证号码、手机号码和电子领货密码。

7. 托运人选择保价运输时,应填写货物的实际价格,作为计算"保价金额"的依据。当货物在运输过程中发生损失时,承运人对保价货物按照货物的保价金额和损失比例赔偿,对非保价货物,按规定的限额赔偿。

8. 托运人应凭本单于次月底前开具增值税发票。

9. 本单于托运人和承运人双方签字或盖章之时起生效。

收货人须知

1. 接到货物到达通知后,及时领取货物。收货人应妥善保管电子领货密码或领货凭证。

2. 收货人凭电子领货密码领取货物时,应同时出示身份证原件;委托他人领取货物时,收货人应登录铁路货运网上营业厅,正确填记被委托人姓名、身份证号码、手机号码等委托信息,被委托人凭电子领货密码和本人身份证原件领取货物。

收货人凭领货凭证领取货物时,应同时出示身份证原件;委托他人领取货物时应同时提供领货凭证、收货人身份证复印件、被委托人身份证原件和委托书。收货人为法人单位时,除提供经办人身份证原件外,还需提供加盖单位公章的委托书。

3. 收货人应按规定支付相关费用。

4. 收货人接收货物时,发现货物损失应立即向承运人提出。

5. 货物交付完毕,合同即为履行完毕;此后发生问题,承运人不承担责任。

货物托运安全承诺书

根据《中华人民共和国铁路法》《铁路安全管理条例》,托运货物必须遵守国家关于禁止或者限制运输物品的规定;托运人托运货物,不得匿报、谎报货物品名、性质、重量,不得在普通货物中夹带危险货物,不得在危险货物中夹带禁止配装的货物。

依据《铁路安全管理条例》第九十六条规定,托运人托运货物时,将危险货物谎报或者匿报为普通货物托运的,或在普通货物中夹带危险货物,由铁路监督管理机构依法处置。依据《中华人民共和国铁路法》第六十条规定,以非危险品品名托运危险品,导致发生重大事故的,依照刑法有关规定追究刑事责任。

本公司(本人)已阅知上述法律法规规定。承诺申报的货物运单和物品清单所填写事项真实,与实际货物相符,没有匿报、错报货物品名。托运的货物没有国家法律法规及铁路部门禁止托运或混装的货物。违反此承诺造成的一切法律责任及后果由本公司(本人)承担。

托运人(盖章/签字):　　　年　　月　　日

图 6.2　货物运单背面

〖知识点二〗　货物运单的填制

货物运单由托运人与承运人分别填写,以货物运单框内黑色加粗折线为分界线。

一、托运人填写内容及要求

货物运单框内以黑色加粗折线分隔开的左半部分为托运人填写部分,分为必填内容与可选填内容两部分,其内容及填写规范如下:

1. 必填内容

(1) 发站(公司)和到站(公司)。发站和到站按《铁路货物运价里程表》规定的站名完整填记,不得简称;公司名为系统自动生成。

(2) 托运人名称和收货人名称。托运人或收货人为单位时,填写单位完整名称;托运人或收货人为个人时,填写个人姓名和身份证号码。

(3) 付费方式。客户可选择现金、支票、银行卡、预付款、汇总支付的付费方式,选择汇总支付或预付款的,应填写汇总支付或预付款的凭证号码。

(4) 领货方式。客户可选择纸质领货或电子领货,选择电子领货时,须设置领货经办人身份证号码、领货密码等信息。

(5) 货物名称

① 列名货物。普通货物按《铁路货物运输品名检查表》所列的货物名称完整、正确地填写;危险货物按照《铁路危险货物品名表》所列的货物名称完整、正确地填写,并在品名之后用括号注明危险货物编号。

② 未列名货物。《铁路货物运输品名检查表》或《铁路危险货物品名表》内未经列载的货物,填写生产或贸易上通用的具体名称,并用《铁路货物运价规则》附件一"铁路货物运输品名分类与代码表"相应类项的品名加括号注明。

(6) 货物件数

① 承运人按重量与件数承运的货物,按货物名称及包装种类分别填记件数;"合计件数"栏填写货物的总件数。

② 承运人只按重量承运的货物,在本栏填记"堆""散""罐"字样。

(7) 货物重量。以 kg 为单位,按货物名称及包装种类分别将货物实际重量(包括包装重量)填记;"合计重量"栏填记该批货物的总重量。

(8) 托运人签章。托运人于货物运单打印完毕,并确认无误后,在此栏盖章或签字。

2. 可选填内容

(1) 托运人或收货人专用线。在专用线或专用铁路装车或卸车时,填写该专用线全称。

(2) 托运或收货经办人与手机号码。填写经办人姓名与手机号码,若姓名超过 5 个汉字可根据经办人要求填记姓名简称,同时在托运人记事栏内填记姓名全称。

(3) 取货地址。客户选择上门取货服务时,必须按照"省、市、自治区城镇街道和门牌号码或乡、村名称"的形式填写取货地点,并填写联系电话。

(4) 送货地址。客户选择送货上门服务时,必须按照"省、市、自治区城镇街道和门牌号码或乡、村名称"的形式填写送货地点,并填写联系电话。

(5) 货物包装。记明包装种类,如"木箱""纸箱""麻袋""条筐""铁桶""绳捆"等。按件承运的货物无包装时填记"无"字,使用集装箱运输的货物或只按重量承运的货物,可不填。

(6) 货物价格。填写该项货物的实际价格,全批货物的实际价格为确定货物保价金额的依据。若选择了保价运输时,该项为必填项。

(7) 集装箱箱型。填写箱型时,应填写集装箱对应箱型,如 20、25、40、45、50;填写箱类时,应填写集装箱对应箱类,如"通用标准箱""35 吨敞顶箱"等。

(8) 集装箱箱号。填写包括箱主代码在内的 11 位集装箱箱号。

（9）集装箱施封号。填写集装箱的铁路施封锁号码。

（10）选择服务。托运人根据需要勾选服务项目，包括：① 上门装车（选择上门装车的，需详细填记货物单件规格、重量等特约事项）；② 上门卸车（选择上门卸车的，需详细填记货物单件规格、重量等特约事项）；③ 保价运输、装载加固材料、仓储、冷藏（保温）；④ 其他服务（托运人、承运人双方认可的其他服务事项）。

（11）增值税发票类型。需要开具增值税发票的，须选择填记"普通票""专用票"，并填记受票方名称、纳税人识别号、地址、电话、开户行及账号等信息。

（12）托运人记事。托运人记事是填写托运人声明的事项，包括但并不仅限于以下内容：① 货物状态有缺陷，但不致影响货物安全运输的，应将其缺陷具体注明；② 需要凭证明文件运输的货物，应将证明文件名称、号码及填发日期注明；③ 托运人派人押运的货物，注明押运人姓名和证件名称及号码；④ 托运易腐货物或"短寿命"的放射性货物时，应记明容许运输期限，选择冷链（保温）运输时，应记明具体运输条件、要求；⑤ 使用自备货车或租用铁路货车在营业线上运输货物时，应记明"××单位自备车"或"××单位租用车"，使用自备篷布时，应记明自备篷布号码；⑥ 国外进口危险货物，按原包装托运时，应注明"进口原包装"；⑦ 托运零散快运货物时，应注明单件最大重量和单件最大长、宽、高；⑧ 托运人要求办理铁路货物运输保险时，应注明"已投保运输险"；⑨ 其他按规定需要由托运人在运单内记明的事项。

二、承运人填写内容及要求

货物运单框内以黑色加粗折线分隔开的右半部分为承运人填写部分，其内容及填写规范如下：

（1）货区与货位。填写货物堆存货区、货物堆存货位。

（2）车种车号与标记载重量。填写货物装载的铁路货车车种、车型和车号及铁路货车对应的标记载重。

（3）取货里程、送货里程与运到期限。根据托运人填写的取货地址与送货地址确定的取货里程与送货里程分别填写，并填写按规定计算的货物运到期限日数。

（4）施封方与施封号。施封方，是根据施封负责人填写的"托运人"或"承运人"；施封号，是填写货车的施封号码。

（5）篷布号。填写所苫盖的铁路货车篷布号码。

（6）装车方。根据装车组织人，填写"托运人"或"承运人"。

（7）承运人确定重量。以 kg 为单位。除一件重量超过车站衡器最大称量的货物外，其他货物均由承运人按货物名称及包装种类分别填记；"合计重量"栏填记该批货物总重量。

（8）体积。以 m³ 为单位，按货物名称及包装种类分别填记，"合计体积"栏填记该批货物总体积。

（9）计费重量。整车货物填记货车标记载重量或规定的计费重量，零散货物填记按规定处理尾数后的重量或起码重量。

（10）运价号。填记货物名称对应的运价号。

（11）费目、金额、税额及费用合计。以元为单位，费目、金额、税额按规定的计费科目及费用填写。

(12) **费用合计与大写**。费用合计按所有费用合计的小写金额填写。大写则填写所有费用合计的大写金额。

(13) **承运人记事**。承运人记事是指由承运人记明的事项。包括：① 货车代用记明批准的代用命令；② 途中装卸的货物，记明计算运费的起讫站名；③ 需要限速运行的货物和自有动力行驶的机车，记明铁路局集团公司承认命令；④ 对危险货物或鲜活货物，应按货物性质，在记事栏中选择"爆炸品""氧化性物质""毒性物质""腐蚀性物质""易腐货物"等记事，以及经铁路局集团公司批准，按普通货物运输的危险货物记载事项；⑤ 机械冷藏等有工作车的成组货车装车时，记载工作车车号；⑥ 托运人要求办理铁路货物运输保险时，应记载保险单号码；⑦ "卸货时间"由到站按卸车完毕的时间填写；⑧ "通知时间"按发出领货(送货)通知的时间填写；⑨ 填写"到站收费票据号码"和"领货人身份证号码"；⑩ 需要由承运人记明的其他事项。

课后拓展
货物运单的
处理

(14) **签章**。分为收货人签章与车站接(交)货人签章，收货人领货时签字或盖章，发站上门取货人员名章、到站上门送货人员名章。

🔖 **课程思政案例：按章办事，守好货运"第一关"**

某货运站新到岗的货运员小王，在核算制票作业中，因工作疏忽，忘了让客户在货物运单背面的货物托运安全承诺书上签字，但该客户已经离开。为弥补这一失误，小王决定代替该客户签字，并将这一想法告知自己的师傅。师傅得知后严肃地批评了小王，向他强调了货物托运安全承诺书的重要性。

货物安全承诺书是根据《中华人民共和国铁路法》和《铁路安全管理条例》制定的有关托运人托运货物的规定，事关安全问题，托运人必须知悉并在该承诺书后签字盖章，若有违反则需承担由此造成的一切法律责任及后果。

工 作 手 册

【任务名称】　　　　　　　　　货物运单的填制　　　　　　　　　参考学时：　1　学时

【项目团队】

【任务实施关键点】

工序	工作步骤	实施方案
1. 托运人填写	托运人 / 收货人信息	
	付费 / 领货方式	
	货物信息	
	选择服务	
	发票信息	
	托运人记事	

续表

工序	工作步骤	实施方案
2. 承运人填写	仓储信息	
	装车信息	
	运输费用	
	承运人记事	

工作笔记: 试从货物运单上托运安全承诺签章重要性的角度谈一谈如何守好货运"第一关"。

随堂练习

1. 货物运单中可用作收货人在到站办理领货凭证的是（　　　）。

A. 第二联　　　　　B. 第三联　　　　　C. 第五联　　　　　D. 第六联

2. 货物运单自（　　　）时起生效。

A. 承运人接收货物　　　　　　　　B. 托运人和承运人双方签字或盖章

C. 货物装车完毕　　　　　　　　　D. 托运人付完款

3. 以下内容中需要在"托运人记事栏"填记的有（　　　）。

A. 活动物运输时押运人姓名、证件名称及号码

B. 已选择保价运输

C. 易腐货物的容许运输期限

D. 已投保运输险

4. 货物运单的背书,由（　　　）构成。

A. 托运人须知　　　　　　　　　　B. 承运人须知

C. 收货人须知　　　　　　　　　　D. 货物托运安全承诺书

5. 托运人填写货物运单时哪些属于必填栏目?

【专项技能 6.2】 普通整车运输运费核算

学习目标

能力目标

能计算整车运输时的国家铁路运费。

知识目标

(1) 了解《铁路货物运价规则》和铁路货物运输中的费用类别。

(2) 掌握运费的计算程序及各项数据的依据。

(3) 掌握整车运输运价号、运价率、计费重量和运费计算的相关规定。

素质目标

提高技术业务素质,具备科学、缜密的逻辑思维能力。

 任务下达

阅读后,在工作手册中完成任务。

2 月 10 日,株洲北站承运四批货物,承运货物信息见表 6.1。

表 6.1　承运货物信息

运输种类	运价里程 /km	电化里程 /km	货物名称	货物重量 /t	货物体积 /m³	装载车型	货车标记载重量 /t
整车	550	480	饲料粉	58	—	P62K	60
整车	1 380	1 100	废钢铁	61.6	—	C62A	60
整车	996	996	蔬菜	36	—	B10	38
批零	1 740	1 560	混装货物	38	110	P62K	60

请以株洲北站货运员的身份完成这四批货物运费核算的任务,并思考如果某一批货物适用两种以上的运输方式时,如何为货主选择最优的运输方式。

 理论学习

〖知识点一〗 **认识铁路货物运输费用**

一、《铁路货物运价规则》介绍

《铁路货物运价规则》(以下简称《价规》)是计算国家铁路货物运输费用的依据,承运人和托运人、收货人必须遵守本规则的规定。国家铁路营业线的货物运输,除国际铁路联运过境运输及其他国铁集团另有规定的货物运输费用外,都按本规则计算货物运输费用。《价规》一共七章,分别为总则、货物运费费用的计算、货物运费、杂费、国际铁路联运进出货物国内段的运输费用、铁路非运用车运输费用及附则。附则包括:附件一铁路货物运输品名分类与代码表、附件二铁路货物运价率表、附录一电气化附加费核收办法、附录二新价均摊运费核收办法和附录三铁路建设基金计算核收办法。

二、铁路货物运输费用类别

铁路货物运输费用是对铁路运输企业所提供的各项生产服务消耗的补偿,包括车站费用、运行费用、服务费用和额外占用铁路设备的费用等。

铁路货物运输费用的收费项目(含代收款)主要包括国家铁路运费(含电气化附加费)、铁路建设基金、货运杂费、快运费、京九分流费、合资地铁运费、特价线运费、特定加价运费、印花税等。

三、价格公告

铁路货物运输费用的收费项目和收费标准必须进行公告。国铁集团组织实施中国铁路95306网站统一的价格公告,各铁路运输企业组织实施95306网站本企业的价格公告和货运营业场所的价格公告。

国铁集团在95306网站的价格公告内容如下:

(1) 国家铁路货物统一运价率和计算公式(区分执行政府指导价和市场调节价的不同货物品类)。

(2) 铁路建设基金费率和计算公式,以及减免铁路建设基金的货物品类、范围。

(3) 货运杂费的收费项目、标准和依据。

(4) 实行特殊运价线路的基准运价率。

(5) 国家有关部门或国铁集团要求公告的其他货运价格相关事项。

〖 知识点二 〗　国家铁路运费(含电气化附加费)计算程序

一、确定发到站间的运价里程

运价里程应根据《货物运价里程表》,按照发站至到站间国家铁路正式营业线最短径路(与国家铁路办理直通的合资、地方铁路和铁路局集团公司临管线到发的货物也按发、到站间最短径路)计算,但《货物运价里程表》内或国铁集团规定有计费经路的,按规定的计费经路计算。

下列情况发站在货物运单内注明,运价里程按实际经由计算:

(1) 因货物性质(如鲜活货物、超限货物等)必须绕路运输时。

(2) 因自然灾害或其他非铁路责任,托运人要求绕路运输时。

(3) 属于"五定"班列运输的货物,按班列经路运输时。

运价里程不包括专用线、货物支线的里程。通过轮渡时,应将规定的轮渡里程加入运价里程内计算。水陆联运的货物,应将换装站至码头线的里程加入运价里程内计算。

承运后的货物发生绕路运输时,仍按货物运单内记载的经路计算运输费用。

实行统一运价的营业铁路与特价营业铁路直通运输,运价里程分别计算。

二、确定货物适用的运价号

根据货物运单上填写的货物名称查找铁路货物运输品名分类与代码表或《铁路货物运输品名检查表》,确定该货物适用的运价号。整车运输有 7 个运价号,分别为 1 号、2 号、3 号、4 号、5 号、6 号和机械冷藏车。批量零散货物快运按整车 4 号运价办理。

微课
运价号

三、根据运价号查找对应的运价率

根据货物适用的运价号(冷藏车货物根据车种)或集装箱箱型查找铁路货物运价率表(见表 6.2),确定该货物适用的运价率(即基价 1 和基价 2)。除 1 号运价外,整车基价 1 的单位均为元 /t,基价 2 的单位均为元 /(t·km)。整车 1 号运价只有基价 2,单位为元 / 轴 km。

按一批办理的整车货物,运价率不同时,按其中高的运价率计费。

微课
运价率

表 6.2　铁路货物运价率表

办理类别	运价号	基价 1		基价 2	
		单位	标准	单位	标准
整车	1	—	—	元 /(轴 km)	0.525
	2	元 /t	9.50	元 /(t·km)	0.086
	3	元 /t	12.80	元 /(t·km)	0.091
	4	元 /t	16.30	元 /(t·km)	0.098
	5	元 /t	18.60	元 /(t·km)	0.103
	6	元 /t	26.00	元 /(t·km)	0.138
	机械冷藏车	元 /t	20.00	元 /(t·km)	0.140
零担	21	元 /10 kg	0.22	元 /10(kg·km)	0.001 11
	22	元 /10 kg	0.28	元 /10(kg·km)	0.001 55
集装箱	20 ft 箱	元 / 箱	440	元 /(箱 km)	3.185
	40 ft 箱	元 / 箱	532	元 /(箱 km)	3.357

注:整车农用化肥适用 4 号运价率,磷矿石适用 2 号运价率。

微课
整车计费重量

四、确定计费重量

1. 整车货物计费重量确定

整车货物计费重量以吨为单位,吨以下四舍五入。一般情况下,按货车标记载重量(简称标记载重量)计费,若货物重量超过标记载重量则按货物重量计费。但下列情形有规定计费重量:

（1）使用矿石车、平车、砂石车，经铁路局集团公司批准装运分类与代码表中的 01 类、0310 类、04 类、06 类、081 类和 14 类货物时按 40 t 计费，超过时按货物重量计费。

（2）符合整车货物规定计费重量表（见表 6.3）中的货车装运货物时，计费重量按表 6.3 中规定计算，货物重量超过规定计费重量的，按货物重量计费。

（3）使用自备冷板冷藏车装运货物时按 50 t 计费；使用自备机械冷藏车装运货物时按 60 t 计费；使用标记载重量不足 30 t 的家畜车时按 30 t 计算；使用标记载重量低于 50 t、车辆换长小于 1.5 m 的自备罐车装运货物时按 50 t 计费。

（4）代替其他货车装运非易腐货物的铁路冷藏车，均按冷藏车标记载重量计费。

（5）车辆换长超过 1.5 m 的货车（D 型长大货物车除外）本条未明定计费重量的，按其超过部分以每 m（不足 1 m 的部分不计）折合 5 t 与 60 t 相加之和计费。

表 6.3　整车货物规定计费重量表

车种车型	计费重量 /t
B_{18}（机械冷藏车）	32
B_{19}（机械冷藏车）	38
B_{20}、B_{21}（机械冷藏车）	42
B_{10}（机械冷藏车）	44
B_{22}、B_{23}（机械冷藏车）	48
B_{15E}（冷藏车改造车）	56
SQ_1（小汽车专用平车）	80
QD_3（凹底平车）	70
GY_{95S}、GY_{95}、GH_{40}、GY_{40}、$GH_{95/22}$、$GY_{95/22}$（石油液化气罐车）	65
GY_{100S}、GY_{100}、GY_{100-I}、GY_{100-II}（石油液化气罐车）	70
P_{65}	40
SQ_4	60
JSQ_5	100
JSQ_6	100
JSQ_8（关节式双层运输汽车专用车）	240
DK_{36A}	360
GY_{80S}	56

整车运输实行实际重量计费时，最低按货车标记载重量的 60% 计费。

2. 批量零散快运货物计费重量的确定

批量快运计费时，按批对货物的实际重量和体积分别加总，按加总后的货物重量或体积折合重量择大确定该批货物的计费重量。

按社会物流行业通行规则，对不足 333 kg/m³ 的轻泡货物，按 333 kg/m³ 折算计费重量；对

333 kg/m³ 及以上的重质货物,按实际重量计费。为拓展市场,体积折算重量标准可暂按 250 kg/m³ 折合,具体由各铁路局集团公司结合实际确定。

批量快运设置了最低计费重量标准。对重质货物,每批最低按 40 t 计费;对轻泡货物,每批最低按 80 m³ 折合重量计费。

💎 **批零快运货物计费重量的确定**

A 站承运一批袋装棉花,重量为 20 t,体积为 100 m³,按批量零散快运办理,请确定其计费重量。

【解】 批量零散快运货物按货物重量和体积折合重量择大确定。

体积折合重量 333 × 100=33 300 kg

体积折合重量 33.3 t 大于货物重量 20 t,故按体积折合重量计费。

五、根据公式计算运费

1. 整车运费基本公式

整车运费(按重量计费)=(基价1+ 基价2× 运价里程)× 计费重量

整车运费(按轴数计费)= 基价2× 运价里程 × 轴数

尾数不足 1 角时按四舍五入处理。

微课
整车运费的
计算

2. 整车运费运价下浮

铁路货物运输费用的核收受铁路货运运价下浮政策的影响。随着铁路运输服务增值税税率的下调,铁路先后两次下浮实行统一运价的国家铁路营业线的整车货物运费,其铁路建设基金也同比例下浮。铁路上市公司和国家铁路控股合资铁路公司线路的运费也一并实施。在两次运价下浮后,目前实际核收的国家铁路运费需在原公式基础上乘以 0.991,再乘以 0.991 1,即:

整车运费(按重量计费)=(基价1+ 基价2× 运价里程)× 计费重量 ×0.991×0.991 1

整车运费(按轴数计费)= 基价2× 运价里程 × 轴数 ×0.991×0.991 1

六、将电气化附加费并入运费

国家铁路统一运价电气化区段收取的电气化附加费是国家铁路统一运价的一部分。铁路电气化附加费按该批货物经由国家铁路正式营业线和实行统一运价的运营临管线电气化区段的运价里程合并计算,其计算公式为:

电气化附加费 = 费率 × 计费重量(箱数或轴数)× 电化里程

尾数不足 1 角的按四舍五入处理,免收运费的货物、站界内搬运的货物免收铁路电气化附加费。

整车、零担货物按该批运费的计费重量计算;集装箱货物按箱计费。货物运单内分项填记重量的货物,按运费计费重量合并计算。

电气化附加费费率表见表 6.4。

表 6.4   电气化附加费费率表

种类			项目	
			计费单位	费率
整车货物			元 /(t·km)	0.007 00
零担货物			元 /(10 kg·km)	0.000 07
自轮运转货物			元 / 轴 km	0.021 00
集装箱	20 ft 箱		元 / 箱 km	0.112 00
	40 ft 箱		元 / 箱 km	0.238 00
	空自备箱	20 ft 箱	元 / 箱 km	0.056 00
		40 ft 箱	元 / 箱 km	0.119 00

◆ 整车货物运费计算

某站承运一批整车玉米,共 1 200 件,货物重量为 59 t,使用一辆 P$_{62K}$(标记载重量 60 t)的棚车装运。运价里程为 1 680 km,电化里程为 1 500 km,其运费计算如下:

查代码与分类表,玉米适用 4 号运价

查铁路货物运价率表,基价 1 为 16.3 元 /t,基价 2 为 0.098 元 /(t·km)

货物重量小于货车标记载重量,按标记载重量 60 t 计费

查铁路电气化附加费费率表,整车货物的电气化费率为 0.007 元 /(t·km)

按现行运价

运费 $= [(16.3+0.098 \times 1\ 680) \times 60 \times 0.991 \times 0.991\ 1+0.007 \times 60 \times 1\ 500]$ 元 $\approx$ 11 292.90 元

▣ 课程思政案例:爱岗敬业,做合格铁路货运员

某天上午,货运站营业大厅迎来一名客户,他要运的货物包括 100 箱方便面、500 箱调味料和 200 箱常温奶。因该客户是第一次来铁路办理发货,不清楚发货流程,想了解大概的费用。营业大厅当班货运员小王热情地接待了该名客户,并向他介绍了铁路货运的四种运输方式。客户考虑到自己货物比较多,想选择铁路整车运输,但小王想起师傅平日的教导,要站在客户角度为客户考虑问题,于是详细询问了待运货物信息。在了解清楚情况后小王建议客户选择批量零散货物快运,能为该客户节约近 2 000 元的运输费用。

工 作 手 册

【任务名称】 _____整车货物运费的核算_____ 参考学时： 2 学时

【项目团队】 _____

【任务实施关键点】

_____

_____

_____

工序	工作步骤	实施方案
1. 数据确定	运价里程	
	运价号 / 运价率	
	计费重量（有确定过程）	
	电气化费率	
	电化里程	
2. 运费计算	货物 1	
	货物 2	
	货物 3	
	货物 4	

工作笔记：试从货运员身份谈一谈为什么在货运服务中坚持"服务至上"也属于爱岗敬业？

随堂练习

1. 批量零散货物快运按（ ）办理。

A. 零担 21 号或 22 号运价   B. 整车 4 号运价

C. 整车 5 号运价   D. 该货物适用的运价号

2. 按一批办理的整车货物，运价率不同时，（ ）计费。

A. 按其中高的运价率   B. 按其中低的运价率

C. 按平均运价率   D. 各按各的运价率

3. 简述国家铁路运费计算程序。

4. 湖南晚安家纺公司到长沙东托运一批箱装羽绒被,重量为 6 000 kg,总体积为 60 m^3,按批量零散货物快运办理,试确定该批羽绒被的计费重量。

5. 甲站承运一批整车面粉,共 2 400 袋,货物实际重量为 56 t,使用一辆 P$_{64K}$(标记载重量 58 t)的棚车装运。运价里程为 2 200 km,电化里程为 1 890 km,试按现行运价计算其运费。

【专项技能 6.3】　超长超限货物运输费用核算

学习目标

能力目标

能计算超长超限货物运输时的运费、铁路建设基金和印花税。

知识目标

(1) 掌握超限货物运价率加成规定。

(2) 掌握游车运费核收规定。

(3) 掌握铁路建设基金和印花税的核收规定。

素质目标

(1) 培养按章办理、科学严谨的工作态度。

(2) 树立客户服务意识。

任务下达

📦 阅读后,在工作手册中完成任务。

2 月份,株洲北站待承运一件预应力梁,重量为 70 t。因无适用的装载加固定型方案,装车前发站为该件货物制定了一个装载加固方案,拟使用 N$_{17}$(标记载重量 60 t)的两辆平车跨装运输,中间加挂 N$_{60}$(标记载重量 60 t)的一辆平车作为游车,装车后为二级超限货物,且需限速运行。运价里程为 980 km,电化里程为 820 km。请你以株洲北站货运员身份完成下列工作任务,并从运费核算角度对该装载加固方案提出建议。

(1) 计算发站应核收的运费;

(2) 计算发站应核收的铁路建设基金;

(3) 计算发站应代收的印花税。

 **理论学习**

〖 知识点一 〗 超长超限货物运费核收规定

一、超限货物运价率加成规定

运输超限货物时按下列规定计费：

（1）一级超限货物按运价率加 50%；

（2）二级超限货物按运价率加 100%；

（3）超级超限货物按运价率加 150%。

需要限速运行（不包括仅通过桥梁、隧道、出入站线限速运行）的货物，按运价率加 150% 计费。需要限速运行的超限货物，只核收限速的加成运费，不另核收超限货物加成运费。

> ◆ **超限货物运费计算**
>
> 　2 月 21 日，A 站发往 B 站电力设备一件，重量为 20 t，使用一辆 N_{60}（标记载重量 60 t）的平车装运。A、B 站之间运价里程为 530 km（全程电气化）。
>
> 　（1）若装车后该批货物为一级超限货物，其运费计算如下：
>
> 　运价号：6 号　运价率：26/0.138　计费重量：60 t
>
> 　运费 $= [(26+0.138 \times 530) \times 60 \times (1+50\%) \times 0.991 \times 0.991\,1+0.007 \times 60 \times 530]$ 元 $=8\,986.20$ 元
>
> 　（2）若装车后该批货物为一级超限货物，且需限速运行，其运费计算如下：
>
> 　运费 $= [(26+0.138 \times 530) \times 60 \times (1+150\%) \times 0.991 \times 0.991\,1+0.007 \times 60 \times 530]$ 元 $=14\,828.60$ 元

二、游车运费核收规定

（1）超长、超限货物使用游车时，游车运费按主车货物的运价率和游车标记载重量计费。

（2）利用游车装运货物时，比较主车与游车所装货物的运价率，按高的运价率核收游车运费。

（3）运输超限货物或需要限速运行的货物需要使用游车时，游车运费不加成。

（4）游车被两批货物共用时，各批货物的游车按照主车所装货物的运价率与游车标记载重量的 1/2 计费。

（5）D 型长大货物车运输货物需用隔离车时，隔离车不另核收运费。隔离车加装货物时，按所加装货物适用的运价率核收运费。

（6）自轮运转的轨道机械，以自备货车或租用铁路货车作游车时，按整车 1 号运价率核收游车运费；以铁路货车作游车时，按整车 6 号运价率和游车标记载重量核收游车运费。

◆ **超长超限货物运费计算**

3月9日,A站发往B站一件金属工具(5号运价),重量为38 t,使用一辆 N_{60}(标记载重量60 t)的平车装运,另使用一辆 N_{17}(标记载重量60 t)的平车做游车。运价里程为1 025 km,电化里程为780 km。

【解】(1)若游车上不装货,该批货物的运费计算如下:

主车:运价号为5号;运价率为18.6/0.103;计费重量为60 t

游车:运价号为5号;运价率为18.6/0.103;计费重量为60 t

主车运费 $=[(18.60+0.103×1\,025)×60×0.991×0.991\,1+0.007×60×780]$元$=7\,645.30$元

游车运费 $=[(18.60+0.103×1\,025)×60×0.991×0.991\,1+0.007×60×780]$元$=7\,645.30$元

(2)若托运人利用游车装运一件机械零配件(6号运价),该批货物的运费计算如下:

主车:运价号为5号;运价率为18.6/0.103;计费重量为60 t

游车:运价号为6号;运价率为26.0/0.138;计费重量为60 t

主车运费 $=[(18.6+0.103×1\,025)×60×0.991×0.991\,1+0.007×60×780]$元$=7\,645.30$元

游车运费 $=[(26.0+0.138×1\,025)×60×0.991×0.991\,1+0.007×60×780]$元$=10\,195.60$元

(3)若该金属工具装车后二级超限,该批货物的运费计算如下:

主车:运价号为5号;运价率为18.6/0.103;计费重量为60 t;加成100%

游车:运价号为5号;运价率为18.6/0.103;计费重量为60 t;不加成

主车运费 $=[(18.60+0.103×1\,025)×60×(1+100\%)×0.991×0.991\,1+0.007×60×780]$元$=14\,963.1$元

游车运费 $=[(18.60+0.103×1\,025)×60×0.991×0.991\,1+0.007×60×780]$元$=7\,645.30$元

(4)若该托运人与另一托运人共用 N_{17} 为游车,该批货物的运费计算如下:

主车:运价号为5号;运价率为18.6/0.103;计费重量为60 t

游车:运价号为5号;运价率为18.6/0.103;计费重量为30 t

主车运费 $=[(18.60+0.103×1\,025)×60×0.991×0.991\,1+0.007×60×780]$元$=7\,645.30$元

游车运费 $=[(18.60+0.103×1\,025)×30×0.991×0.991\,1+0.007×30×780]$元$=3\,986.50$元

〖知识点二〗 铁路建设基金和印花税的核收规定

一、铁路建设基金

1. 计算公式

铁路运输货物经由国家铁路正式营业线和实行统一运价的运营临管线时应核收铁路建设基金。

其计算公式为:铁路建设基金 = 费率 × 计费重量(箱数或轴数) × 运价里程

尾数不足1角的按四舍五入处理。

根据运价下浮规定,目前整车运输实际核收的铁路建设基金需在原公式基础上乘0.991再乘0.991 1。

2. 费率

国家铁路的正式营业线和实行统一运价的运营临管线按铁路建设基金费率表(见表 6.5)规定的费率核收铁路建设基金。整车化肥、黄磷免征铁路建设基金。

表 6.5 铁路建设基金费率表

种类			项目			
		计费单位	农药	磷矿石	其他货物
整车货物			元 /(t·km)	0.019	0.028	0.033
零担货物			元 /(10 kg·km)	0.000 19	0.000 33	
自轮运转货物			元 /(轴 km)	0.099		
集装箱	20 ft 箱		元 /(箱 km)	0.528 0		
	40 ft 箱		元 /(箱 km)	1.122 0		
	空自备箱	20 ft 箱	元 /(箱 km)	0.264 0		
		40 ft 箱	元 /(箱 km)	0.561 0		

3. 计费重量、运价里程

整车、零担货物铁路建设基金的计费重量按该批运费的计费重量计算,集装箱货物按箱计费。货物运单内分项填记重量的货物,按运费计费重量合并计算。铁路建设基金按国家铁路正式营业线和实行统一运价的运营临管线的运价里程计算。

> 🔷 **铁路建设基金计算**
>
> (1) 2 月 21 日,A 站发往 B 站一件电力设备,重量为 20 t,使用一辆 N_{60}(标记载重量 60 t)的平车装运。A、B 站之间运价里程为 530 km(全程电气化)。
>
> 【解】费率为 0.033,计费重量为 60 t,运价里程为 530 km
>
> 铁路建设基金 $=0.033 \times 60 \times 530 \times 0.991 \times 0.991\ 1$ 元 $=1\ 030.70$ 元
>
> (2) 3 月 9 日,A 站发往 B 站一件金属工具,重量为 38 t,使用一辆 N_{60}(标记载重量 60 t)的平车装运,另使用一辆 N_{17}(标记载重量 60 t)的平车做游车。运价里程为 1 025 km,电化里程为 780 km。
>
> 【解】费率为 0.033,计费重量为 120 t,运价里程为 1 025 km
>
> 铁路建设基金 $=0.033 \times 120 \times 1\ 025 \times 0.991 \times 0.991\ 1$ 元 $=3\ 986.70$ 元

4. 其他规定

铁路建设基金由发站一次核收。国际联运国内段铁路建设基金,出口货物由发站核收,进口货物由国境站核收。免收运费的货物、站界内搬运的货物免收铁路建设基金。

承运后发现托运人匿报、错报货物品名,致使铁路建设基金少收时,到站除按正当铁路建设基金补收差额外,另核收该差额等额的违约金。

二、印花税

印花税是对经济活动和经济交往中书立、领受具有法律效力凭证的行为所征收的一种税,属于铁路代收费用,按运费的万分之五核收。印花税以元为单位,计算到角。税额不足一角的免税,超过一角的四舍五入。

🔹 印花税计算

3 月 9 日,A 站发往 B 站金属工具一件,重量为 38 t,使用一辆 N_{60}(标记载重量 60 t)的平车装运,另使用一辆 N_{17}(标记载重量 60 t)的平车做游车。运价里程为 1 025 km,电化里程为 780 km。

【解】 因运费 =(7 645.30+7 645.30)元 =15 290.60 元(计算过程略,详见超长超限货物运费计算示例),故

$$印花税 =15\ 290.60 \times 0.000\ 5\ 元 =7.60\ 元$$

🖥 课程思政案例:精益求精,显身手争当铁路好"工匠"

货运员小王这天刚接班就接到了一个电话,一位客户有一件长 16 m 的货物要运往广州,问是否可以承运及运费大概是多少。小王在详细询问了货物相关信息后,告知客户可以承运,并按两个车装运粗略核算了费用。客户觉得运费高了,需要考虑一下。放下电话后,小王便向师傅求教,经验老到的师傅马上给了小王两个方案。方案一,询问客户是否还有其他货物要运,若可以一批托运,运费并不会增加,从而能降低单件货物的运费;方案二,如果客户对装运时间无严格要求,可以与别的客户共用游车,从而降低运费。小王马上给客户回电,客户接受了小王的第二个方案,该件超长货物最终以经济合理的方式运至了到站。

工 作 手 册

| 【任务名称】 | 核算超长超限货物运输费 | 参考学时: 2 学时 |

【项目团队】

【任务实施关键点】

工序	工作步骤	实施方案
1. 主游车运费计算	运价里程	
	运价号 / 运价率	
	计费重量	
	电气化费率	
	电化里程	
	主车运费	
	游车运费	

续表

工序	工作步骤	实施方案
2. 其他费用计算	铁路建设基金	
	印花税	

工作笔记:试从货运员身份谈一谈提升业务技能在践行"服务至上"中的重要性。

随堂练习

1. 某货物装车后一级超限,且需限速运行,运费加成( )。

A. 50%   B. 100%   C. 150%   D. 200%

2. 利用游车装运货物时按( )核收游车运费。

A. 游车货物运价率   B. 主车货物运价率

C. 游车与主车货物中高的运价率   D. 平均运价率

3. 运输超重超限货物使用游车时,游车运费( )。

A. 不加成   B. 加成 50%   C. 加成 100%   D. 加成 150%

4. A 站发 B 站锅炉 1 件,重量为 52 t,使用 N_{17} 型平车装运,装车后一级超限,且需限速运行。运价里程为 588 km,电化里程为 135 km,锅炉适用 6 号运价。试计算该件货物运费。

5. 衡阳西装运一件金属结构架,重量为 35 t,使用一辆 N_{16} 型平车(标记载重量 60 t)负重装载,另加挂一辆 N_{16} 型平车做游车,游车上加装了同一发货人的一件设备,货物重量为 5 t。金属结构架适用 5 号运价,装车后二级超限。游车加装设备适用 6 号运价。运价里程为 1 500 km,电化里程为 1 100 km。试计算该批货物运费、铁路建设基金和印花税。

【专项技能 6.4】 整车货物运杂费核算

学习目标

能力目标

能计算整车运输时的运费、铁路建设基金、印花税及相关货运杂费。

知识目标

(1) 掌握特殊情况整车货物运费核收规定。

(2) 了解铁路货运杂费收费项目与收费标准。

(3) 掌握整车货物常见货运杂费项目核收规定。

素质目标

(1) 树立科学严谨的工作态度。

(2) 树立客户服务意识。

 任务下达

> 📦 **阅读后,在工作手册中完成任务。**
>
> 　　3月1日上午10:00,岳阳北站一次送到某石化专用线4辆铁路空罐车 G_{70}(标记载重量62 t),用于装运柴油(铁危编号32150),该专用线有同时作业的能力,17:30分装车作业完毕。每车实际装载重量为55 t,托运人选择保价运输,每车保价20万。运单记事栏记载托运人不支付到站杂费。运价里程为1 409 km,电化里程为1 200 km。假定车站中心线距专用线最长线路终端为7.7 km。
>
> 　　请你以岳阳北站货运员的身份核算应核收的运费(含电气化附加费)、铁路建设基金、取送车费、货车延期占用费、保价费和印花税,并思考若托运人不小心将货物的铁危编号输错,导致该批货物的运费要加成,货运员应如何处理?请说明原因。

 理论学习

〖知识点一〗 特殊情况整车货物运费核收规定

一、快运费

　　按快运办理的货物运费在运价里程及运价号确定时等同于不按快运办理的货物,但其运费计算时按铁路货物运价率表规定的该批货物适用运价率的30%加收快运费。

二、机械冷藏车运费加减成规定

　　(1) 使用铁路机械冷藏车运输,要求途中保持温度 -12℃(不含)以下的货物,按机械冷藏车运价率加20%计费。

　　(2) 途中不需要加温(或托运人自行加温)或制冷的机械冷藏车按机械冷藏车运价率减20%计费。

　　(3) 自备冷藏车、隔热车(即无冷源车)和代替其他货车装运非易腐货物的铁路冷藏车,均按所装货物适用的运价率计费。

🔷 机械冷藏车运费计算

A 站承运一批冻牛肉到 B 站,重量为 38 t,使用一辆 B_{10BT} 型机械冷藏车装运,冻牛肉要求运输途中温度控制在 –15℃以下。运价里程为 380 km,全程电气化。

【解】运费计算如下:

运价号:机械冷藏车,查铁路货物运价率表,基价 1 为 20.0 元/t,基价 2 为 0.140 元/(t·km)。

因要求途中温度控制在 –15℃以下,按机械冷藏车运价率加 20% 计费。

B10BT 规定计费重量为 44 t,货物重量为 38 t,按 44 t 计费。

查铁路电气化附加费费率表,整车货物的电气化费率为 0.007 元/(t·km)。

按现行运价

运费 = $[(20.0+0.140×380)×44×(1+20\%)×0.991×0.991\ 1+0.007×44×380]$元≈ 3 913.10 元

三、危险货物运费加成规定

运输危险货物,根据危险货物的性质、等级按下列规定计费:

(1) 一级毒性物质(剧毒品)按运价率加 100%;

(2) 爆炸品、易燃气体、非易燃无毒气体、毒性气体、一级易燃液体(《分类与代码表》02 石油类除外)、一级易燃固体、一级自燃物品、一级遇水易燃物品、一级氧化性物质、有机过氧化物、二级毒性物质、感染性物质、放射性物质按运价率加 50%。

四、托运人自备或租用铁路机车车辆运输货物的运费

(1) 托运人自备货车或租用铁路货车(不论空重)用自备机车或租用铁路机车牵引时,按照全部列车(包括机车、守车)的轴数与整车 1 号运价率计费。

(2) 托运人自备货车或租用铁路货车装运货物的,用铁路机车牵引,或铁路货车装运货物的,用该托运人机车牵引运输时,按所装货物运价率减 20% 计费。

(3) 托运人的自备货车或租用的铁路货车空车挂运时,按 1 号运价率计费。

(4) 承运人利用自备车回空捎运货物的,按所装货物适用的运价率计费,在货物运单承运人记事栏内注明,免收回空运费。

(5) 自备或租用铁路的客车、餐车、行李车、邮政车、专用工作车挂运于货物列车时,空车按 1 号运价率加 100% 计费;装运货物时按其适用的运价率加 100% 和标记载质量计费。但换长 1.5 m 以下的专用工作车不装货物时不加成。随车人员按押运人乘车费收费。

🔷 按轴计费计算示例

株洲北卸后回送 5 辆中石化自备空罐车(均为 4 轴)。运价里程为 278 km,电化里程为 265 km。请计算其运费。

【解】运费计算如下：

　　企业自备车空车挂运，按 1 号运价率计费，为 0.525 元 /(轴 km)。

　　自轮运转货物电气化附加费率为 0.021 元 /(轴 km)。

　　按现行运价

　　运费 =(0.525×4×5×278×0.991×0.991 1+0.021×4×5×265) 元 ≈ 2 978.30 元

五、自备货车装备物品及集装用具的回送费

(1) 托运人自备的货车装备物品(禽畜架、篷布支架、饲养用具、防寒棉被、粮谷挡板)、支柱等加固材料和运输长大货物用的货物转向架、活动式滑枕或滑台、货物支架、座架及车钩缓冲停止器，凭收货人提出的特价运输证明书回送时，不核收运费。

(2) 托运人自备的可折叠(拆解)的专用集装箱、集装笼、托盘、网络、货车篷布，以及装运卷钢、带钢、钢丝绳的座架、玻璃集装架和爆炸品保险箱及货车围挡用具，凭收货人提出的特价运输证明书回送时，整车按 2 号运价率计费。

六、特殊形式整车运输运费

(1) 站界内搬运的货物，按实际运输里程(不足 1 km 的尾数进整为 1 km)和该货物适用的运价率计算运费，不另收取送车费。

(2) 途中装卸货物，不论托运人、收货人要求在途中装卸地点的前方或后方货运站办理托运或领取手续的，途中装车均按后方货运站计算运价里程；途中卸车均按前方货运站计算运价里程，不另收取送车费。

(3) 整车分卸的货物，按照发站至最终到站的运价里程计算全车运费和押运人乘车费。

七、运价率同时加减成时的处理规定

一批或一项货物，运价率适用两种以上减成率来计算运费时，只适用其中较大的一种减成率；适用两种以上加成率时，应将不同的加成率相加之和作为适用的加成率；同时适用加成率和减成率时，应以加成率和减成率相抵后的差额作为适用的加(减)成率。

〖知识点二〗 铁路货运杂费

一、铁路货运杂费的收费项目与标准

铁路货运杂费是指铁路运输的货物自承运至交付时的全过程中，铁路运输企业向托运人、收货人提供辅助作业和劳务，以及托运人或收货人额外占用铁路设备、使用用具和备品所发生的费用。

1. 收费项目

铁路货运杂费目前共 26 项,可分为四大类:

(1) 货运营运杂费,如集装箱使用费、接取送达费、押运人乘车费、保价费、取送车费、机车作业费、货物装卸作业费等。

(2) 延期使用运输设备、违约及委托服务杂费,如货车延期占用费、集装箱延期使用费、货车篷布延期使用费、违约金、仓储费等。

(3) 租、占用运输设备杂费,如合资 / 地方铁路及在建线货车占用费,合资 / 地方铁路货车篷布占用费、自备或租用货车停放费、车辆使用服务费、路产专用线使用服务费等。

(4) 国际铁路联运进出货物国内段的运输杂费,如换装费、声明价格费、换轮费等。

2. 收费标准

铁路货运杂费按实际发生的项目和铁路货运杂费费率表(见表 6.6)的规定核收。

$$杂费 = 杂费费率 × 杂费计费单位$$

各项杂费不满一个计算单位的,均按一个计算单位计算(另定者除外)。杂费的尾数不足 1 角时按四舍五入处理。

表 6.6 铁路货运杂费费率表

序号	收费项目			单位	费率
1	集装箱使用费	20 ft 通用集装箱	运价里程 250 km 以内	元 / 箱	35
			运价里程 251 km 以上每增加 100 km 加收(不足 100 km 的部分按 100 km 计算)	元 / 箱	6
		40 ft 通用集装箱	运价里程 250 km 以内	元 / 箱	70
			运价里程 251 km 以上每增加 100 km 加收(不足 100 km 的部分按 100 km 计算)	元 / 箱	12
2	接取送达费	整车货物	起码里程 10 km 的费率	元 /t	13
			超过起码里程后费率	元 /(t·km)	0.6
		零担货物	起码里程 10 km 的费率	元 /(100 kg)	1.3
			超过起码里程后费率	元 /(100 kg·km)	0.06
		20 ft 箱	起码里程 10 km 的费率	元 / 箱	300
			超过起码里程后费率	元 /(箱 km)	20
		40 ft 箱	起码里程 10 km 的费率	元 / 箱	450
			超过起码里程后费率	元 /(箱 km)	30
3	押运人乘车费			元 /(人百 km)	3
4	货物保价费	按《铁路货物保价运输办法》的规定核收			
5	取送车费	整车		元 /(车 km)	8.1
		20 ft 箱		元 /(箱 km)	4.05
		40 ft 箱		元 /(箱 km)	8.1

续表

序号	收费项目		单位	费率
6	机车作业费		元/(0.5 h)	90
7	货物装卸作业费	按《铁路货物装卸作业计费办法》《铁路门到门运输一口价实施办法(暂行)》的规定核收		
8	装载加固材料使用服务费	按所用材料成本价加15%核收		
9	换装费	进口货物在国境站的换装费:整车普通货物为16元/t,其中炭黑、沥青、焦油及按危险货物运送条件运送的货物为32元/t。集装箱按国内标准规定计算。笨重货物的换装费率,整车货物每件重量501~1 000 kg的为18元/t,1 001~3 000 kg的为22元/t,3 00 1~5 000 kg的为28元/t,5 001~8 000 kg的为35元/t,8 001~15 000 kg的为42元/t,15 001~20 000 kg的为52元/t,20 001~80 000 kg的为68元/t,超过80 t的为80元/t;笨重危险货物按上述标准加50%计算。发送路用专用货车装运的小轿车,换装费按24元/t计算。液体货物的换装费率,原油为(按货物重量,以下同)22元/t,每年11月1日至次年3月31日的冬季换装作业需加温时,加收8元。剧毒品加收100元/t,有毒品加收60元/t,其他液体货物加收50元/t		
10	声明价格费	按运单记载的声明价格的3‰计算		
11	换轮作业费		元/轴	319
12	货车延期占用费	机械冷藏车	1~10 h	元/(车h)	10
			11~20 h	元/(车h)	20
			21~30 h	元/(车h)	30
			30 h以上	元/(车h)	40
		罐车	1~10 h	元/(车h)	6.5
			11~20 h	元/(车h)	13
			21~30 h	元/(车h)	19.5
			30 h以上	元/(车h)	26
		其他货车	1~10 h	元/(车h)	5.7
			11~20 h	元/(车h)	11.4
			21~30 h	元/(车h)	17.1
			30 h以上	元/(车h)	22.8
		D型长大货物车		元/(t 日)	6.5
13	集装箱延期使用费	20 ft箱	元/(箱日)	60
		40 ft箱	元/(箱日)	90
14	货车滞留费	1~5日	元/(车日)	120
		6~10日	元/(车日)	240
		从第11日起	元/(车日)	480
		危险货物货车滞留费在上述标准基础上每车每日另加10%计算		

续表

序号	收费项目		单位	费率
15	违约金	承运后发现托运人匿报、错报货物品名填写运单,致使货物运费减收或危险货物匿报、错报货物品名按一般货物运输时,按批核收全程正当运费二倍的违约金		
16	运杂费迟交金	按运杂费(包括垫付款)迟交总额的 1‰核收		
17	赔偿费	车辆配件赔偿费	按铁路运输企业内部零部件价格和车辆维修费用标准执行		
		篷布赔偿费	按当年篷布购置价格赔偿		
		集装箱赔偿费	丢失或因损坏报废时,按市场重置价格赔偿;损坏时,按实际发生费用(包括修理费、修理回送费、延期使用费及吊装搬运费等)赔偿		
18	仓储费	承运前交付后	整车货物	元/(车日)	150
			零担货物	元/(100 kg 日)	1.5
			20 ft 箱	元/(箱日)	75
			40 ft 箱	元/(箱日)	150
		仓储服务时	20 ft 箱	元/(箱日)	75
			40 ft 箱	元/(箱日)	150
			其他货物	元/(t 日)	2.5
19	合资、地方铁路及在建线货车占用费	冷藏车	元/(车 h)	6.5
		D 型长大货物车	元/(车 h)	10
		其他货车	元/(车 h)	5.7
20	合资、地方铁路货车篷布占用费	D 型篷布	元/(张日)	60
		其他篷布	元/(张日)	30
21	自备或租用货车停放费		元/(车日)	40
22	车辆使用服务费	在营业线上	冰冷车、家畜车	元/(t 日)	4
			罐车、散装水泥车、粮食专用车	元/(t 日)	3.6
			其他货车(机冷车、D 型长大货物车除外)	元/(t 日)	3
		在专用线、专用铁路上	冰冷车、家畜车	元/(t 日)	8
			罐车、散装水泥车、粮食专用车	元/(t 日)	7.2
			其他货车(机冷车、D 型长大货物车除外)	元/(t 日)	6
		机械冷藏车	单节型	元/(车日)	160
			5 辆型	元/(车组日)	660
			9 辆型	元/(车组日)	1 320
		长大货物车	标记载重量 180 t 以上	元/(t 日)	8.6
			标记载重量不足 180 t	元/(t 日)	5

续表

序号	收费项目		单位	费率
23	机车使用服务费	普通型	元/(台日)	3 050
		双节型	元/(台日)	6 100
24	路产专用线使用服务费		元/(延米年)	200
25	货运场地使用服务费	仓库	元/(m³月)	6
		带雨棚站台	元/(m³月)	4
		露天站台	元/(m³月)	3
		露天场地(货位)	元/(m³月)	2

二、取送车费

用铁路机车往专用线、货物支线(包括站外出岔)或专用铁路的站外交接地点调送车辆时,核收取送车费。铁路货运杂费费率表(表6.5)规定了整车和集装箱的取送车费率,其中整车的取送车费率为8.1元/(车km)。

计算取送车费的里程应自车站中心线起算,到交接地点或专用线最长线路终端止,里程往返合计(不足1 km的尾数进整为1 km),取车不另收费。

专用线取送车,由于货物性质特殊或设备条件等原因,托运人、收货人要求加挂隔离车时,隔离车按需要使用的车数核收取送车费。

托运人或收货人使用铁路机车进行取送车辆以外的其他作业时,另核收机车作业费。

> ❖ 取送车费计算
>
> 某专用线一批的作业能力为6车。A站于某年4月10日上午9:00将5车到达的棚车货物送入约定的卸车地点,次日13:40卸完。车站中心线距专用线最长线路终端为11.2 km。取送车费计算如下:
>
> 取送车里程 =11.2×2 km=22.4 km≈23 km
>
> 取送车费 =8.1×5×23元=931.50元

三、货车延期占用费

货车延期占用费是对超过规定占用时间标准的,额外占用铁路货车所增加成本的补偿。这里的铁路货车包括专用线内(包括铁路的段管线、厂管线)、专用铁路内的铁路货车和其他根据规定由托运人、收货人自行组织装卸的铁路货车。

1. 计费时间的确定

专用线及其他根据规定由托运人、收货人自行组织装卸货车时,货车延期占用费计费时间,等于自铁路将货车送到规定的装卸车地点交给企业时起,至企业通知该批货车装卸完交给铁路时止的时间,减去该批货车占用时间的标准值。

专用铁路货车延期占用计费时间,等于自铁路将货车送到约定的交接地点交给企业时起,至企业将货车送回约定的交接地点交给铁路时止的时间,减去该专用铁路货车占用时间的标准值。

专用线、专用铁路货车现行最低免费时间标准为装车时 4.5 h、卸车时 4 h。货车延期占用费计费时间不足 1 h 的部分,不足 0.5 h 不计算,达到或超过 0.5 h 的按 1 h 计算。如一批货车中占用时间标准不同,则按其中最长占用时间标准计算。

2. 货车延期占用费的计算

货车延期占用费 = Σ 各时间档货车延期占用费率 × 该时间档货车延期占用计费时间

货车延期占用费率见铁路货运杂费费率表(表 6.5)的规定,机械冷藏车、罐车、D 型长大货物车与其他货车的延期占用费率各不相同,且都分为 4 个时间档次。

> ❖ **货车延期占用费计算**
>
> 某专用线一批的作业能力为 6 车。A 站于某年 4 月 10 日上午 9:00 将 5 车到达的棚车货物送入约定的卸车地点,次日 13:40 卸完。货车延期占用费计算如下:
>
> (1) 4 月 10 日上午 9:00 送入卸车地点 5 车,4 月 11 日 13:40 卸完,作业时间共 28 h 40 min。
>
> (2) 减去卸车作业时间标准 4 h,计费时间为 24 h 40 min,按 25 h 核收。
>
> (3) 查找对应费率计算可得
>
> 货车延期占用费 =(10×5×5.7+10×5×11.4+5×5×17.1)元 =1 282.50 元

四、保价费

1. 保价费的计算

托运人在托运货物时可以自愿选择保价运输服务,并缴纳保价费。

货物保价费按货物保价金额和规定的保价费率计算。其中,保价金额即为货物运单"货物价格"栏内填写的金额;保价费率分为五个基本级和两个特定级,一级为 1‰,二级为 2‰,三级为 3‰,四级为 4‰,五级为 6‰,特六级为 10‰,特七级为 15‰。

2. 特殊情况的处理

(1) 批量货物快运保价费率按照相应的整车货物保价费率计算。

(2) 冷藏车装运的需要制冷的货物,均按该货物保价费率的 50% 计算。

(3) 超限、超重货物均按该货物的保价费率加收 50% 计算。

(4) 特快、快速货物班列货物混装时,保价费率按全批货物实际价格的 3‰ 计算。

(5) 仅仓储的保价费率按该货物保价费率的 50% 计算。

(6) 对于集装箱,35 t 敞顶箱按所装货物适用的整车保价费率,其他箱型按 3‰(货物代码 2431 类课本按 1‰)。

(7) 零散货物快运的保价费率按照 3‰ 计算(保价金额在 1 000 元以下的按 3 元 / 批核收)。

(8) 一口价运输等业务中的保价费率另有规定的,按规定执行。

（9）各铁路运输企业可结合管内具体情况依货物保价费率表的规定浮动费率。

📦 **保价费计算**

A 站承运一批蔬菜到 B 站,重量为 38 t,使用一辆 B_{10BT} 型机械冷藏车装运,托运人选择保价运输,保价 50 000 元。试计算其保价费。

【解】查《铁路保价运输规则》附件 1 货物保价费率表可知,蔬菜的保价费率为 10‰。

因使用机械冷藏车装运,按该货物保价费率的 50% 计算,故按 5‰ 计算保价费。

保价费 = 50 000 × 5‰元 = 250.00 元

🖥 **课程思政案例:诚信待人,以服务货主为己任**

货运员小王在为一批批量零散快运货物制票时,发现货物品名栏填写的是混装货物,而该客户又勾选了保价运输服务,于是他便向客户解释了铁路保价费的核收规定,即保价费率不同的货物按一批托运时,若分项填记品名及保价金额,保价费分别计算;若合并填记品名及保价金额,则按其中最高的保价费率来计算保价费。小王建议货主重新填写货物运单,将混装货物按具体品名分项填记,该客户欣然接受了小王的建议。虽然增加了自己的工作量,最后核收的保价费也少了一些,但小王觉得心里特别踏实。

工 作 手 册

【任务名称】	整车货物运杂费核算		参考学时：　2　学时

【项目团队】

【任务实施关键点】

工序	工作步骤	实施方案
1	运费计算	
2	铁路建设基金计算	
3	取送车费计算	
4	货车延期占用费计算	
5	保价费计算	
6	印花税计算	
7	费用合计	

工作笔记:试从货运员身份谈一谈如何践行诚信待人,真正做到"服务至上"。

随堂练习

1. 铁路运输一级毒性物质(剧毒品)的运价率加(　　)。

A. 50%　　　　　B. 100%　　　　　C. 150%　　　　　D. 200%

2. 计算取送车费的里程,应自车站中心线起算,到交接地点或专用线最长线路终端止,里程往返合计,不足 1 km 的尾数(　　),取车不另收费。

A. 进整为 1 km　　B. 舍去　　　　C. 四舍五入　　　D. 保留 1 位小数

3. 专用线、专用铁路货车现行最低免费时间标准为装车时(　　)h、卸车时(　　)h。

A. 4.5/4.5　　　　B. 4/4　　　　　C. 4.5/4　　　　　D. 4/4.5

4. A 站承运一批冻肉到 B 站,使用 B_{21} 型机械冷藏车组装运,四辆装货,每车装 40 t 货物。途中需保持温度在 −15℃。托运人选择保价运输,保价 20 万元。运价里程为 790 km,电气化里程为 580 km。试计算运费和保价费。

5. A 站于 3 月 2 日上午 10 :00 将 3 车玉米(敞车)和 3 车柴油(罐车)送入某专用线,次日中午 12 :30 卸完。该专用线一次卸车作业能力为 8 车,车站中心线距专用线最长线路终端为 9.8 km。试计算取送车费和货车延期占用费。

【专项技能 6.5】 集装箱、零散货物运输费用核算

 学习目标

能力目标

能计算集装箱运输时的运费、铁路建设基金、印花税及相关货运杂费。

知识目标

(1) 掌握集装箱运费核收规定。

(2) 掌握集装箱铁路建设基金、印花税及常见杂费项目的核收规定。

(3) 掌握零散货物计费重量的确定。

素质目标

(1) 树立科学严谨的工作态度和遵章守纪的工作作风。

(2) 树立客户服务意识。

任务下达

🔷 阅读后,在工作手册中完成任务。

　　某站承运 2 个 35 t 的通用箱,内装货物为服装,保价 5 万元。货主在站内装箱,约定装箱

日期为 3 月 5 日,但因备货出现问题,3 月 7 日才装箱完毕。运价里程为 1 578 km,电化里程为 1 258 km。

　　请你以该站货运员的身份计算应核收的运费、铁路建设基金、保价费、集装箱使用费、集装箱延期使用费和印花税,并思考若此次货物按中欧班列计费会涉及哪些铁路货运杂费项目?

 **理论学习**

〖知识点一〗　集装箱运费核收规定

一、集装箱运价号和运价率

1. 通用箱型

　　铁路集装箱运输有 20 ft 箱和 40 ft 箱两个运价号。铁路货物运价率表(表 6.1)规定的 20 ft 箱基价 1 为 440 元 / 箱,基价 2 为 3.185 元 /(箱 km),40 ft 箱基价 1 为 532 元 / 箱,基价 2 为 3.357 元 /(箱 km)。

2. 其他箱型箱类

　　除了通用集装箱,铁路运输中还有干散货箱、罐式箱、冷藏箱等其他箱型箱类,其运价需在基准箱型上加成。常用集装箱箱型箱类运价加成比率见表 6.7 所示。

表 6.7　常用集装箱箱型箱类运价加成比率

箱型箱类	对照箱型	运费加成
20 ft 干散货箱	20 ft 通用箱	不加成
20 ft 罐式集装箱		+5%
35 t 通用集装箱		+20%
20 ft 冷藏箱(使用 BX 型车提供在途供电时)		+30%
20 ft 35 t 敞顶箱	按整车运价率计费	
40 ft 罐式集装箱	40 ft 通用箱	30%
40 ft 冷藏箱(使用 BX 型车提供在途供电时)		40%

　　在以上箱型箱类中,20 ft 35 t 敞顶箱比较特殊,其运费按所装货物适用的整车运价号、运价率及运价里程计费,计费重量与整车保持一致,装运焦炭、钢铁(货物代码 0520、0530、0571、0573、0574

类)、木材时仍按实重计算,装运其他货物时计费重量按 32 t 计算;其他货运杂费比照 20 ft 通用集装箱标准执行。

3. 其他规定

(1) 装运一级毒性物质(剧毒品)的集装箱按规定的运价率加 100% 计算;装运爆炸品、易燃气体、非易燃无毒气体、毒性气体、一级易燃液体(《分类与代码表》02 石油类除外)、一级易燃固体、一级自燃物品、一级遇水易燃物品、一级氧化性物质、有机过氧化物、二级毒性物质(有毒品)、感染性物质、放射性物质的集装箱,按规定的运价率加 50% 计算。装运危险货物的集装箱按上述两款规定适用两种加成率时,只适用其中较大的一种加成率。

(2) 自备集装箱空箱运价率按重箱运价率的 40% 计算。20 ft 35 t 敞顶箱自备箱以空箱在到站回空且回空距离不超过重箱运距时,暂免回空运费;自备箱回空距离超过重箱运距时,超出部分按通用箱的重箱运价率 10% 计算。

(3) 承运人利用自备集装箱回空捎运货物,按集装箱重箱适用的运价率计费,在货物运单铁路记载事项栏内注明,免收回空运费。

二、运费计算公式

集装箱货物的运费按照使用的箱数和集装箱运价率计算,其公式如下:

$$集装箱运费 =(基价 1+ 基价 2 \times 运价里程) \times 箱数$$

根据运价下浮政策,目前实际核收的运费需在原公式基础上乘以 0.991 1,即:

$$集装箱运费 =(基价 1+ 基价 2 \times 运价里程) \times 箱数 \times 0.991 1$$

尾数不足 1 角时按四舍五入处理。

> 📦 **集装箱运费计算**
>
> (1) 某年 2 月 24 日,A 站发 2 个 20 ft 的铁路通用集装箱到 B 站,每箱装运货物重 20 t,运价里程为 1 250 km。该批集装箱运费计算如下:
>
> 集装箱运费 =(440+3.185×1 250)×2×0.991 1 元 =8 763.80 元
>
> (2) 某年 2 月 25 日,A 站发 1 个 40 ft 的罐式集装箱到 B 站,运价里程为 2 030 km。该批集装箱运费计算如下:
>
> 集装箱运费 =(532+3.357×2 030)×1×(1+30%)×0.991 1 元 =9 465.70 元

〖知识点二〗 集装箱运输其他费用

一、铁路建设基金和印花税

集装箱运输铁路建设基金的核收同整车运输,按铁路建设基金费率表(表 6.4)规定的费率核收。但根据运价下浮政策,目前集装箱运输实际核收的铁路建设基金需在原公式基础上乘 0.991 1,即

$$铁路建设基金 = 费率 \times 箱数 \times 运价里程 \times 0.991\ 1$$

铁路代收的印花税同样按运费的 5‰ 核收。

二、货运杂费

铁路集装箱运输涉及的货运杂费主要包括集装箱使用费、集装箱延期使用费、接取送达费、保价费、取送车费、装卸费、仓储费等项目,按实际发生的项目和铁路货运杂费费率表(表 6.5)的规定核收。下面以集装箱使用费和延期使用费为例进行详细介绍。

1. 集装箱使用费

使用铁路集装箱装运货物时,铁路向托运人核收集装箱使用费。对 20 ft 通用集装箱,运价里程 250 km 以内的按 35 元 / 箱核收,运价里程 251 km 以上的每增加 100 km 加收(不足 100 km 的部分按 100 km 计算)6 元 / 箱;40 ft 通用集装箱的使用费按 20 ft 通用集装箱的 2 倍计算,即运价里程 250 km 以内的按 70 元 / 箱核收,运价里程 251 km 以上的每增加 100 km 加收(不足 100 km 的部分按 100 km 计算)12 元 / 箱。

铁路罐式集装箱使用费按同规格通用集装箱使用费加 200% 核收;铁路冷藏集装箱使用费按同规格通用集装箱使用费加 300% 核收;使用铁路集装箱装运危险货物时,按集装箱使用费加 20% 核收。

> ◆ **集装箱使用费计算**
>
> (1) 某年 2 月 24 日,A 站发 2 个 20 ft 的铁路通用集装箱到 B 站,每箱装运货物重 20 t,运价里程为 1 250 km。该批集装箱使用费计算如下:
>
> (1 250–250)km=1 000 km,共 10 个 100 km。
>
> 集装箱使用费 =(35+6×10)×2 元 = 190 元
>
> (2) 某年 2 月 25 日,A 站发 1 个 40 ft 的罐式集装箱到 B 站,运价里程为 2 030 km。该批集装箱使用费计算如下:
>
> (2 030–250)km=1 780 km
>
> 因不足 100 km 的部分按 100 km 计算,故有 18 个 100 km。
>
> 集装箱使用费 =(70+12×18)×(1+200%)×1 元 = 858 元

2. 集装箱延期使用费

集装箱延期使用费的收费标准为 20 ft 箱 60 元 /(箱日),40 ft 箱 120 元 /(箱日)。

《铁路集装箱运输规则》规定,托运人或收货人使用铁路箱超过下列期限,自超过之日起核收集装箱延期使用费:

(1) 站内装箱的,应于约定进货日期当日装完;站内掏箱的,应于领取的当日掏完。

(2) 到达的集装箱,应于承运人发出领货通知的次日起算,2 日内领取集装箱。

(3) 集装箱门到门运输重去空回或空去重回时,应于领取的次日送回;重去重回时,应于领取的 3 日内送回。铁路局集团公司可延长本款规定的集装箱出站免费使用期限,但最长不得超过领取的 7 日内。

（4）集装箱出站的，因托运人原因空去空回时，应于出站之日起核收集装箱延期使用费。

〖 知识点三 〗 零散货物运输费用

一、原零担货物运费核收规定

1. 运价号和运价率

铁路原零担货物运输有 2 个运价号，分别为 21 号和 22 号。铁路货物运价率表（见表 6.1）规定的 21 号运价基价 1 为 0.22 元 /10 kg，基价 2 为 0.001 11 元 /10（kg·km），22 号运价基价 1 为 0.28 元 /10 kg，基价 2 为 0.001 55 元 /10（kg·km）。

2. 计费重量

零担货物按货物重量或货物体积折合重量择大计费，即每立方米重量不足 500 kg 的轻浮货物，按每立方米体积折合重量 500 kg 计算，但某些有规定计费重量的货物或"童车""室内健身车"等裸装运输时除外。

3. 运费计算公式

零担货物运费 =（基价 1+ 基价 2× 运价里程）× 计费重量 /10

尾数不足 1 角时按四舍五入处理，零担货物的起码运费每批 2.00 元。

二、零散货物运费核收规定

1. 计费重量的确定

零散货物的计费重量按货物重量和货物体积折算重量择大确定，零散货物以 10 kg 为单位，不足 10 kg 进为 10 kg。

（1）对每立方米不足 333 kg 的轻泡货物，按每立方米折算 333 kg 作为计费重量。

（2）对每立方米 333 kg 及以上的重质货物，按实重计费。

目前，体积折算重量标准暂时按每立方米折合 250 kg，具体实施由各铁路局集团公司结合实际确定。

> 🔷 **零散货物计费重量确定**
>
> A 站承运一批袋装棉花，重量为 265 kg，体积为 1.5 m³，按零散货物快运办理。其计费重量计算如下：
>
> 体积折合重量：333×1.5 kg=499.5 kg
>
> 体积折合重量大于货物实际重量，按体积折合重量计费，并进为 500 kg，记为"尺 500"。

2. 快运价格

零散货物快运执行快运价格体系是铁路货运市场化定价的有益尝试。各铁路局集团公司利用价格浮动手段，保持批量与整车、集装箱与零散的合理比价，以稳定和拓展零散白货市场，提高整体运输效益。

📧 **课程思政案例:家国情怀,做好"一带一路"上"驼队"的一员**

　　经过一段时间的工作,货运员小王已基本熟悉铁路货票系统的操作,作业效率也得到了大大提高。今天早上,小王从同事口中得知筹备许久的中欧班列终于要在本站开行了。中欧班列是往来于中国与欧洲及"一带一路"沿线各国的集装箱国际铁路联运班列,有着不同于国内班列的计费方式,也有着不同于国内运输的组织方式。它的开行意味着小王要再次学习货票系统的操作,其他岗位的同事们也要学习中欧班列运输组织的相关内容,但大家还是非常高兴,因为中欧班列快速发展的背后是共建丝绸之路经济带倡议的落实,是世界听到中国声音的表现。作为"一带一路"上"驼队"的一员,小王和同事们感到非常自豪。

工 作 手 册

【任务名称】　　　　　　　集装箱运输费用的核算　　　　　　　参考学时:　2　学时

【项目团队】

【任务实施关键点】

工序	工作步骤	实施方案
1	运费计算	
2	铁路建设基金计算	
3	保价费计算	
4	集装箱使用费计算	
5	集装箱延期使用费计算	
6	印花税计算	
7	费用合计	

工作笔记:试从货运工作方面谈一谈你对"做好'一带一路'上'驼队'的一员"的理解。

💻　　**随堂练习**

　　1. 20 ft 35 t 通用集装箱运价率按 20 ft 通用箱运价率加(　　　)计费。

　　A. 5%　　　　　　　　B. 20%　　　　　　　　C. 30%　　　　　　　　D. 40%

2. 零散货物的计费重量按（　　　）确定。

A. 货物重量

B. 规定计费重量

C. 体积折合重量

D. 货物重量和货物体积折合重量择大

3. 按现行规定,铁路对每立方米不足(　　　)kg 的货物判定为轻泡货物。

A. 300　　　　　　　B. 333　　　　　　　C. 500　　　　　　　D. 555

4. 托运人拟使用 1 个 40 ft 的铁路机械冷藏箱装运蔬菜,要求用 BX 型车供电运输,发到站间运价里程为 755 km,试计算该集装箱的运费、铁路建设基金、集装箱使用费和印花税。

5. A 站 2 个 20 ft 的铁路罐式集装箱发到 B 站,每箱装运货物重量为 20 t,共保价 25 万,运价里程为 1 320 km。试计算该批集装箱的运费、铁路建设基金、集装箱使用费、保价费和印花税。

项目七
铁路货物损失处理与理赔

 教学目标

能力目标
能运用规章处理货物损失工作。

知识目标
(1) 了解货物损失的种类与等级,掌握货物损失处理的程序和内容。

(2) 了解货运记录的种类与等级,掌握货运记录的编制方法。

(3) 了解货物损失的赔偿程序与内容。

(4) 了解货物保价运输的相关规定。

素质目标
树立"安全第一、预防为主"的工作观念,培养"客户至上"的服务意识。

【专项技能 7.1】 铁路货物损失工作

 ## 学习目标

能力目标

正确编制货运记录和普通记录。

知识目标

（1）了解货物损失工作的原则和要求。

（2）掌握货物损失的分类及等级划分。

（3）掌握普通记录与货运记录的编制方法。

素质目标

培养规范作业的工作习惯。

任务下达

> ◆ 阅读后，在工作手册中完成任务。
>
> 　　2 月 19 日，××站货运安全室召开月度安全例会，总结了本月度本站的货物损失情况：① 洗煤区仓库起火，造成货物损失，价值 3 000 元；② 新厂区货物不明丢失，造成货物损失，价值 10 000 元；③ 集装箱货物丢失，有封印破坏等人为被盗痕迹，造成货物损失，价值 60 000 元；④ 货场内叉车卸车，对货物从叉车上摔下，造成货物破损，价值 870 元；⑤ 货运员将价值 150 000 元的货物误交付给其他收货人；⑥ 到达本站的一车大豆，车号为 P_{70} 331289771，卸车时货物实际数量有 1 160 件，短少 40 件。
>
> 　　请以该站货物损失处理人员的身份分析前 5 种情况所述货物损失的种类与等级，为最后一车大豆编制一份记录（其他未给定信息自拟），并谈一谈长期面对品类繁杂、批次众多的货物清点工作如何始终保持严谨、细致的工作态度。

 理论学习

微课
认识铁路货
物损失工作
(包括知识点
一、二)

〖 知识点一 〗 铁路货物损失的工作管理

一、货物损失处理工作原则

铁路货物损失处理工作应贯彻"预防为主、及时处置、优质服务"的方针,遵循以下相关政策和要求:

(1) 铁路货物损失处理工作应分层管理、逐级负责。对货物损失发生的原因和责任认定,应调查研究,查清事实,根据国家法律、行政法规及国铁集团的有关规定进行处理。

(2) 铁路货物损失处理工作应本着对托运人和收货人高度负责的态度,对明确属于承运人责任的,应坚持"先对外赔付、后划分铁路内部责任"的办法,做到主动、及时、真实、合理。

(3) 铁路货物损失处理工作应坚持"货物损失原因不查清不放过、责任者得不到处理不放过、整改措施不落实不放过、教训不吸取不放过"的"四不放过"的原则。

二、货物损失处理工作管理

1. 人员配置及要求

铁路货物损失处理工作由精通业务、作风正派的车站专(兼)职人员担任,需具备三年以上货运工作经验、中级及以上专业资质及一定的计算机操作能力。一般情况下,该项工作由车站货物损失处理人员担任,对不设置货物损失处理人员岗位的车站由货装值班员或车站其他管理人员兼任。货物损失处理工作人员应坚持秉公办事的原则,履行货物损失勘查、调查、定责、理赔、分析和统计上报等工作职责。

2. 设备配置及要求

铁路局集团公司及所属车务段、直属站、货运中心、专业运输公司及分公司负责货物损失处理工作的部门应配备计算机、打印机、复印机、传真机、数码相机、高拍仪、移动终端等设备,负责货物损失处理的人员应配备移动终端设备,实现快速理赔,满足客户网上办理索赔的需求,确保及时处理货物损失工作。

3. 特殊情况的办理

(1) 国际联运国内段货物发生损失,属于铁路责任的,国内托运人或收货人提出赔偿要求时,按《铁路货物损失处理规则》等有关规定处理;国外托运人或收货人提出赔偿要求时,按《国际铁路货物联运协定》规定办理。

(2) 办理了保价运输的货物发生损失的,按保价运输有关规定办理。

〖知识点二〗 货物损失的分类

一、货物损失的定义

自铁路运输企业接收货物时起,至将货物交付收货人时止的运输过程中,发生货物的灭失、短少或损坏,被称为货物损失。其中,铁路运输企业接收货物是指承运人在车站、托运人货物存放地点或在约定的交接地点交接货物完毕。货物交付收货人是指承运人在约定的交接地点、货场内交接地点交接货物完毕或将货物送达指定地点由收货人签收完毕。

二、货物损失的种类

货物损失分为五类,分别为火灾、被盗(有被盗痕迹)、丢失(全批未到或部分短少、漏失,没有被盗痕迹)、损坏(破裂、变形、磨伤、摔损、部件破损、湿损、冻损、腐烂、植物枯死、活动物死亡、变质、污染、染毒等)及其他(因办理差错及其他原因造成的货物损失)。

三、货物损失的等级

货物损失等级的划分以货物损失款额为标准。货物损失款额是指直接损失款额,包括货物金额、货物税款、包装费用和已发生的运输费用等。货物损失分为一级、二级、三级及轻微损失四个等级,其具体划分标准见表7.1。

表 7.1 货物损失等级划分标准

货损等级	一级损失	二级损失	三级损失	轻微损失
货物损失款额	10 万元以上	1 万元以上 未满 10 万元	1 000 元以上 未满 1 万元	未满 1 000 元

四、办理差错

铁路运输过程中发生误办理(违反营业办理限制、停限装命令)、误运送、误交付、货物与票据信息不符、无货物或无票据信息等情况,但未构成货物损失的,属于办理差错。

发生办理差错时,发现站应根据具体情况能够采用拍发电报、编制记录、电话联系等方式,及时采取措施、纠正错误、减少损失。相关车站应予以积极配合,对推诿扯皮、处理不积极造成货物损失及损失程度扩大的,追究责任单位的责任。

1. 误办理、误运送的处理

发生误办理、误运送时,发现站应及时联系发站,由其提出处理意见,如需回送发站或运送到正确到站时,由发现站编制货运记录,货物凭货运记录运送。

2. 误交付的处理

误交付是指将货物交付给不正确的收货人,发站拍发的更正收货人电报不能作为变更收货人的依据,也属于误交付的情形。发生误交付时,由交付站负责追回货物,交予正确的收货人。若因发站责任造成了误交付时,发站应积极配合到站处理。

3. 货物与票据信息不符的处理

发生有票据信息无货物、有货物无票据信息、货物与票据均有但信息不符这三种情形的,属于货物与票据不符。发现站应扣车并组织调查,根据不同情况分别采取措施,及时处理。

〖 知识点三 〗 记录的编制

微课
认识记录

一、普通记录

1. 普通记录的样式

普通记录是指在没有发生货物损失的前提下,作为铁路内部在办理交接检查作业时,发现货物(车、箱)有异状的,需要证明交接现状的证明文件,不得作为对外的证明。普通记录样式见表 7.2。

表 7.2　普通记录样式

No.＿＿＿＿＿＿＿＿＿

发站＿＿＿＿＿＿　发公司＿＿＿＿＿　托运人＿＿＿＿＿＿＿＿＿＿＿＿＿＿＿＿.
到站＿＿＿＿＿＿　到公司＿＿＿＿＿　收货人＿＿＿＿＿＿＿＿＿＿＿＿＿＿＿＿.
运单号码＿＿＿＿＿＿＿＿＿＿＿　车种车型＿＿＿＿＿　车号＿＿＿＿＿＿＿＿.
货物名称＿＿＿＿＿＿＿＿＿＿＿
于＿＿年＿＿月＿＿日＿＿时＿＿分第＿＿＿＿＿次列车到达

发生的事实情况或车辆技术状态	新车号 1		新车号 2		新车号 3	
	新封号 1		新封号 2		新封号 3	
	新重量 1		新重量 2		新重量 3	
					厂修	
					段修	
					辅检	

参加人员:
车　　站:
车 辆 段:
其　　他:　　　　　　　　　　　　　　单位戳记

　　　　　　　　　　　　　　　　　　　　　　　　年　　　月　　　日

2. 普通记录的适用情形

遇有下列情况之一,须编制普通记录:

(1) 发生《货规》《管规》及其引申规则办法中所规定需要编制的情况时。

(2) 货物损失涉及车辆技术状态时。

(3) 货车发生换装整理时。

(4) 集装箱封印失效、丢失或封印站名、号码与票据信息不一致或未按规定使用施封锁时。

(5) 卸车或换装时发现货物件数或重量较票据记载信息多出时。

(6) 依据其他有关规定,需要证明时。

3. 普通记录的编制

普通记录编制时应记明交接时货车车体、门窗、施封或篷布、绳网的现状,货物包装及装载加固状态,其具体编制要求如下:

(1) 货车封印失效、丢失、封印站名或号码无法辨认时,应记明失效、丢失和无法辨认的具体情况。

(2) 封印的站名或号码与货运票据信息或补封记录记载不符时,应记明封印的实际站名或号码。

(3) 施封的货车未在货运票据信息上记明施封号码时,应记明现车施封状况。

(4) 车辆技术状态不良时,应记明车种、车型、车号和车辆不良的具体情况,检修单位名称及年月,车辆部门证明文件号码。

(5) 发现货车两侧或一侧上部施封时,应记明下部门扣是否损坏。

(6) 棚车车体及集装箱专用车、平车装运的集装箱箱体发生损坏时,应记明损坏位置、尺寸、新痕旧痕和箱号。

站车交接中发现问题的,应按规定拍发电报,电报内容除包含普通记录反映的情况外,还应记明列车车次、到达时间、货车车种与车号及问题简要处理情况等。

在办理货运交接检查作业中发现问题的,应按规定拍发交接电报,交接电报应视为普通记录。

二、货运记录

微课
货运记录的
编制

1. 货运记录的样式

货运记录是货物发生损失的证明。货运记录分为货主页、存查页。其中,货运记录货主页为一页绿色 A4 专用纸(背面印有索赔须知),用于交给货主作为货物损失的证明,由国铁集团指定单位统一印刷;货运记录存查页为一页白色 A4 纸,在系统生成并打印。货运记录样式见表 7.3。

表 7.3　货运记录样式

(_____)　　　　　No. _____

补充编制货运记录时记入补充 _____ 公司 _____ 站所编第 _____ 号 _____ 记录

一、一般情况

办理种别 _____ 运单号码 _____ 于 ____ 年 ____ 月 ____ 日承运

发　　站 _____ 发公司 _____ 托运人 _____ 装车单位 _____

到　　站 _____ 到公司 _____ 收货人 _____ 卸车单位 _____

车种车型 _____ 车号 _____ 标记载重量 _____ t

_____ 年 ____ 月 ____ 日第 _____ 次列车到达

_____ 年 ____ 月 ____ 日 ____ 时 ____ 分卸车 ____ 年 ____ 月 ____ 日 ____ 时 ____ 分卸完

封印:施封单位 _____ / _____ 施封号码 _____ /

篷布:篷布号码 _____ 保价 / 保险 _____ 货物价格 _____ 元

二、货损情况

项目	货物名称	件数	包装	重量 /kg		托运人 记载事项
				托运人	承运人	
票据原 记载						
按照实际						
货物 损失 详细 情况						

三、参加人签章

车站负责人 _____ 编制人 _____ 审核人 _____

公安人员 _____ 收货人 _____ 其他人员 _____

四、交付货物时收货人意见

_____

_____ 年 ____ 月 ____ 日货运记录(货主页)已交由 _____ 领取。

_____ 年 ____ 月 ____ 日编制　　　_____ 公司 _____ 站(章)

2. 货运记录的适用情形

遇有下列情况时应编制货运记录:

(1) 发生《货规》《管规》及其引申规则办法中所规定需要编制的情况时。

（2）自备篷布、自备集装箱运输发生损失时。

（3）一批货物中的部分货物补送或损失货物及误运送、误办理及其他情况货物需要回送时。

（4）发现无标记、无法交付货物，公安机关查获铁路运输中被盗、被诈骗的货物以及公安机关缴回的赃款移交车站，沿途拾得的铁路运输货物交给车站处理时。

（5）托运人组织装车，收货人组织卸车，货车施封良好，篷布苫盖和敞车、平车、砂石车货物装载外观无异状，收货人提出货物有损失并经承运人确认时。

（6）集装箱运输的货物，箱体完整、施封良好，交付完毕次日内，收货人提出货物有损失经承运人确认时。

3. 货运记录（商务记录）的编制

货运记录由车站货物损失处理人员根据货物损失报告编制。编制货运记录要如实记载货物损失及有关方面的当时现状，不得在记录中作损失责任的结论，记录各栏应逐项填记。

货运记录应记明车（箱）体、门窗、施封或篷布的情况，货物包装及装载加固状态、损失货物装载位置、损失程度等。

三、商务记录

货物在国际联运中发生货损、货差、有货无票、有票无货或其他情况，需要证明承运人同托运人或收货人之间责任，和铁路内部之间责任时，按《国际铁路货物联运协定》的规定编制的记录称为商务记录。商务记录的适用情形及编制方法与货运记录的相似。

> **课程思政案例：工作细致，保后续运输平安**
>
> 7月5日，某货运营业站货运员小钱在装车后检查时发现×××次货物列车尾前第三位棚车（车号为 P_{62} 3465878）左侧施封锁号码与货物运单记载不符，施封锁号码为 F878645，货物运单记载的施封号为 F878684。货运员小钱立即作出处置，编制了普通记录，在记录中记明了实际施封号码。
>
> 在货车施封作业中出现施封锁号码填记不符，看上去事情很小，但在后续运输组织中会产生很多工作上的问题。作为货运员的小钱认真仔细地核对每一个信息并作出正确的处置，彰显了铁路货运人认真严谨的工作态度。

工 作 手 册

【任务名称】		辨析货物损失的种类并编制记录	参考学时：__2__ 学时
【项目团队】			
【任务实施关键点】			
工序	工作步骤	实施方案	
1. 货物损失的分类	辨别货物损失的种类		
	判定货物损失的等级		

续表

工序	工作步骤	实施方案
2. 记录的编制	区分记录的种类	
	记录编制的要求	
	编制记录	

工作笔记:谈一谈货物损失工作处理人员应具备哪些工作品质?

随堂练习

1. 对于承运人责任明确的货物损失,应(　　),做到主动、及时、真实、合理。
A. 先对外赔付,后划分铁路内部责任
B. 先划分铁路内部责任,后对外赔付
C. 查明原因后,再进行赔付
D. 先查明原因,再进行划责,最后进行赔付
2. 货物损失种类中的"损坏"包括(　　)。
A. 变形　　　　　　　　　　　　B. 植物枯死
C. 漏失　　　　　　　　　　　　D. 染毒
3. (　　)属于轻微货物损失。
A. 损失款额 999 元　　　　　　　B. 损失款额 1 000 元
C. 损失款额 1 001 元　　　　　　D. 损失款额 10 000 元
4. 在铁路运输过程中发生货物损失的,车站应在(　　)内按批(车)编制货运记录。
A. 发现损失当日　　　　　　　　B. 卸车当日
C. 发现损失次日　　　　　　　　D. 卸车次日
5. 铁路运输过程中发生办理差错的情况及简要处理方法。

【专项技能 7.2】　铁路货物损失处理

学习目标

能力目标

能正确运用货物损失处理办法办理货物损失业务。

知识目标

(1) 掌握货物损失发现与现场处理的程序。

(2) 掌握货物损失调查的规定与程序。

(3) 掌握"两无货物"的处理办法。

素质目标

培养秉公而断,依规办事的工作态度。

任务下达

💠 **阅读后,在工作手册中完成任务。**

1 月 10 日,长沙北站发大朗站一批整车货物,车号为 C_{64k} 4625354,货物包括 4 台精密仪器,木箱包装,保价 100 万元,该车 1 月 14 日到达大朗站。1 月 15 日卸车作业前发现该批货物中有 1 件木箱包装一侧有一处破洞,货物丢失,检查后发现有明显被盗痕迹,初步估算货物损失已超过 20 万元,大朗站于当日卸车。

绘制货物损失处置程序图,并分析此次货物损失事件涉及哪些工作岗位,货物损失处理人员在处置工作中应秉承什么样的工作作风。

理论学习

〖知识点一〗 铁路货物损失的发现与现场处理

当发现货物损失后,工作人员应保护现场并立即向货物损失处理人员报告,货物损失处理人员应立即组织有关人员赶赴现场,进行货物损失勘查、清理、资料收集并编制货物损失报告,必要时应通知托运人或收货人。

微课
货物损失现
场处理

一、货物损失的勘查

勘查货物损失时,应如实记录损失状况和现场情况,应充分利用现代化设备(照相机、音视频记录设备等)留存关键证据的影像资料。

1. 火灾

火灾分为货车火灾与货场火灾,均要记明火灾发生、扑灭的时间及被烧货物状态。其勘查重点如下:

(1) **货车火灾** ① 火灾列车车次、货车种类、到达时间、编挂位置及上一责任货检站的检查情况、相邻货车的情况、牵引机车类型;② 车辆状态(车底板、闸瓦、防火板等);③ 车内货物装载现状、起火部位、四周货物烧损情况;④ 货物装载(苦盖物)高度;⑤ 可能造成起火的各种迹象。

(2) **货场火灾** ① 损失货物所处位置;② 着火点所处货位原堆放货物的种类及火源、仓库、雨棚、相邻设备和周围堆放货物等情况；③ 货物入库（区）时间和货物交接检查情况；④ 仓库电线、灯具情况；⑤ 装卸作业用的叉车、吊车等作业设备的防火情况；⑥ 人员出入情况。

2. 被盗丢失

被盗丢失分为发生在货车内与货场内两种情形。其勘查重点如下：

(1) 货车内货物　① 列车车次、到达时间、开始作业和卸车完成时间、编挂位置及上一责任货检站的检查情况；② 车（箱）体状态、施封状态，以及车内货物装载现状、有无明显被盗痕迹等；③ 短少货物的具体品名、数量与重量。

(2) 货场内货物　① 卸车入库（区）时间，以及卸车班组、货运员、库区货运员的交接情况；② 发生包装破损内货短少时，损失货件在库区的堆码情况及周围货物的出库情况。

3. 损坏

损坏分为货物湿损、货物变质、活动物死亡、货物污染四种情形。其勘查重点如下：

(1) 货物湿损　① 湿损货物在货车或集装箱内的装载位置、湿损数量及程度；② 车体或箱体不良部位和尺寸，是否透光，箱门配件及密封条等情况；③ 敞车装运苫盖篷布时，货物装载状况、篷布质量、苫盖、绳索捆绑等情况。

(2) 货物变质　① 运输条件、到达时间、承运时间、卸车时间和货物运单、列车编组顺序表记载的容许运到期限、实际运到时间等有关事项；② 机械冷藏车、冷藏箱装运的，记明车（箱）内外温度、货物温度情况，车（箱）门胶条密封现状、车（箱）门加固、施封情况，货物温度、货物在车（箱）内的装载方式、高度，以及变质货件装载位置、货物包装及内部衬垫现状及内部衬垫情况。

(3) 活动物死亡　检疫证明的名称和号码、车辆安插货车表示牌情况、货物运单的记事内容、货物列车的编组隔离等。

(4) 货物污染　① 损失货物在货车（箱）内的装载位置、包装状况，周围货件装载情况及有无撒漏情况；② 接触本批货物的车地板、端侧墙状态；③ 被污染货物和污染源货物的性质、名称，污染物（源）位置、面积、包装情况与被污染货物距离，车辆内外是否贴有铁路货车洗刷回送标签及车辆清扫、衬垫情况。

4. 其他情况

(1) 货票不符　① 发现有货物无货物运单信息的，应记明货物来源；有货物运单信息无货物的，应记明货物运单信息记载内容。② 无标记货物，应记明包装特征或具体货物名称、件数和重量。

(2) 误运送　误运送时，应记明判断误运送的依据、货物（车）的发站及正确到站。

(3) 货物短少或多出　① 到站卸车时，发现货物包装完整、件数相符但重量短少或多出的，须在货物运单内记明。② 现货交付时，收货人提出检斤或包装有异状的，经检斤、清点发现重量不足或内品短少的，到站应编制货运记录并进行调查处理。

二、编制货损报告

发现货物损失时，车站货运员或负责接取送达的物流企业相关人员应在发现当日按批（车）编制货物损失报告。目前编制货物损失报告使用的是不带编号的货运记录。

编制货物损失报告时，应如实记载货物损失情况，填写字体要工整清晰，项目各栏填写齐全，并由编制人本人签字。其他参加检查货物（车）的有关人员也应签字，同时注明其所属单位名称。货物损失报告有涂改时,在涂改处应加盖编制人员的人名章。

货物损失报告由货装值班员审核签字后,连同收集的施封锁、现场影像等相关资料一并交给货物损失处理人员。

三、货物损失情况信息通报

发现人员应分析货物损失情形,并向相关部门进行信息通报。

(1) 发现货物被盗、火灾等情况,发现单位(人)应立即向公安、消防部门报案。

(2) 货物损失涉及铁路交通事故的,应报告铁路局集团公司列车调度、安全监督管理部门。

(3) 涉及车辆技术状态的,应通知车辆部门。

(4) 涉及活动物或食品污染变质的,应通知防疫、检疫部门。

(5) 涉及参加保险的货物,必要时应通知保险公司。

(6) 涉及海关监管的货物,应通知海关监管部门。

(7) 涉及环境污染的货物,应通知环保部门。

(8) 必要时还应通知托运人或收货人。

四、拍发货物损失速报

发现火灾,罐车装运的压缩气体、液化气体泄漏,剧毒品、爆炸品、放射性物品被盗丢失以及估计损失款额达到一级损失等情况时,应在 1 h 内逐级报告,并在 24 h 内向有关车站、直属站段、铁路局集团公司和有关铁路公安部门以电报形式拍发货物损失速报,抄送国铁集团货运部。内容如下:

(1) 损失等级、种类。

(2) 发现损失的时间、地点。

(3) 发站、到站、货物名称、承运日期。

(4) 车种、车型、车号、货物运单号码、办理种别、保价或保险金额(金额前注明"保价""铁险"或"商险"字样)。

(5) 损失概要。

(6) 对有关单位的要求。

拍发货物损失速报时,在电文首部冠以"货物损失速报"字样,(1)至(6)项为各项代号。货物损失速报由车站主管领导审核签发。

📦 **货物损失速报示例**

主送:长沙北站、广州铁路局集团公司、长沙货运中心、广州货运中心、广州铁路公安局

抄送:国铁集团货运部

(1) 一级、被盗;

(2) 2020 年 1 月 15 日、大朗站;

(3) 长沙北站、大朗站、电视机、2020 年 1 月 10 日;

（4）C$_{64k}$ 4×××××、Y0×××××、整车、保价100万元；

（5）1月15日卸前检查运行前端，其中1件木箱包装一侧有一处破洞，检内货有明显被盗痕迹，且台面有多处磨伤和划痕，车内货物用铁线加固，初步估算货物损失已超过10万元。

（6）请发站联系托运人，3日内提出处理意见。

大朗站

2020年1月15日

〖知识点二〗 铁路货物损失排查过程

一、货物损失调查处理

1. 货物损失的调查

发现货物损失时，车站对货物损失的原因和责任进行调查，必要时可派人外出调查。调查资料主要包括以下内容：

（1）货物运单、站车交接电报、普通记录。

（2）当货物发生被盗、丢失，货物运单未附物品清单时，车站检查的现有货物数量和包装特征的清单。

（3）分析责任所需的装载清单、封印照片、货物损失现场照片等。

（4）车辆技术状态检查记录、货物损失鉴定书及其他有关材料。

2. 编制查复书

车站应在货运记录编制当日发布货物损失查复书，见表7.4。

表7.4　货物损失查复书

主送：＿＿＿＿＿＿＿＿

抄送：＿＿＿＿＿＿＿＿

第＿＿＿＿号

记录 编制单位		记录 编制日期		办理种别	
记录 号码		车种车型 车号		运单号码	
发站		到站		货物名称	
损失种类		保价（险） 金额		货物损失款额／ 全批价值	

＿＿＿＿＿＿＿＿（单位）＿＿＿＿年＿＿＿月＿＿＿日查复书接悉

＿＿＿＿＿＿＿＿＿＿＿＿＿＿＿＿＿＿＿＿＿＿＿＿＿＿＿＿＿＿＿＿＿＿＿＿＿＿

＿＿＿＿＿＿＿＿＿＿＿＿＿＿＿＿＿＿＿＿＿＿＿＿＿＿＿＿＿＿＿＿＿＿＿＿＿＿

＿＿＿＿＿＿＿＿＿＿＿＿＿＿＿＿＿＿＿＿＿＿＿＿＿＿＿＿＿＿＿＿＿＿＿＿＿＿

＿＿＿＿＿＿＿＿＿＿＿＿＿＿＿＿＿＿＿＿＿＿＿＿＿＿＿＿＿＿＿＿＿＿＿＿＿＿

＿＿＿＿＿＿＿公司＿＿＿＿＿＿站（章）

年＿＿＿月＿＿＿日

二、货物损失鉴定

1. 损失货物鉴定

货物损失鉴定应在发现站现场就地进行。对不能判明发生原因、货物损坏程度的情形的,车站应会同收货人(托运人)或物流企业进行损失鉴定,必要时邀请有鉴定能力的第三方机构进行鉴定;对现场难以鉴定的情形,应与收货人(托运人)协商,协商同意后可移至适当场地进行鉴定。货物损失鉴定一般应自编制货运记录之日起 10 个工作日内完成。对因特殊情况需要延期进行货物损失鉴定的,应以查复书或电报的形式说明原因,通知有关单位,但最长不得超过 30 日。

2. 编制货物损失鉴定书

货运负责人与货物损失处理人员等两人以上参加车站货物损失鉴定,按批次编制货物损失鉴定书,见表 7.5。

表 7.5 货物损失鉴定书

_____站　　　　　　　　　　　　　　　　　　　　　　　　第_____号

一、编制于_____年___月___日系补充_____站编第_____号货运记录 发站_____,到站_____,运单号码_____ 货物名称_____发生_____情况的鉴定书			

二、鉴 定分析 结论	(1) 货物的性质和价格	
	(2) 货物的损失程度和款额	
	(3) 损失货物能否修理或者配换及所需费用,残留价值	
	(4) 损失货物是否适用于原来的用途或作他用,对其价值有无影响	
	(5) 损失原因	甲:货物损失和包装的关系 乙:货物损失和货物性质的关系 丙:其他原因

三、鉴定费用					
四、参加鉴定人员 职务及签章	鉴定单位	铁路	托运人	收货人	其他

日期:_____　　　　　编制人:_____

三、货物损失责任的划分

1. 判定货物损失责任

(1) 承运人与托运人(收货人)责任划分　承运人与托运人、收货人之间的责任划分,应以事实为根据、规章为准绳,在查明货物损失情况和原因的基础上,按国家法律、行政法规及国铁集团的有关规定划分。

(2) **承运人责任内部划分** 属于承运人责任的,铁路内部责任确定后,由定责单位填写货物损失查复书并下达"货物损失定责通知书",见表 7.6,送主管铁路局集团公司、责任铁路局集团公司、责任单位以及发、到站和有关单位。

表 7.6 货物损失定责通知书

第＿＿＿＿＿＿＿号

＿＿＿＿＿站(段、公司):

关于＿＿＿＿站＿＿年＿＿月＿＿日编＿＿＿＿号货运记录,由＿＿＿＿＿站发到＿＿＿＿站,办理种别＿＿＿＿＿,运单号码＿＿＿＿＿＿＿＿＿,货物名称＿＿＿＿＿＿＿＿＿,发生＿＿＿＿＿＿＿＿＿＿＿＿＿＿一案,根据规定,由＿＿＿＿、＿＿＿＿、＿＿＿＿、＿＿＿＿负责。

＿＿＿＿＿＿＿＿公司＿＿＿＿＿＿＿＿＿＿＿凭货物损失赔偿通知书＿＿＿号,已于＿＿＿年＿＿月＿＿日对托运人(收货人)赔偿＿＿＿＿＿元,请予以转账。

列责:＿＿……

定责单位＿＿＿＿＿＿＿
定责公司＿＿＿＿＿＿＿
定责时间＿＿＿＿＿＿＿

清算:＿＿……

定责人员＿＿＿＿＿＿＿
办赔单位＿＿＿＿＿＿＿
补充时间＿＿＿＿＿＿＿

抄送:＿＿

2. 争议的处理

对货物损失定责意见有争议,经一次往返查复不能取得一致时,争议单位应在收到对方货物损失 3 日内向到站提出裁定要求。到站应在规定时间内按权限作出裁定或上报。

(1) 轻微损失责任,到站应在 3 日内裁定,此即为最终裁定。

(2) 三级损失责任,到站应在 3 日内将定责意见上报主管铁路局集团公司,由到达铁路局集团公司作出最终裁定。

(3) 二级损失责任,到站应在 3 日内将定责意见上报主管铁路局集团公司,由到达铁路局集团公司在与相关铁路局集团公司协商后作出最终裁定。

(4) 一级损失责任,到达铁路局集团公司应将定责意见连同会议纪要等材料上报国铁集团,由国铁集团作出最终裁定。

〖 知识点三 〗 "两无货物"的处理

一、"两无货物"适用的情形

"两无货物"是指无法交付货物和无标记货物。

1. 无法交付货物

无法交付货物包括以下情形：

(1) 从承运人发出领货通知次日起(不能实行领货通知的,从卸车完成的次日起),经过查找,满30 日(搬家货物满 60 日)仍无人领取的货物。

(2) 收货人拒领,托运人又未按规定期限提出处理意见的货物。

(3) 赔偿后又找回,但被收货人拒领的货物。

2. 无标记货物

无标记货物是指货物没有标记、标签,无法判明发、到站及托运人、收货人,导致无法回送、交付的货物,包括以下情形：

(1) 清仓(库、区)、清扫车底检查发现的无标记货物。

(2) 在铁路沿线拣拾以及公安部门交给车站的无标记货物。

(3) 车站内散落的零件、货底以及其他无票据信息、无标记的货物。

二、"两无货物"的处理办法

1. 登记立卷与保管

对于"两无货物",车站应于发现当日编制货运记录,核对现货并登记立卷。

车站应为"两无货物"的存放提供条件,实行分区管理、隔离设置、编号单独存放,严格按照仓库安全管理要求,做好仓库设防工作,保证货物包装完整,做到账物相符,按照规定期限妥善保管。

2. 货物的处置

"两无货物"的处置要本着认真负责的态度,坚持"妥善保管、物归原主、合法移交、按章处理"的原则,不得提前处理,不得隐瞒不报或私自处理,不得顶件运输、顶件交付。

发、到站收到他站回送的"两无货物"后,应核对现货、登记立卷,对照本站自编和他站的调查货运记录,能判明收货人或托运人的,应联系收货人或托运人处理;不能判明的,应比照无标记货物办理,填制"无标记(无法交付)货物处理书"上报主管铁路局集团公司。若已报送"无标记(无法交付)货物处理书"后查找到货物的到站及收货人,立即先用电话声明注销该处理书,然后按规定手续向到站回送。

铁路局集团公司收到"两无货物"后,对药品、危险品、国家禁止及限制运输的物品、机要文件和各种证件等不得变卖,应移交公安机关或有关部门处理;其他货物应及时指定车站变卖。

课程思政案例: 秉公办事,展示"铁路货运人"风采

7 月 3 日,某货运营业站接收了一批批量零散快运货物,具体信息如下:货物品名为纸浆;包装为纸箱;件数为 40 件;总重量为 40 t;选择服务方式为门到门运输。

货运员小李为这批货物办理了交付手续,并联系了负责取送工作的物流企业送货。负责取送工作的物流企业工作员送货上门后,与收货人共同清点货物时发现有一件纸箱货物外包装有破损(破损处 15 cm×30 cm)。收货人表示,都是长期的合作关系,且这件货物仅外包装破损,内包装及货物都无损伤,可以不予追究。物流企业将这一信息告知货运员小李,小李立即向上级汇报,最后车站作出决定,要求负责取送工作的物流企业相关人员编制货物损失报告并拍照留存后一并交由车站处理。

　　此次货损事件,因为货物没有实质损坏且收货人不追究,货运员小李本来可以隐瞒该情况,既减少了自己的工作量又"保护"了同行。但是,小李仍然秉公办理,体现了铁路"货运人"遵章守纪的工作作风与认真严谨的工作态度。

工 作 手 册

【任务名称】 铁路货物损失处理				参考学时: 1 学时

【项目团队】

【任务实施关键点】

工序	工作步骤	实施方案
1. 铁路货物损失的发现和现场处理	分析货物损失报告的编制要求	
	货物损失的勘察	
	根据货物损失种类通知相关部门	
	拍发货物损失速报	
2. 铁路货物损失排查过程	货物损失调查工作的内容和要求	
	货物损失鉴定的时限、要求	
	货物损失责任划分、定责工作、争议处理和结案	
3. "两无货物"的处理	判断是否为"两无货物"	
	"两无货物"处理	

工作笔记:试谈一谈在货运损失排查工作中如何做到"不畏麻烦、不徇私情"。

随堂练习

1. 货物损失报告由( )在发现货物损失当日编制。

A. 货运员 　　　　　　　　　　B. 装卸人员

C. 货运值班员 　　　　　　　　D. 负责接取送达的物流人员

2. 发现( )以及估计损失款额达到一级损失等情况时,应在 1 h 内逐级报告,并在 24 h 内向有关车站、直属站段、铁路局集团公司和有关铁路公安部门以电报形式拍发货物损失速报,抄送国铁集团货运部。

    A. 火灾

    B. 罐车装运的压缩气体、液化气体泄漏

    C. 剧毒品、爆炸品、放射性物品被盗

    D. 剧毒品、爆炸品、放射性物品丢失

3. 车站组织货物损失鉴定时应由(　　　)等两人以上参加鉴定。

    A. 货运负责人　　　　　　　　　　　　B. 货装值班员

    C. 货物损失处理人员　　　　　　　　　D. 货运员

4. 车站发现两无货物后,应于(　　　)编制货运记录,核对现货、登记立卷,妥善保管。

    A. 次日　　　　　　　　　　　　　　　B. 当日

    C. 3 日内　　　　　　　　　　　　　　D. 7 日内

【专项技能 7.3】 铁路货物损失赔偿和保价运输

学习目标

能力目标

办理货物损失的赔偿,办理保价运输。

知识目标

(1) 掌握货物损失赔偿的作业程序与内容。

(2) 了解保价运输的相关规定。

素质目标

树立"服务至上"的信念,培养细致、贴心的服务态度。

任务下达

> 🔷 **阅读后,在工作手册中完成任务。**
>
>   1 月 16 日,株洲某油脂公司在株洲北站托运一批植物油,件数为 2 000 件,保价金额 100 000 元,实际每件价值为 400 元,装车过程中因该公司业务代理人与装卸工发生冲突,装卸工故意将一箱(含 10 件)植物油从车上摔下造成包装损坏(未打开包装检查里面是否损坏),1 月 18 日货物到达平湖南站,发现 10 件植物油包装已损坏,出现渗漏现象。
>
>   试分析此次货物损失事件赔偿的作业程序并计算赔偿金额,从货物损失处理人员的视角谈一谈如何真正做到"服务至上"。

理论学习

〖 知识点一 〗 铁路货物损失的赔偿

一、提交索赔材料

1. 确定办理时限

承运人同托运人或收货人相互要求赔偿或退补费用的有效期为 180 日,但要求承运人支付违约金的有效期为 60 日。有效期自下列日期起算:

(1) 货物灭失、损坏或铁路运输设备损坏的,为承运人交给货运记录的次日;货物全部灭失未编有货运记录的,为运到期限满期的第 31 日。

(2) 多收或少收运输费用的,为核收该项费用的次日。

(3) 要求支付违约金的,为交付货物的次日。

(4) 其他赔偿及退补多收或少收费用的,为发生事故或核收该项费用的次日。

2. 提出赔偿

(1) 托运人责任时   由于托运人、收货人的责任或押运人的过错使铁路运输工具、设备或第三者的货物造成损失时,托运人或收货人应负赔偿责任。承运人向托运人或收货人提出赔偿时,应出具货运记录、损失清单及必要的证明文件。

(2) 承运人责任时   托运人或收货人向承运人要求赔偿货物损失时,应按批向到站(货物发送前发生的损失向发站)提交赔偿要求书、货物运单、货运记录和有关证明文件等材料。按保价运输办理的个人物品,还应同时提交盖有发站日期戳的物品清单。

二、受理索赔要求

1. 确定办理时限

办理赔偿的期限为 2 个工作日,即自受理赔偿要求的次日起至填发赔偿通知书之日止。特殊情况下办理赔偿的最长期限为直属站段不超过 5 个工作日,铁路局集团公司不超过 10 个工作日。

赔偿通知书下达后,经办人员应于 2 个工作日内与财务人员办理交接手续并签认。财务部门接到赔偿通知书后,应在 5 个工作日内支付赔款。

2. 选择受理站

对承运人责任明确的货物损失,收货人或托运人向到站或发站提出赔偿要求时,到站或发站均应受理。涉及物流总包业务的,由签约单位按合同约定指定车站受理。

3. 受理索赔要求

受理分为现场办理和网上办理两种形式。现场办理时,受理站应审核索赔人的权利、有效身份证明、有效期限、赔偿要求书、货运记录(货主页)原件及其他相关材料;委托他人办理时,还应提交收货人或托运人出具的委托书、委托人和被委托人的身份证明复印件和联系方式等材料。审核无误后在赔偿要求书收据上加盖货物损失处理专用章,交还赔偿要求人。网上办理时,铁路货运网上营业厅(95306 网)工作人员需审核客户上传的电子赔偿材料,将受理情况以客户通知书的形式通过铁路货运网上营业厅(95306 网)告知客户。

三、办理赔偿

1. 确定办理时限

(1)赔偿要求人要求以现金支付赔款的,由车站按财务规定当日完成现金赔付。

(2)赔偿要求人要求通过银行转账的,由受理站在下达赔偿通知书的当日将赔偿材料报主管直属站段,由直属站段转账。

2. 确定赔偿金额

(1)确定赔偿标准 货物灭失时,按灭失货物的实际价格进行赔偿。货物损坏时,按损坏货物降低的价格进行赔偿。若产生了货物运输费用、税款和包装费用时,赔偿价格应按比例加算全批货物或灭失部分的各项费用。

赔偿价格执行以下标准:

① 执行国家定价的货物,应按照各级物价管理部门规定的价格计算。

② 执行国家指导价格或市场调节价格的货物,比照前项国家定价货物中相同规格或类似的商品价格计算。

③ 个人托运的搬家货物、行李按货物交付当日(全部灭失时,为运到期限满了的当日)当地国有企业或供销部门的零售价格计算。

(2)确定赔偿限额

① 限额赔偿:未办理保价运输的,不按件数只按质量承运的货物,每吨最高赔偿 100 元,按件数和重量承运的货物,每吨最高赔偿 2 000 元;个人托运的搬家货物、行李每 10 kg 最高赔偿 30 元。若货物的损失是由于承运人的故意行为或重大过失造成的,不适用赔偿限额的规定,按照实际损失赔偿。

② 保价运输的赔偿:保价运输的货物,最多不能超过该批货物的保价金额;只损失一部分时,按损失货物占全批货物的比例乘以保价金额赔偿。

③ 保险货物的赔偿:已投保运输险的货物,由承运人与保险公司按规定赔偿。

实际损失低于上述赔偿限额的,按货物实际损失的价格赔偿。起码赔偿额为 1 元,赔偿额尾数不足 1 元时,进整处理至元。

(3)特殊情况的处理

① 承运人与托运人(收货人)间:除个人托运的搬家货物、行李的赔偿、退补、支付或核收费用情形外,承运人同托运人或收货人间发生的赔偿或退补费用以及违约金的款额,每批货物不满 5 元(零散货物为每批不满 1 元)的,互不赔偿、退补、支付或核收。

② 铁路内部:一批赔款额或铁路局集团公司间分摊后的款额不足 1 000 元时,互不清算,由处理单位核销。

对损坏的货物或运输设备,也可用支付加工或修理费用的方式赔偿,但支付加工或修理的费用,不得超过货物或设备损坏的降低价值。铁路运输设备发生损失的赔偿价格,按铁路有关规定办理。

3. 办理赔偿

货物损失的赔偿由受理站在受理当日以货物损失查复书的形式写明调查过程、损失款额、赔(补)偿金额等上报,一级、二级损失和保价货物损失上报主管铁路局集团公司审核办理,三级损失上报主管直属站段审核办理,轻微损失由受理站审核办理,同时抄送发、到站及相关车站。涉及物流总包业务的,由签约单位按合同约定,到指定车站办理赔偿。

4. 免于赔偿的办理

下列原因之一所造成的灭失、损坏,铁路运输企业不承担赔偿责任:

① 不可抗力。

② 货物本身性质引起的碎裂、生锈、减量、变质或自燃等。

③ 货物的合理损耗。

④ 货物包装的缺陷,承运时无法从外部发现或未按国家规定在货物上标明包装储运图示标志的。

⑤ 托运人自装的货物,加固材料不符合承运人规定条件或违反装载规定,交接时无法发现的。

⑥ 押运人未采取保证货物安全措施的。

⑦ 托运人或收货人的其他责任。

〖 知识点二 〗　铁路保价运输

一、货物保价运输与运输保险

微课
保价运输

1. 货物保价运输

货物保价运输是指铁路运输实行限额赔偿后,为保证托运人、收货人合法利益,供托运人自愿选择的一种赔偿制度。托运人在托运行李、包裹(以下简称行包)、货物时,向铁路运输企业声明实际价格,并缴纳保价费,当货物在运输过程中发生损失时,铁路运输企业以托运人的声明价格为基础计算赔偿损失。

(1) 货物实际价格　货物的实际价格包括货物本身的价格、税款、包装费用和已发生的运输费用。托运人需在货物运单的“货物价格”栏内以元为单位,填写货物的实际价格。

货物的实际价格以托运人声明的价格为准,托运人对货物声明价格的真实性负责。

(2) 保价金额与保价费　全批货物的实际价格即为该批货物的保价金额。铁路运输企业应按托运人的声明价格办理保价运输手续并收取保价费。

货物的保价费按照保价金额乘以货物适用的保价费率计算。保价费尾数不足 1 元时,按四舍五入处理至元,每批起码额为 1 元。

货物变更到站后,保价运输继续有效。托运人在承运后发送前取消托运或因铁路运输企业责任造成的取消托运,如果货物未发生损失,保价费应全部退还托运人;如果货物发生损失并按有关规定处理的,保价费不再退还。

2. 货物运输保险

铁路货物运输保险是指托运人以铁路装运的货物作为保险标的保险,由保险公司办理或委托铁路代办。铁路货物运输保险由托运人自愿办理,在货物运单的"托运人记事"栏内注明"商险 + 号码"或"铁险 + 号码"字样。货物发生损失时,车站应协助保险公司做好损失调查、处理工作。车站不得以现金、实物、投资等形式变相收取代理的铁路货物运输保险手续费。

二、办理保价运输

1. 确定保价金额

铁路运输企业受理行李、包裹、货物的保价运输时,应检查有关事项是否清楚、齐全。如对保价金额有异议的,可要求托运人提交证明价格的有关依据。

保价运输应以全批货物的实际价格办理,不应只保其中一部分。保价费率不同的货物按一批托运时,可分项填记货物名称及保价金额,保价费分别计算。保价费率不同的货物合并填计时,按其中最高的保价费率计算保价费。

2. 建立台账

车站受理以下情形时,应建立重点保价行包、货物运输台账。

(1) 一批保价金额在 50 万元及以上的整车、批量零散快运、集装箱货物;

(2) 一批保价金额在 20 万元及以上的零散货物,或其他需要重点看护的保价货物。

3. 运输管理

(1) 运输监管　对装有保价货物的整车,沿途各编组站、区段站对装有保价货物的车辆应及时挂运,沿途各中转站对行包应及时中转,在站中转停留时间一般不超过 24 h,发现问题及时处理。

(2) 组织押运　对装有保价货物的整车,铁路局集团公司可根据需要组织押运护送,并在货物运单的"承运人记事"栏内注明铁路保价押运,押运人乘车费不再核收。

> **课程思政案例:坚持"先对外赔付,后划分铁路内部责任"原则办理货物损失处理**
>
> 7 月 7 日,某货运营业站接收一批整车货物到达,具体信息如下:货物品名为橄榄油,包装为纸箱,件数为 2 000 件,单件重量为 100 kg,单件价格为 400 元,未办理保价运输与保险业务。在卸车时由于卸车人员工作不当导致该批货物中有 10 箱货物有不同程度的破损。收货人要求车站按照该批货物的价格对破损货物进行赔偿。按照相关规定未办理保价运输且按件数和重量承运的货物,每吨最高赔偿金额 2 000 元。因此,货运员小刘向收货人告知了赔偿金额并给予了详细解释。收货人非常生气,对小刘进行了辱骂。小刘一气之下将另 5 箱无破损的橄榄油砸坏。
>
> 根据货物损失处置原则,车站坚持"先对外赔付,后内部处置",经车站主管领导调解,作出了最后的赔偿决定:卸车时发现破损的 10 箱货物赔偿 2 000 元,货运员小刘砸坏的 5 箱货物赔偿 2 000 元,总计赔偿金额 4 000 元。事后,车站对小刘及相关装卸工作人员出了相应处置。

工 作 手 册

【任务名称】	货物损失赔偿程序与赔偿金额的计算	参考学时：__2__ 学时
【项目团队】		

【任务实施关键点】

工序	工作步骤	实施方案
1. 货物损失的赔偿程序	提交索赔材料	
	受理索赔要求	
	办理赔偿	
2. 计算赔偿金额	确定赔偿标准和限额	
	免责情况	
	保价运输及保价金额	

工作笔记： 以货物损失处理人员的身份谈一谈对"货物损失原因不查清不放过、责任者得不到处理不放过、整改措施不落实不放过、教训不吸取不放过"的"四不放过"原则的理解。

随堂练习

1. 承运人同托运人或收货人相互要求赔偿或退补费用的有效期间为（　　　）日，但要求承运人支付违约金的有效期间为（　　　）日。

A. 30　　　　　　　　B. 60　　　　　　　　C. 120　　　　　　　　D. 180

2. 不保价运输的货物，不按件数只按重量承运的货物，每吨最高赔偿（　　　）元，按件数和重量承运的货物，每吨最高赔偿（　　　）元。

A. 100　　　　　　　B. 200　　　　　　　C. 1 000　　　　　　　D. 2 000

3. 一批赔款额或铁路局集团公司间分摊后的款额不足（　　　）元时，互不清算，由处理单位列销。

A. 1 000　　　　　　B. 500　　　　　　　C. 200　　　　　　　D. 100

4. 货物的实际价格包括（　　　）。

A. 其本身的价格　　　　　　　　　　　B. 税款

C. 包装费用　　　　　　　　　　　　　D. 已发生的运输费用

5. 简述由于哪些原因造成的灭失、损坏，铁路运输企业不承担赔偿责任？

项目八
鲜活货物运输

 教学目标

能力目标

能正确按照规章办理铁路鲜活货物运输。

知识目标

(1) 掌握鲜活货物的定义与分类,了解鲜活货物的运输特征和要求。

(2) 了解冷藏运输的原理,熟悉冷藏运输载运工具。

(3) 掌握鲜活货物的发送、途中与到达作业组织的特殊规定。

素质目标

培育职业自豪感,具备科学严谨的职业态度,能认真、细致地选择相应措施,保证鲜活货物运输的安全。

【专项技能 8.1】 鲜活货物的种类与载运车辆

学习目标

能力目标

能分析铁路鲜活货物运输组织的管理方法。

能区分鲜活货物的类别。

知识目标

(1) 熟悉铁路鲜活货物运输的基本规则。

(2) 了解铁路鲜活货物的定义、种类及划分方法。

(3) 熟悉鲜活货物的载运车辆。

素质目标

重视鲜活货物运输安全的特殊要求。

任务下达

> 📦 **阅读后,在工作手册中完成任务。**
>
> 　　7月1日,平湖南站受理货运员接到如下托运请求:① 货主 A 托运一批鸡蛋、一批鸡肉和一批活鸡仔;② 货主 B 托运一批蜜蜂和一批密封好的盒装蜂蜜;③ 货主 C 托运一批冰冻的海鲜丸子和一批活鱼。
>
> 　　试选择合适的载运车辆与运输组织方式,并思考为什么要高度重视鲜活货物的运输组织?

理论学习

〖 **知识点一** 〗 铁路对鲜活货物运输的界定

一、《铁路鲜活货物运输规则》的适用范围

微课
鲜活货物的
运输要求

　　2018 年修订的《铁路鲜活货物运输规则》依据《中华人民共和国铁路法》《中华人民共和国合同法》《中华人民共和国食品安全法》《中华人民共和国动物防疫法》《植物检疫条例》《铁路货物运输规程》等法律、法规、规章和国铁集团有关规定而制定,共有五章六十六条,适用于国家铁路的鲜活货物整车、集装箱运输。

1. 国家铁路与非国家铁路间办理方法

与合资铁路、地方铁路办理鲜活货物运输时,铁路局集团公司应将鲜活货物运输安全内容纳入有关运输安全协议。

2. 国家铁路与铁路专用线运输间办理方法

与铁路专用线(专用铁路)办理鲜活货物运输时,铁路局集团公司应将鲜活货物运输安全内容纳入铁路专用线(专用铁路)运输协议。

3. 其他情形的办理方法

运输途中需要控温的其他非鲜活货物运输可比照该规则执行。国际联运另有规定的从其规定。

二、鲜活货物运输组织的管理

铁路对鲜活货物的运输实施统筹管理与分级组织的原则。国铁集团负责全路鲜活货物运输组织和统一管理,铁路局集团公司和铁路专业运输公司分别负责其下属单位的鲜活货物运输组织和安全管理并承担相应的安全责任。

鲜活货物运输具备一定的特殊性,车站、托运人、收货人应密切配合,及时做好装车、卸车和搬运工作,并采取必要的防护措施。

1. 对托运的鲜活货物的基本要求

托运人应保证托运的鲜活货物必须质量良好,无病残,包装适合货物性质并能保证铁路运输安全。

2. 对鲜活货物载运的基本要求

承运人应按照货物性质、容许运输期限及运送全程的季节和气候条件选择合适的运载车辆、装载方法和运送方法。

3. 对鲜活货物运输组织的基本要求

在鲜活货物运输组织过程中,相关单位、部门与人员应密切配合,及时做好鲜活货物运输组织工作。根据所运输鲜活货物的需要采取预冷、制冷、加温、保温、通风、上水或押运等措施,以最大限度地保持货物质量。

在鲜活货物运量集中的区段,应开行鲜活货物或以鲜活货物为主的班列、直达、快运等快速货物列车。在其他区段,应积极组织挂运快速货物列车;应加强鲜活货物的装车、卸车和搬运工作,采取必要的防护措施,防止鲜活货物在装卸、搬运过程中出现腐烂、变质、冻损、污染、生理病害、病残死亡等问题。

〖知识点二〗 鲜活货物的分类

微课
认识鲜活货物

《铁路鲜活货物运输规则》(TG/HY 104—2018)所指的鲜活货物是在铁路运输过程中需要采取制冷、加温、保温、通风、上水等特殊措施,以防止出现腐烂、变质、冻损、生理病害、病残死亡等问题的货物。

鲜活货物按其自然属性分为易腐货物和活动物两大类。

一、易腐货物

易腐货物包括肉、蛋、乳制品、速冻食品、冻水产品、鲜蔬菜、鲜水果、花卉植物等,如图 8.1 所示。按其热状态分为冻结货物、冷却货物和未冷却货物。

图 8.1　易腐货物

1. 冻结货物

冻结货物是指经过冷冻加工成为冻结状态的易腐货物。冻结货物按照承运装车时的货物温度(简称承运温度)和运输时的货物温度(简称运输温度)两种情况来分类。按承运温度可分为 -18℃以下、-15℃以下和 -12℃以下;按运输温度可分为 -15℃以下、-12℃以下和 -10℃以下。

冻结货物的承运温度与运输温度并不相同,例如,速冻调理方便食品类(货物品类),如速冻水饺(货物品名)的承运温度要求 -18℃以下,运输温度则要求 -15℃以下,如图 8.2 所示。

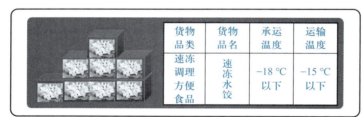

货物品类	货物品名	承运温度	运输温度
速冻调理方便食品	速冻水饺	-18℃以下	-15℃以下

图 8.2　速冻水饺的承运温度与运输温度

2. 冷却货物

冷却货物是指经过冷却处理,温度在冻结点以上的易腐货物。冷却货物装车时的承运温度一般在 0℃~10℃,如熟肉制品、鲜蛋等。

冷却货物的承运温度与运输温度并不相同,如鲜蛋(货物品名),其货物热状态为冷却,承运温度要求 -1℃~3℃,运输温度要求 0℃~4℃,如图 8.3 所示。

货物品类	货物品名	货物热状态	承运温度	运输温度
鲜蛋	鲜蛋	冷却	-1℃ ~ 3℃	0℃ ~ 4℃

图 8.3　鲜蛋的承运温度与运输温度

3. 未冷却货物

未冷却货物是指未经过任何冷处理,完全处于自然状态的易腐货物。铁路对未冷却货物装车时的承运温度并没有要求,但对运输温度有一定要求。如鲜乳(货物品类)、调味奶(货物品名),货物热状态为未冷却,对承运温度无要求,运输温度要求 2℃~6℃,如图 8.4 所示。

货物品类	货物品名	货物热状态	承运温度	运输温度
鲜乳	调味奶	未冷却	无要求	2℃ ~ 6℃

图 8.4　鲜乳的承运温度与运输温度

二、活动物

活动物包括禽、畜、兽、蜜蜂、水产品等,如图 8.5 所示。

图 8.5　活动物

〖知识点三〗　鲜活货物的载运车辆

微课
易腐货物的
载运车辆

一、易腐货物的载运车辆

装运易腐货物时应使用冷藏车或冷藏集装箱。在一定季节和区域内不易腐烂、变质、冻损的易腐货物,经托运人确认不影响货物质量的,承运人可根据托运人的要求,使用棚车或通用集装箱装运。

冷藏车是指铁路运输鱼、肉、鲜果、蔬菜等易腐货物的专用车辆,其车体装有隔热材料,车内设有冷却装置、加温装置、测温装置和通风装置等,具有制冷、保温和加温三种性能。目前,铁路冷藏车主要包括机械冷藏车与冷藏集装箱两种。

(1) 机械冷藏车　常用的机械冷藏车主要包括 B_{21}、B_{22}、B_{23}、B_{10BT}、BX_{1K} 等,主要为单节式车型与 5 节式车型,部分机械冷藏车的基本性能见表 8.1。

表 8.1　部分机械冷藏车的基本性能

车型	自重 /t	载重 /t	容积 /m³	车内可保持的温度 /℃	车体结构
B_{21}	38.5	45	92	−22~+14	5 节式机械冷藏车组
B_{22}	38	46	105	−24~+14	5 节式机械冷藏车组
B_{23}	38.2	45.5	105	−24~+14	5 节式机械冷藏车组
B_{10BT}	41.1	38	100	−24~+14	单节式机械冷藏车组

　　B_{21}、B_{22}、B_{23} 型是 5 节式机械冷藏车组,由一辆发电乘务车和 4 辆货物车组成。其中,发电乘务车在车组中部,两端各挂 2 辆货物车。5 节式机械冷藏车车组连接状况如图 8.6 所示,采用集中供电,集中值乘,单车制冷、加温的形式。发电乘务车上设有机械间、变配电间和乘务员的工作、生活设施。发电乘务车的两套柴油发电机分别为两端的冷藏货物车供电。

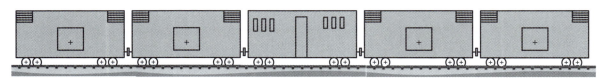

图 8.6　5 节式机械冷藏车车组连接状况

　　(2) 冷藏集装箱　冷藏集装箱是专为运输要求保持一定温度的冷冻货物或低温货物而设计的集装箱,箱内温度可维持在 −25℃ ~+25℃,除了可控制和调节箱内温度外,还有气调装置、除湿和加湿装置及臭氧发生装置,主要用于运输新鲜水果、鱼、虾、肉类、蔬菜等易腐货物。目前,铁路使用的冷藏集装箱主要为 40 ft、45 ft 两种箱型,BX_{1K} 型车主要技术参数见表 8.2。

表 8.2　BX_{1K} 型车主要技术参数

自重 /t	载重 /t	长度 /mm	承运面长度 /mm	装载工况	供电电压 /V	最大负荷	最高运行速度 /(km/h)
19.8	61	14 738	13 800	2 个 20 ft 集装箱、1 个 40 ft 或 45 ft 集装箱(总重量 34 t)	380	92 kW 及以上	120

二、活动物的载运车辆

1. 家畜车

　　家畜车是运输猪、羊、鸡、鸭等家畜家禽的专用车,主要有 J_1、J_2、J_3、J_4 和 J_5 车型。其中,J_5 为活牛专用车。家畜车的车墙、车门设置有调节窗、端窗等装置,车内一般 2~3 层,设有押运人员的休息室和存放饲料、用具架的房间,车上安装水箱等储水、给水等设备。

2. 活鱼车

　　活鱼车是运输活鱼、鱼苗的专用车。车内设有水箱、水泵循环水流系统和储水箱等设备。水槽内的水通过装置循环流动,经水槽上的喷雾器不断喷入空气再落入水槽中,将氧气带入水槽内增氧。

3. 棚车、敞车和通用集装箱

棚车、敞车属于通用车,在专用车不足的情况下可有条件地选用棚车、敞车装运鲜活货物。使用棚车装运时,应按使用棚车运输易腐货物的措施规定办理,根据需要增设装载设置、装车备品并采取相应措施,可用于装运水果、蔬菜等易腐货物和牛、羊、猪、马等活动物。

📖 **课程思政案例:重视鲜活货物特性,为客户排忧解难**

　　8 月 19 日,位于我国南方的某货运营业站迎来一名问询客户,货运员小李热情地接待了他。该客户表示他有一批冻牛肉要运送至乌鲁木齐,往常都是选择公路运输,但此时正值全年最热的季节且运输距离长,担心公路运输过程中货物发生腐烂变质的情况,因此特意过来询问铁路运输的情况。小李根据货物的属性为客户推荐了整车与集装箱两种运输方式,并详细为客户介绍了两种运输方式采用的机械冷藏车与冷藏集装箱的属性与结构,由于车体装有隔热材料,车内设有冷却装置、加温装置、测温装置和通风装置等,具有制冷、保温和加温三种性能,所以特别适合运输鱼、肉、鲜果、蔬菜等易腐货物。同时,对于客户担心的运输距离太长的问题,小李客观地分析对比了铁路与公路两种运输方式在中长远距离运输中的优势与劣势。最后,该客户选择了铁路运输方式,并对小李耐心细致的解答表示了赞扬。

工 作 手 册

【任务名称】　　　　　　　　　鲜活货物的分类与运输条件的选择　　　　　　　　参考学时:　1 学时

【项目团队】

【任务实施关键点】

工序	工作步骤	实施方案
1. 鲜活货物种类判断	货主 A 的货物	
	货主 B 的货物	
	货主 C 的货物	
2. 鲜活货物载运车辆的选择	货主 A 的货物	
	货主 B 的货物	
	货主 C 的货物	

工作笔记: 试结合鲜活货物的特殊性质谈一谈如何为客户提供优质服务。

随堂练习

1. 下列属于易腐货物的是（　　　）。
A. 蛋 　　　　　　　　　　B. 乳制品 　　　　　　　　C. 速冻食品
D. 蜜蜂 　　　　　　　　　E. 鲜蔬菜、鲜水果 　　　　F. 花卉植物
2. 下列属于活动物的是（　　　）。
A. 禽 　　　　　　　　　　B. 畜 　　　　　　　　　　C. 兽
D. 蜜蜂 　　　　　　　　　E. 活水产品
3. 铁路冷藏车主要包括（　　　）与（　　　）。
A. 机械冷藏车 　　　B. 人工冷藏车 　　　C. 自备集装箱 　　　D. 冷藏集装箱
4. 装运（　　　）不得使用全钢棚车及车窗不能开启的棚车（采用增氧机运输的除外）。
A. 牛 　　　　　　B. 活鱼 　　　　　　C. 蜜蜂 　　　　　　D. 猴子

【专项技能 8.2】 鲜活货物发送作业

学习目标

能力目标
能办理鲜活货物发送作业。

知识目标
熟悉鲜活货物发送作业流程，掌握鲜活货物托运、承运、装车等作业环节的特殊规定。

素质目标
重视鲜活货物发送作业，培养"任劳任怨"的职业态度。

任务下达

◆ 阅读后，在工作手册中完成任务。
　　8 月 10 日，托运人湛江某农蔬果厂有限责任公司的业务员小张经人推荐选择了铁路运输方式托运一批鲜果蔬，该批货物包括西瓜 500 kg、香蕉 400 kg、红龙果 400 kg。
　　由于小张是初次办理铁路货物托运，试为他讲解该批货物在发站的作业程序与作业内容，并思考工作中如何做到不辞劳苦、不畏麻烦？

 **理论学习**

〖 知识点一 〗 铁路鲜活货物的试运行

一、需试运行的情形

铁路对易腐货物使用机械冷藏车运输的条件作了具体规定,《铁路鲜活货物运输规则》的附件 1 列出了速冻食品、冻水产品、肉类、肉类制品、油脂类、禽蛋类、乳制品、糖果类、鲜蔬菜、鲜水果、坚果类及其他 13 个品类不同品名的易腐货物运输时的货物热状态、装车时的质量要求、运输温度及装载方式。如:运输速冻荔枝,属于速冻食品的速冻水果品类,其货物热状态要求为冻结,装车时承运温度为 –18℃以下,运输温度为 –15℃以下,装载方式为紧密堆码。

使用机械冷藏车运输附件 1 中未列名,且无法比照其他品名办理的易腐货物应组织试运行。

微课
鲜活货物的
试运行

二、试运行的办理方法

1. 申请

托运人与发站商定运输条件,填写铁路易腐货物试运申请表,见表 8.3。

表 8.3　铁路易腐货物试运申请表

货物品名		货物别名	
货物性质			
发站		到站	
申请试运起止时间			
托运时热状态(冻结、未冻结、冷却)			
果蔬采摘时间及前 10 日内 天气情况			
托运时温度			
内包装		外包装 (材质、尺寸)	
要求车内保持的温度范围		货物容许运输期限(天数)	
装运车辆要求			
装载要求			
运输条件			

续表

其他需说明的情况（可另附页）	
托运人签字：	（盖章） 　　年　　月　　日
站段意见	（盖章） 　　年　　月　　日
铁路局集团公司主管部门意见	试运批准号：　　　　（盖章） 　　年　　月　　日

2. 审批

打印铁路易腐货物试运申请表一式三份，经托运人签字确认、发站（段）签署意见，一份由发站上报铁路局集团公司，另两份分别交由托运人、发站留存。

铁路局集团公司对试运行申请进行审核，若符合条件则同意组织试运，下发试运行批准号。铁路局集团公司将有关情况上报国铁集团备案并抄送相关铁路局集团公司。

3. 组织试运行

首批试运时，同一发站、品名、运输条件的货物不得超过 4 车。

办理试运行时，托运人应将试运行批准号和运输条件记录在货物运单的托运人记事栏和机械冷藏车作业单内。发站在确认首批试运货物安全抵达到站后，方可发出次批试运货物。

试运期不得超过 1 年。试运结束后，发站应将试运行总结上报铁路局集团公司，铁路局集团公司将有关情况报国铁集团，得到批复后在相关发、到站可以正式运输。

4. 停止试运行的情形

试运行期间，若运输过程中发生货物腐烂、变质、冻损等问题，必须立即停止试运。发站应组织有关人员分析损失原因，并将结果报铁路局集团公司。若需继续试运行，应制定改进措施，重新按程序办理试运行手续。

〖 知识点二 〗　鲜活货物的托运与受理

一、托运

托运人要落实货源，保证鲜活货物质量良好、无病残、包装适合货物性质并能保证铁路运输的安全，备齐单证并准备好必要的货物安全防护用品。

1. 应提供检疫证明的情形

托运需要检疫的鲜活货物时，托运人应按国家有关规定提出检疫证明，并在货物运单需求联的托运人记事栏内注明检疫证明的名称和号码。

应提供检疫证明的鲜活货物包括：

（1）动物和动物产品。

（2）列入应施检疫的植物、植物产品名单的植物和植物产品，运出发生疫情的县级行政区域之前。

(3) 种子、苗木和其他繁殖材料,不论是否列入应施检疫的植物、植物产品名单和运往何地。

(4) 法律、法规规定的其他情况。

对于国境内的货物,车站应审核检疫证明并凭此办理运输,按规定留存证明文件的影像资料;对入境的国际铁路联运鲜活货物,凭海关的放行通知办理。

2. 容许运到期限

易腐货物容许运输期限须大于铁路规定的运到期限 3 日以上。托运易腐货物时,托运人应在货物运单需求联的货物名称栏内填记货物名称,在托运人记事栏内注明易腐货物品类序号、热状态及容许运输期限(日数)。

3. 途中供电服务的填报

使用冷藏集装箱运输易腐货物,且途中需要供电服务时,托运人应在货物运单需求联注明"BX 车供电运输"字样,并在托运人记事栏内注明运输温度。

4. 活动物托运的限制

(1) 蜜蜂 托运蜜蜂时,托运人要按车填写物品清单,物品清单内容包括装蜜蜂的箱数、空箱数、蜜蜂饲养工具与饲料、押运人携带的生活用品。物品清单一式两份,办理运输后一份由发站存查,一份托运人留存。

(2) 猛禽、猛兽 托运猛禽、猛兽时,托运人应在货物运单需求联的托运人记事栏内注明商定的运输条件和运输防护方法。

二、受理

1. 按一批办理的限制

按一批托运的易腐货物,一般限同一品名。使用机械冷藏车时,不同热状态的易腐货物不得按一批托运。

一般情况下,下列货物不得混装运输:

(1) 具有强烈气味的货物和容易吸收异味的货物。

(2) 易产生乙烯气体的货物和对乙烯敏感的货物。

(3) 水果和肉类,蔬菜和乳制品。

2. 需签订运输协议的情形

出现下列情况之一的,发站应与托运人、乘务组商定运输条件,签订运输协议,并将比照的品类序号、货物品名、运输条件记录在货物运单需求联的托运人记事栏和机械冷藏车作业单内。

(1) 使用机械冷藏车运输易腐货物,托运人要求不按规定条件办理时,在确认货物不致出现腐烂、变质、冻损等问题的前提下。

(2) 使用机械冷藏车运输未列名的易腐货物时,如货物热状态、货物包装、装车时质量要求、运输温度及装载方式可比照类似品名货物时。

(3) 运输温度要求接近、货物性质允许混装的不同品名易腐货物,要求组织混装运输时。

(4) 使用机械冷藏车运输经过基因修改、非正常天然繁殖、使用过生长激素或经过化学药物处理等降低了保鲜期的果蔬时。

3. 猛禽、猛兽的受理

铁路局集团公司内运输的,发站审核货物运单需求联的托运人记载事项栏对猛禽、猛兽的运输条件和运输防护方法,与托运人协商后,报送铁路局集团公司批准。

跨局运输时,发站所属铁路局集团公司应将商定的事项通知相关铁路局集团公司。

4. 添加记事

在货物运单的承运人记事栏内添加标准记事和运输戳记。

(1) 易腐货物　承运易腐货物时,应在货物运单的承运人记事栏内添加标准记事,用表示装运易腐货物的"三角 K"标记,并将其对应标记转记在列车编组顺序表的记事栏内。如"三角丰""三角 K",货物运单上生成的对应戳记分别为、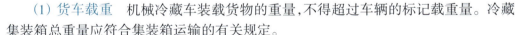,分别表示必须与蜜蜂车隔离的农药车、装运易腐货物。

(2) 活动物　对承运的活动物,应在货物运单的承运人记事栏标注活动物和禁止溜放,并转记入列车编组顺序表记事栏。托运人提出需要途中上水的应在货物运单上注明。

装运活动物的车辆可开启门窗,在货物运单的承运人记事栏注明圈开(表示开门窗运输),并转记入列车编组顺序表记事栏。

三、承运人免责的情形

承运人按与托运人商定的运输条件或签订的运输协议组织运输,以及托运人要求使用棚车运输易腐货物的,除承运人责任外,货物质量由托运人负责。

〖 知识点三 〗　鲜活货物的装车作业

微课
易腐货物的
装车作业

一、易腐货物的装车作业

1. 载运车辆的选择

(1) 货车载重　机械冷藏车装载货物的重量,不得超过车辆的标记载重量。冷藏集装箱总重量应符合集装箱运输的有关规定。

(2) 不得使用的情形　机械冷藏车组中不同的货物车,可以装运温度要求不同的货物。冷藏车、铁路冷藏集装箱严禁用于装运易污染、腐蚀和损坏车辆或箱体的非易腐货物。无包装的水果、蔬菜(西瓜、哈密瓜、南瓜、冬瓜除外)等易污染、损坏车内设备或箱体的易腐货物不得用冷藏车、铁路冷藏集装箱装运。

(3) 货车状态　装载货物的铁路货车必须技术状态良好、干净清洁。

(4) 两站分装(卸)的限制　两站分装(卸)只适用于车组中不同货物车在不同车站装(卸)车,同一货物车的货物不允许两站分装(卸)。

机械冷藏车组和 BX 型车组可组织同一到站卸车的两站分装,或组织同一发站装车的两站分卸。

① 两站分装:装车站必须为同一径路上的两个车站,两站间距离不得大于 500 km。除枢纽地区

外,第一装车站的装车数不得少于全组车的一半。

② 两站分卸:卸车站必须为同一径路上的两个车站,两站间距离不得大于 500 km。除枢纽地区外,第二个卸车站的卸车数不得少于全组车的一半。

2. 易腐货物装车前的准备工作

(1) 填记机械冷藏车(BX 型车)装车通知单　使用机械冷藏车运输易腐货物时,发站应与托运人商定进货、装车等事项,将计划装车时间、装车地点、货物品名及热状态、重量、到站等事项填记在机械冷藏车(BX 型车)装车通知单内,见表 8.4。

表 8.4　机械冷藏车(BX 型车)装车通知单

机械冷藏车(BX 型车)装车通知单						
车号	装车地点	货物品名及热状态	重量 /t	到站	计划装车时间	附注
国铁集团、铁路局集团公司调度命令号码						

装车站货运员(签字)站戳
年　　月　　日
机械长(签字)列车戳
年　　月　　日

打印机械冷藏车(BX 型车)装车通知单一式两份,由发站货运员与冷藏车机械长签字并加盖发站与列车戳后,一份作为装货通知交给机械冷藏车(BX 型车)乘务组,一份发站留存。

使用机械冷藏车时,机械冷藏车(BX 型车)装车通知单需要于装车前 12 h 交给乘务组;使用 BX 型车组运输冷藏集装箱时,机械冷藏车(BX 型车)装车通知单需要于装车前 6 h 交给冷藏车乘务组。

(2) 装车前的预冷　使用机械冷藏车运输易腐货物时,在装车前必须预冷,待车内温度降低到规定温度或协议运输温度后方可装车,在装车时采取措施保持车内温度。

机械冷藏车车内预冷温度:冻结货物为 –3 ℃ ~0 ℃;香蕉为 11 ℃ ~15 ℃;菠萝、柑橘为 9℃ ~12℃;其他易腐货物为 0℃ ~3℃。

3. 易腐货物的装车

(1) 装车作业时长的限制　货物车为 4 辆的 B_{21}、B_{22}、B_{23} 等 5 节式机械冷藏车组的装车作业时间不得超过 6 h,每辆车的装车作业时间不得超过 3 h。B_{10BT} 等单节式机械冷藏车的装车作业时间不得超过 3 h。

（2）**易腐货物的装载方法** 易腐货物装车时，应根据货物的性质、热状态、包装、运输方式及使用的车型采取相应的装载方法。

① **品字形**：奇数层与偶数层货件交错，骑缝装载。其特点是在货隙间形成纵向通风道，车内空气污染能沿车辆纵向循环，但不能上下流通，装载比较牢靠，如图 8.7a 所示。该方法适用于箱装并在热季要求冷却（通风）或在寒季要求加温的货物。

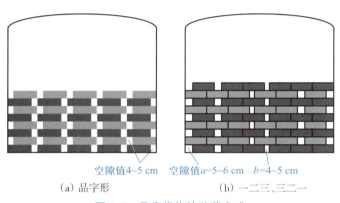

（a）品字形　　　　　（b）一二三、三二一

图 8.7 易腐货物的装载方式

② **一二三、三二一**：第一层的货物装载按照"－空隙－1件－空隙－2件－空隙－3件"的顺序摆放，第二层的货物按照"3件－空隙－2件－空隙－1件－空隙"的顺序摆放，如图 8.7b 所示。装载时奇数层同第一层，偶数层同第二层。其特点是可提高装载量，但因车内空气只能纵向流通，通风道相对较少，导致空气循环较差。适宜运输较坚实的水果和蔬菜。

③ **井字形**：上、下层货物纵横交错码放，配置成井字形，装载时，货箱侧板之间留空隙，端板之间紧靠。奇数层装法相同，偶数层装载相同，如图 8.8 所示。其特点是上下纵横均有通风道，空气循环较好，装载稳固。

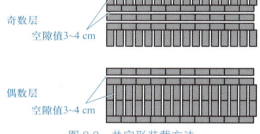

图 8.8 井字形装载方法

④ **筐口对装法**

a. 筐口对装法一：底层两侧的箩、篓、筐等大筐口朝下，中间的大筐口朝上，第二层方向相反。奇数层装载方法相同，偶数层装载方法相同，如图 8.9a 所示。其特点是货件与车墙间和两侧货件间有纵向通道，货件上下及横向有间隙，车内空气循环较好。

b. 筐口对装法二：底层及奇数层全部箩、篓、筐等大筐口朝上，第二层及偶数层全部箩、篓、筐等大筐口朝下，如图 8.9b 所示。其特点是货件间未设通风道，只有通风间隙，可提高装载量，但车内空气循环较差。为了增大通风，可在筐内加通风筒。

c. 筐式顺装法：每层的全部箩、篓、筐等大筐口朝上，按顺序堆装，如图 8.9c 所示。其特点是纵向、横向均有通风道，分布比较均衡。

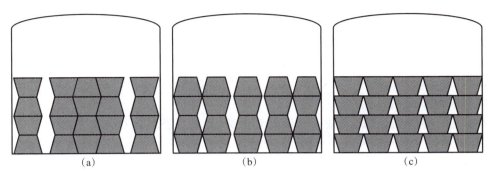

图 8.9　筐口对装法与筐式顺装法

二、活动物的装车作业

1. 活动物的装车

（1）装运大型牲畜　装运牛、马、骡、驴、骆驼等大牲畜,应使用木(竹)地板货车,并采取有效措施将活动物拴紧。因木(竹)地板货车不足,确实需要使用其他货车时,应采取衬垫等防滑措施。

装运活动物的车辆开启门窗时,应采取措施防止大牲畜头部伸出,对开启的车门应捆绑牢固并用栅栏将活动物挡住。开启的门窗最外突出部位不得超限。

（2）装运活鱼　装运活鱼,使用增氧机运输时,严禁使用汽油动力增氧机,允许使用柴油动力增氧机。随车携带的动力用柴油应盛装于小口塑料桶内,口盖必须拧紧,严密不漏,重量不得超过 100 kg。随车携带增氧机时,必须配 1~2 只灭火器。

（3）装运蜜蜂　蜜蜂进站、装车时,托运人必须在蜂箱巢门外安装好纱罩,防止蜜蜂飞出蜇人、遮蔽信号,影响车站作业和行车安全。蜂箱巢门未安装纱罩的,发站不得承运装车。

2. 装车后的检查

冷藏车乘务组应检查车门是否关闭严密,及时记录车内温度并开机调温。需要途中供电服务的冷藏集装箱装车后,冷藏车乘务组负责冷藏集装箱的电源连接、温度检查,发现影响正常运输的异常情况,应及时报告和处理。

三、鲜活货物的承运与挂运

承运人发现鲜活货物的重量、包装、温度达不到要求时,有权拒绝承运。在挂运时,活动物车辆的编组隔离要求如下:

（1）蜜蜂与农药装运车辆的编组隔离要求　蜜蜂与农药的装运车辆原则上不得编挂在同一列车上。如因车流不足、分别挂运有困难,在本次列车运行全程不发生列车折角转向运行的条件下,可编入同一列车内,但应将蜜蜂车挂在农药车的前部,并隔离 4 辆以上。

（2）蜜蜂与生石灰装运车辆的编组隔离要求　蜜蜂和生石灰装运车辆编组在同一列车内时,应隔离 2 辆以上,并将蜜蜂车挂在生石灰车的前部。

课程思政案例：精业务、通人情，树立职业自豪感

6月12日，货运营业站A站快运发送一批果蔬到货运营业站C站，具体信息如下：货物品名为西红柿，两站运价里程为1 151 km，托运人在货物运单的托运人记载事项栏记明该批货物的容许运输期限为8天。

当该批货物装车后，托运人提出运输变更申请，要求将原到站C站变更为前方货运营业站D站（两站间运价里程为758 km）。货运营业站A站的货运员小王接到运输变更申请后，告知托运人此次运输变更无法办理。托运人非常不满，质问为什么不给予办理，并叫嚷说铁路不给办理是因为怕作业麻烦，不愿意为他们这类小客户提供服务。小王面对无理取闹的客户并没有针锋相对或冷漠不理，而是耐心地给出了理由，具体原因如下：西红柿属于易腐货物，为了保证易腐货物运输品质，运到期限必须大于货物容许运到期3天才能承运，该批货物原运到期限为4天，容许运到期限为8天，可以承运，但若运输变更到站后运到期限变为5天，不符合承运条件，因此铁路依规则拒绝办理。听取了小王耐心细致的解释，客户表示了理解并为自己先前的横蛮态度表达了歉意。

工 作 手 册

【任务名称】　　　　办理鲜活货物的发送作业　　　　参考学时：1学时
【项目团队】

【任务实施关键点】

工序	工作步骤	实施方案
1. 鲜活货物的试运行	鲜活货物需试运行的情形	
	鲜活货物试运行申请	
	鲜活货物试运行审批	
	鲜活货物试运行组织	
2. 鲜活货物的受理	鲜活货物运输应提供的检疫证明材料	
	鲜活货物的运输限制	
	鲜活货物的受理	
3. 鲜活货物的装车作业	鲜活货物的车辆选择	
	鲜活货物的装车	
	鲜活货物的承运及车辆编挂	

续表

工作笔记:试谈一谈如何养成"任劳任怨"的职业态度?

 随堂练习

1. 易腐货物容许运输期限至少须大于铁路规定运到期限的(   )。

A. 1 日   B. 2 日   C. 3 日   D. 4 日

2. 下列(   )货物不得用冷藏车、铁路冷藏集装箱装运。

A. 箱装苹果   B. 箱装西瓜   C. 箱装哈密瓜

D. 无包装苹果   E. 无包装西瓜   F. 无包装冬瓜

3. 蜜蜂和生石灰装运车辆编组在同一列车内时应隔离(   )辆以上,并将蜜蜂车挂在生石灰车的前部。

A. 1   B. 2   C. 3   D. 4

4. 简述需提供检疫证明的鲜活货物包括哪些?

5. 概述按一批办理的易腐货物的限制有何规定?

【专项技能 8.3】 鲜活货物途中作业

微课
鲜活货物途
中作业

 学习目标

能力目标

能办理鲜活货物的途中作业。

知识目标

熟悉鲜活货物途中作业流程,掌握鲜活货物特殊作业及异常情况处理等作业环节的特殊规定。

素质目标

强化"主人翁"意识,培育岗位光荣的职业自豪感。

任务下达

🔶 **阅读后,在工作手册中完成任务。**

   某日,京广线上行岳阳北站到云溪站区间的线路发生故障致使行车中断超过 12 h,岳阳北站货运检查员在进行交接检查时分别发现一批装运菠萝的车辆和一批装运活羊的车辆积压在站,经押运员报告在一辆装运活羊的车辆中有少数几只羊疑似染疫。

   试分析该批货物的处理办法,并谈一谈处置动物染疫事件应该保持的工作态度。

 理论学习

〖 知识点一 〗 易腐货物的途中作业

一、途中作业的办理

1. 机械冷藏车的途中控温

   使用冷藏车运输易腐货物时,应根据货物运单的托运人记事栏内注明装载货物的运输温度要求和途中控温、途中不控温、途中通风、途中不通风等要求定期对车内温度状况进行监控。

   装车后及运输途中,每隔 2 h 记录一次各车内的温度,每 6 h 填写一次机械冷藏车作业单,见表 8.5。

表 8.5   机械冷藏车作业单(部分)

三、机械冷藏车温度记录							
日 / 时分							
车外温度 /℃							
车内温度 /℃							
日 / 时分							
车外温度 /℃							
车内温度 /℃							

   使用机械冷藏车装运水果、蔬菜和其他需要通风运输的货物时,应根据具体情况定期进行通风作业。

2. 途中上水作业

   需中途上水的机械冷藏车、BX 型车组应编在列车中部,乘务组应提前拍发电报将有关情况通知前方上水站,上水站站名见表 8.6。机械冷藏车、BX 型车组需要上水时,车站应予以支持并免费供水。

表 8.6　上水站站名表

铁路局集团公司	上水站站名
哈尔滨	哈尔滨南、三间房、牡丹江、让湖路、佳木斯、绥化、加格达奇、博克图、北安、塔河、伊图里河、海拉尔
沈阳	山海关、裕国、苏家屯、四平、通辽、梅河口、大安北、赤峰、锦州
北京	丰台西、沙岭子西、承德、隆化、德州、蓟州、衡水、邯郸、唐山北、唐山东
太原	大同、临汾、运城
呼和浩特	集宁南、包头、临河、正镶白旗、大板
郑州	郑州北、商丘北、月山、三门峡西、洛阳东、平顶山西
武汉	武汉北、襄阳北
西安	新丰镇
济南	济西
上海	南翔、阜阳北(仅下行方向)、芜湖东、蚌埠东
南昌	鹰潭
广州	株洲北、怀化西
南宁	玉林、南宁南、黎塘、凭祥、金城江、茂名西、湛江
成都	达州
昆明	宣威、威舍、红果、蒙自、河口北
兰州	天水、兰州、银川、中卫、嘉峪关、张掖、平凉、陇南
乌鲁木齐	柳园、吐鲁番、奎屯、阿拉山口中、库乐勒、喀什
青藏	无

3. 途中供电服务

车站、铁路专用线(专用铁路)、冷藏车乘务组要认真按车填写机械冷藏车作业单、冷藏箱供电作业单,并做好传递交接工作。

BX 型车组的冷藏车乘务组应做好途中供电工作,确保冷藏集装箱供电正常,并在沿途车辆技检作业时,对冷藏集装箱温度进行检查和记录。未配备冷藏车乘务组的,车辆配属单位要做好远程监控和应急处置工作。

4. 易腐货物的变更办理

易腐货物可办理一次到站变更,但其容许运输期限要大于新运到期限 3 日以上。

二、途中异常情况处理

1. 途中滞留

装有易腐货物的车辆在运行途中不得保留。遇有特殊情况需要保留时,保留站应立即向铁路局集团公司调度、货运部门报告,同时采取措施妥善处理并编制普通记录说明原因。

装有易腐货物的车辆、集装箱因技术状态不良等原因发生滞留不能继续运输时,滞留站应及时报告铁路局集团公司调度、货运部门,尽量组织按原运输条件倒装。由于气温、技术条件等限制不能倒装又不宜在当地处理的货物,滞留站应通知发、到站及时联系托运人、收货人,并限时提出处理办法。超过要求时间未接到答复或因等候答复使货物造成损失的,由发生地铁路局集团公司与发送铁路局集团公司协商处理。

2. 货物腐烂、变质

运输途中发现易腐货物出现腐烂、变质、冻损、污染、生理病害、病残死亡等问题,发现单位应立即通知车站联系托运人、收货人并妥善处理,防止货物损失扩大。

3. 冷藏集装箱损坏情况的处理

沿途各站发现冷藏集装箱箱门不能开启、油箱漏油、电源连接线脱落等问题,影响运输安全的,应及时处理和报告。需要甩车处理的,必要时应通知箱主单位或托运人配合处置。

〖知识点二〗 活动物的途中作业

一、押运

托运人须派熟悉动物特性的押运人随车押运,负责做好动物的饲养、饮水、换水、洒水、看护和安全工作。

押运人每车一至两人。押运人携带物品只限途中生活用品和途中需要的饲料和饲养工具,并严格遵守押运人须知和铁路的有关规定。

为放蜂需要带的狗必须装在铁笼内,并交验检疫证明。为保证铁路作业安全,蜜蜂在车站和运输过程中不得放蜂。

二、途中上水

活动物中途上水由铁路指定的上水站免费供水,上水站应将其接入备有上水设备的股道,上水用具由托运人或押运人自备。

发站或上水站应拍发上水预电报,依次向前方上水站进行上水预报,见表 8.7,在电文首部冠以"上水预报"字样,电报内容包括对挂有活动物需要上水车辆的列车的开车月、日、车次、车型车号、货物品名、到站、收货人等。其中,收货人一栏由最后一个上水站向到站预报。若整列车运输活动物时,车型车号一栏只报车型、车数,不报车号。

表 8.7   上水预报

内容	开车月、日	车次	车型车号	货物品名	到站	收货人
代号	(1)	(2)	(3)	(4)	(5)	(6)

三、异常情况的处理

运输过程中发现活动物染疫、疑似染疫、病死或死因不明时,押运人应及时通知车站。车站发现上述情况时,应及时向当地兽医主管部门、动物卫生监督机构或者动物疫病预防控制机构报告,同时拍发电报通知发、到站和上级主管部门,并采取隔离等控制措施,防止动物疫情扩散。严禁乱扔染疫、疑似染疫的活动物,病死或死因不明的活动物尸体。

活动物的排泄物以及垫料、包装物、容器等污染物应在铁路指定站或到站清除,按动物防疫部门的规定处理,不得中途随意向车外抛撒,不得违规在中途站清扫和冲洗。

工 作 手 册

【任务名称】_____鲜活货物的途中作业_____参考学时: 1 学时
【项目团队】_____

【任务实施关键点】
_____
_____
_____

工序	工作步骤	实施方案
1. 易腐货物途中作业	易腐货物的途中正常作业	
	易腐货物途中滞留情况的处理	
	易腐货物途中腐烂、变质情况的处理	
2. 活动物途中作业	活动物的途中正常作业	
	活动物途中异常情况的处理	

工作笔记: 试从"主人翁"视角谈一谈办理鲜活货物途中作业时应具备的工作品质。

随堂练习

1. 使用冷藏车运输易腐货物时应根据货物运单的托运人记事栏内注明装载货物的运输温度要求和( )等要求定期对车内温度状况进行监控。

A. 途中控温   B. 途中不控温   C. 途中通风   D. 途中不通风

2. 装有易腐货物的车辆在运行途中不得保留。遇有特殊情况需要保留时,保留站应立即向铁路局集团公司调度、货运部门报告,同时采取措施妥善处理并编制( )说明原因。

A. 货运记录   B. 普通记录
C. 货物损失报告   D. 货物损失速报

3. 托运人必须派熟悉动物特性的押运人随车押运,负责做好动物的(　　　)工作。

A. 饲养　　　　　　　　　　B. 饮水　　　　　　　　　　C. 换水

D. 洒水　　　　　　　　　　E. 看护　　　　　　　　　　F. 安全

4. 概述易腐货物在运输途中发生滞留时如何处理?

5. 概述活动物在运输途中发生异常时如何处理?

【专项技能 8.4】 鲜活货物到达作业

学习目标

微课
鲜活货物到
达作业

能力目标

能办理鲜活货物的到达作业。

知识目标

(1) 熟悉鲜活货物到达作业流程。

(2) 掌握鲜活货物卸车、清扫清毒、到货交接、货物损坏的处理、领货等作业环节的特殊规定。

素质目标

强化"主人翁"意识,形成职业归属感。

任务下达

　◆ 阅读后,在工作手册中完成任务。

　　12 月 8 日 23:10,朝阳站到货一车苹果,车号为 P$_{64}$ 3213573,发站为瓦房店。朝阳站于 12 月 9 日向收货人张林发出领货通知,张林却拒绝领取,经车站多次联系、沟通,收货人亦不来认领货物。第 3 日,朝阳站发电报通知发站及托运人征求处理意见,却被告知无法提出处理意见。

　　试分析该批货物的处置办法,并思考在处置该事件时如何发挥"主人翁"的责任意识。

理论学习

〖知识点一〗 卸车与清扫清毒

一、卸车

卸车前,车站应通知冷藏车乘务组,冷藏车乘务组应按规定做好检查记录,将冷藏集装箱电源连接线拔出和复位;具备卸车条件后,冷藏车乘务组通知车站。未配备冷藏车乘务组的,由车辆配属单位负责。

铁路箱掏空后,掏箱单位应将集装箱清扫干净,将箱门关闭良好,撤除无关标记。卸车单位负责将卸后的车辆和货位清扫干净。

二、清扫与消毒

被动物、动物产品等污染的车辆、铁路箱及货位,卸车或掏箱单位要彻底洗刷除污,保证没有残留的污水、秽物。按规定需要消毒的,由收货人按卫生部门和动物卫生监督部门要求办理。车辆(铁路箱)洗刷除污、消毒后适当通风,晾干后再关门。

卸车单位没有货车洗刷除污条件的,车站应根据调度命令填写特殊货车及运送用具回送清单,向铁路局集团公司指定的洗刷除污站回送货车。

机械冷藏车洗刷除污、消毒后须经车站和乘务组检查验收,棚车、敞车和铁路箱洗刷除污、消毒后须经车站检查验收。

〖 知识点二 〗 到 货 交 接

一、冷藏集装箱的交付凭据

1. 不需要途中供电服务时
到站后双方凭箱号、封印和箱体外状交接。在承运人的运输责任期内,箱体没有发生危及货物安全的损坏、箱号和施封号码与货物运单记载一致、施封有效时,箱内货物质量由托运人负责。

2. 途中提供供电服务时
途中有供电服务的冷藏集装箱,到站后凭箱号、封印、箱体外状和箱内温度进行交接。在承运人的运输责任期内,箱体没有发生危及货物安全的损坏、箱号和施封号码与货物运单记载一致、施封有效、途中供电正常时,箱内货物质量由托运人负责。

二、冷藏集装箱交接责任划分

1. 自备箱责任划分
使用自备冷藏集装箱运输易腐货物,因冷藏集装箱自身质量问题造成损失的,由托运人负责,产生的途中倒装费用由托运人承担。

2. 铁路箱的责任划分
使用铁路冷藏集装箱运输易腐货物,因冷藏集装箱自身质量问题造成损失的,由箱主单位负责;因操作不当造成货物损失和冷藏集装箱故障、破损的,由使用单位负责。

〖知识点三〗　到货交接与交付

一、货物损坏的处理

到达货物出现腐烂、变质、冻损、污染、生理病害、病残死亡等问题时,到站应立即组织卸车,使用机械冷藏车的,应会同乘务组组织卸车。到站按规定编制货运记录。

发现食品运输污染的,应立即向铁路食品安全监管办公室报告。

二、货物交付

易腐货物运抵到站,由到站发出领货通知。收货人领取货物时必须将货物的装车备品、防护用品、衬垫物品等全部搬出。

1. 征求处理意见

出现以下情况之一,到站应在 1 日内及时通知发站和托运人,征求处理意见。

(1) 联系不到收货人时,到站应自发出领货通知次日起;

(2) 不能实行领货通知时,到站应在卸车完了的次日起;

(3) 收货人拒绝领取之日起。

2. 无法交付的处理

出现以下情况之一,到站可按无法交付货物或依据有关规定处理。

(1) 超过容许运输期限仍无人领取的货物;

(2) 收货人拒领而托运人又未按规定在接到通知之日起 2 日内提出处理意见的货物;

(3) 虽未超过上述期限,但已开始腐坏、变质的货物。

📖 **课程思政案例:守规则,秉承按章办事理念;通人情,耐心细致为客户解疑难**

4 月 12 日,某货运营业站因前方站间铁路线路遇洪水无法通车,导致一批易腐货物(货物品名为西瓜,已办理保价运输)在站滞留。车站立即向铁路局集团公司调度与货运部门报告,并迅速联系该批货物的托运人与收货人商量解决办法。由于托运人与收货人对处理意见不统一导致该批货物无法及时得到合适的处置。待线路通车将该批货物运送至到站后,发现该批货物已大部分腐烂。收货人遂以已办理保价运输为由要求铁路按货物全额给予赔偿,被拒绝后,收货人非常愤怒,动手推搡为其办理业务的货运员小李,并声称铁路店大欺客,要发微博讨伐这种行为。面对客户的无理取闹,小李保持了冷静,耐心地为客户解释原因,由于该批货物的滞留属于自然灾害所致,属于不可抗力,因此铁路无需承担赔偿。客户认为,一是有法可依,二是在处理过程中小李始终保持了耐心、热情的态度,于是表示了接受。

工 作 手 册

【任务名称】	办理鲜活货物的交付与卸车作业	参考学时：1 学时
【项目团队】		

【任务实施关键点】

_____

_____

_____

工序	工作步骤	实施方案
1. 鲜活货物的交付	通知收货人领货	
	征求发站和托运人的处理意见	
	按无法交付货物处理	
2. 鲜活货物的卸车	鲜活货物的卸车	
	鲜活货物的清扫与消毒	

工作笔记: 试谈一谈办理鲜活货物交付时,若客户对处置办法持有异议且情绪过激,该保持怎样的工作态度,为什么?

随堂练习

1.(　　　)负责将卸后的车辆和货位清扫干净。

A. 车站　　　　　　　B. 卸车单位　　　　　　C. 收货人　　　　　　D. 装卸工组

2. 卸车单位没有货车洗刷除污条件的,车站应根据(　　　)填写特殊货车及运送用具回送清单,向铁路局集团公司指定的洗刷除污站回送货车。

A. 调度命令　　　　　B. 回送命令　　　　　　C. 上级通知　　　　　D. 电报

3. 冷藏集装箱途中不需要途中供电服务时,到站后双方凭(　　　)、(　　　)和(　　　)交接。

A. 箱号　　　　　　　B. 封印　　　　　　　　C. 箱体外状　　　　　D. 箱内温度

4. 易腐货物运抵到站联系不到收货人或收货人拒绝领取时,该如何处理?

教学目标

能力目标

能正确按规章办理超限超重货物运输作业。

知识目标

（1）掌握超限、超重货物的定义与等级。

（2）掌握超限货物的超限等级判定方法。

（3）掌握超限货物的发送、途中与到达作业组织的特殊规定。

素质目标

具备严谨规范的职业素养和攻坚克难的钻研精神。

【专项技能 9.1】 超限超重货物认知

学习目标

能力目标

（1）能绘制机车车辆限界图和各级超限限界图。

（2）能灵活使用规章，判定货物超限、超重等级。

知识目标

（1）理解相关铁路限界。

（2）掌握超限货物的定义、类型及等级。

（3）掌握超重货物的定义及等级。

素质目标

具备一定的抽象思维能力和规范严谨的职业素养。

任务下达

🔷 **阅读后，在工作手册中完成任务。**

2 月 10 日，株洲北站承运了五件裸装货物，装载车型及装车后测量数据见表 9.1。

表 9.1 装载车型及装车后测量数据

货物名	由轨面起高度 /mm	由车辆纵中心线起		装载车型	重车总重 /t
		左宽 /mm	右宽 /mm		
货物 1	3 020	1 700	1 934	D_{26}	400
货物 2	3 600	1 900	1 800	350 t 落下孔车	514
货物 3	4 000	1 680	1 200	D_{45}	650
货物 4	1 800	1 600	1 600	DK_{29}	298
货物 5	1 200	1 700	1 700	D_2	150

试根据表中给定信息完成以下任务：

（1）判定装车后的五件货物在直线上是否超限，若超限请确定超限等级和超限种类，并简述确定依据。

（2）判定装车后的五件货物是否为超重货物，若超重请确定超重等级，并简述确定依据。

（3）请思考能否直接用装载方案中的数据来代替装车后现场测量的数据？

理论学习

〖 知识点一 〗 相关铁路限界

一、机车车辆限界

机车车辆限界是机车车辆横断面的最大尺寸轮廓图,如图 9.1 所示。机车车辆限界的最大半宽为 1 700 mm,此时距轨面高度在 1 250~3 600 mm 间;最大高度为 4 800 mm,此时半宽为 450 mm;最低高度为 100 mm,此时半宽为 1 270 mm。

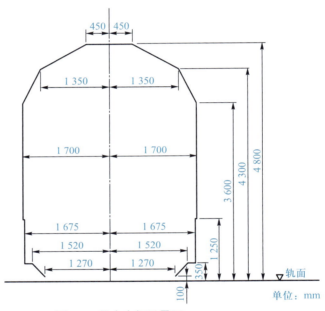

图 9.1 机车车辆限界图

二、一级超限限界

一级超限限界是一级超限货物装载的最大轮廓图,如图 9.2 所示。一级超限限界的最大半宽为 1 900 mm,此时距轨面高度在 1 250~3 100 mm 间;最大高度为 4 950 mm,此时半宽为 450 mm。距轨面高度 1 250 mm 以下,未设一级超限限界。

三、二级超限限界

二级超限限界是二级超限货物装载的最大轮廓图,如图 9.3 所示。

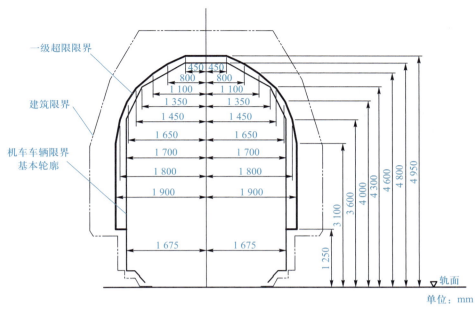

图 9.2　一级超限限界图

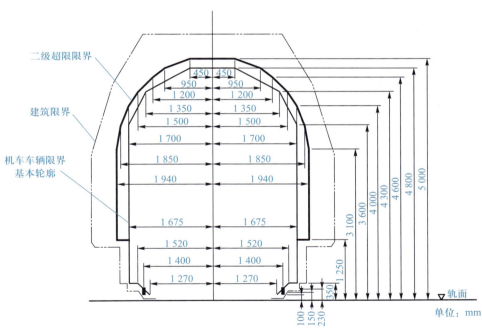

图 9.3　二级超限限界图

二级超限限界的最大半宽为 1 940 mm，此时距轨面高度在 1 250~3 100 mm 间；最大高度为 5 000 mm，此时半宽为 450 mm；距轨面高度 150~230 mm 处，半宽为 1 400 mm，其下部限界图如图 9.4 所示。

四、基本建筑限界

铁路建筑限界是与线路中心线垂直的横断面轮廓图,分为基本建筑限界、隧道建筑限界和桥梁建筑限界等。《铁路超限超重货物运输规则》(简称《超规》)附件4中的建筑限界引用的是《标准轨距铁路建筑限界》(GB 146.2—83)中的基本建筑限界,如图9.2和图9.3中的建筑限界所示。铁路上线运输的任何货物都不得超出基本建筑限界。

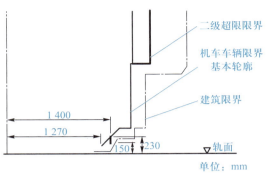

图 9.4　二级超限限界下部限界图

除了限界图,机车车辆限界、各级超限限界和建筑限界的具体尺寸可在《超规》附件4的机车车辆限界、各级超限限界与建筑限界距离线路中心线所在垂直平面尺寸表中查询到。

〖知识点二〗　超限超重货物定义及等级

微课
认识超限货物

一、超限货物

1. 超限货物的类型

货物装车后,车辆停留在水平直线上,货物的任何部位超出机车车辆限界基本轮廓者或车辆行经半径为300 m的曲线时,货物的计算宽度超出机车车辆限界基本轮廓者,均为超限货物。装后超出机车车辆限界基本轮廓的货物,经国铁集团批准,可不按超限货物办理。

根据货物超限部位所在的高度,超限货物分为上部超限、中部超限和下部超限三种类型。

(1) 上部超限　自轨面起高度超过3 600 mm,任何部位超限者。

(2) 中部超限　自轨面起高度超过1 250~3 600 mm之间,任何部位超限者。

(3) 下部超限　自轨面起高度在150~1 250 mm之间,任何部位超限者。

2. 超限货物的等级

根据货物的超限程度,超限货物分为一级超限、二级超限和超级超限三个等级。

(1) 一级超限　自轨面起高度在1 250 mm以上超限但未超出一级超限限界者。

(2) 二级超限　超出一级超限限界而未超出二级超限限界者,以及自轨面起高度在150~230 mm间超限但未超出二级超限限界者。

(3) 超级超限　超出二级超限限界者,以及自轨面起高度在230~1 250 mm间的超限者。

二、超重货物

装车后,重车总重活载效应超过桥涵设计标准活载的货物,称为超重货物。根据货物的超重程度,超重货物分为一级超重、二级超重和超级超重三个等级。用 Q 代表活载系数,当 $1.00 < Q \leqslant 1.05$ 时,属一级超重;当 $1.05 < Q \leqslant 1.09$ 时,属二级超重;当 $Q > 1.09$ 时,属超级超重。

实际工作中可根据重车总重和所使用的车种车型查看《超规》附件 5 的超重货物分级表来具体划分超重货物等级,见表 9.2。

表 9.2 超重货物分级表

项目 等级	长大货车型号	重车总重 P/t	长大货车型号	重车总重 P/t
一级	D_2	$314<P$	D_{28}	$369<P \leqslant 388$
	D_{2A}	$P>329$	DK_{29}	$370.8<P \leqslant 389.5$
	D_{2G}	$326<P \leqslant 342$	D_{30G}	$437<P \leqslant 459$
	D_{18A}	$P>310$	D_{32}	$491<P \leqslant 515$
	DK_{23}	$P>296$	350 t 落下孔车	$490<P \leqslant 514$
	D_{23G}	$310<P \leqslant 326$	DQ_{35}	$P>508$
	D_{25A}	$P>374$	DK_{36}	$P>545.7$
	DA_{25}	$P>361$	DK_{36A}	$P>521.3$
	D_{32A}	$P>545$	D_{38}	$543<P \leqslant 571$
	D_{26}	$371<P \leqslant 390$	D_{45}	$580<P \leqslant 609$
	D_{26AK}	$P>332$	DA_{37}	$P>542.2$
	D_{26B}	$371<P \leqslant 390$	DQ_{45}	$585 t<P \leqslant 615 t$
二级	D_{2G}	$342<P \leqslant 355$	350 t 落下孔车	$P>514$
	D_{23G}	$P>326$	D_{32}	$515<P \leqslant 535$
	D_{26}	$P>390$	D_{38}	$571<P \leqslant 592$
	D_{26B}	$P>390$	D_{45}	$609<P \leqslant 632$
	D_{28}	$P>388$	DQ_{45}	$615<P \leqslant 638$
	D_{30G}	$P>459$	DK_{29}	$P>389.5$
超级	D_{2G}	$P>355$	D_{45}	$P>632$
	D_{32}	$P>535$	DQ_{45}	$P>638$
	D_{38}	$P>592$		

以上均为货物装载无偏心情况,如有偏心,则应按实际装载偏心另行计算等级。

▣ 课程思政案例:爱岗敬业,不忘初心,时刻牢记安全无小事

货运安全室新调入员工小张某天刚到办公室,师傅就叫他一起去作业现场指导装车,货场要装一件大型设备。到了现场,货运员、门吊司机、装卸工人等都已就位,各岗位人员各司其职,装车工作进展顺利。待装载加固完毕,小张正待回办公室,师傅却叫住了他,装车完成后还有一系列工作要做,包括装车后测量、检查确认装载加固是否符合规定要求、对照超限超重货物运输确

认电报进行复核、标划货物检查线及拴挂书写表示牌等。小张表示这些事情没必要亲历亲为,师傅却告诉他安全无小事,尤其是特殊货物的装运,每个作业环节都不能大意。从师傅忙碌的身影和坚定的话语中,小张感受到了一个老铁路货运人不忘初心的坚持。

工 作 手 册

【任务名称】_____货物超限与超重等级的判定_____参考学时:1 学时

【项目团队】_____

【任务实施关键点】

_____

_____

_____

工序	工作步骤	实施方案
1. 判定超限等级	查找《超规》附件 4	
	判定是否超限	
	确定超限等级种类	
2. 判定超重等级	查找《超规》附件 5	
	判定是否超重	
	确定超重等级	

工作笔记:请结合超限超重货物装车后作业谈一谈如何做到时刻牢记作业安全无小事?

随堂练习

1. 机车车辆限界基本轮廓由轨面起 4 800 mm 处,两侧距离中心线所在垂直平面的宽度为( )mm。

A. 450   B. 1 250   C. 1 350   D. 1 700

2. 装后超出机车车辆限界基本轮廓的货物,经( )批准,可不按超限货物办理。

A. 站段主管领导   B. 发送铁路局集团公司

C. 发站   D. 国铁集团

3. 简述什么是超限货物、超重货物?

4. 简述根据货物超限部位所在的高度,超限货物分为几种类型? 根据货物的超限程度,超限货物分为几种等级?

5. 简述根据货物的超重程度,超重货物分为几种等级?

【专项技能 9.2】 货物超限等级确定

 学习目标

微课
超限货物等级判定

能力目标

(1) 能判定货物(用一辆六轴及以下货车装载时)超限等级。

(2) 能判定普通平车跨装时货物的超限等级。

知识目标

(1) 理解超限等级判定中涉及的相关术语。

(2) 掌握一车负重与跨装时货物计算宽度的计算方法。

(3) 掌握超限等级的判定方法。

素质目标

具备不畏艰险、攻坚克难的钻研精神。

任务下达

◆ 阅读任务,在工作手册中完成任务。

3 月 20 日,株洲北承运一件钢梁,重量为 30 t,长 16 m,宽 3.4 m,高 3 m,拟使用一辆 N_{16} 型 60 t 的平车一端突出装运,另加挂一辆 N_{16} 型平车做游车,横垫木高度为 210 mm。

请确定这件钢梁装车后的超限等级,并思考能否通过某些措施降低其超限等级。

理论学习

〖知识点一〗 货物超限等级确定步骤

一、超限等级确定相关术语

1. 计算点

计算点指超限货物上超限程度大、最可能超限部位处的点。在确定超限等级时需选择一个或几个计算点。计算点是以其至线路中心线垂直面的宽度和至轨面的高度来确定的。

2. 检定断面

检定断面指计算点所在的与线路中心线垂直的横断面。在确定超限等级时需选择超限程度可能最大的货物垂直横断面。

3. 货物检定断面上计算点的实测宽度 B

货物检定断面上计算点的实测宽度指计算点至负重车纵中心线所在垂直平面的距离。通常用米尺测量确定,用符号 B 表示。

4. 货物偏差量 C

当超限车行经在平直线路上时,两转向架中心销的垂直投影落在线路中心线上,货车纵中心线与线路中心线重合。当超限车经过半径 300 m 的曲线时,两转向架中心销的垂直投影落在线路中心线上,但货车纵中心线与线路中心线不再重合。货车纵中心线偏离线路中心线的距离即为货物偏差量,用符号 C 表示。货车纵中心线在两销间偏向内方,称为内偏差($C_内$),货车纵中心线在两销之外偏向外方,称为外偏差($C_外$),如图 9.5 所示。

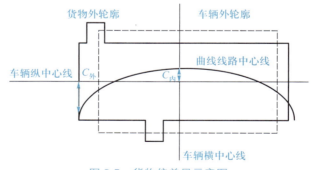

图 9.5　货物偏差量示意图

5. 附加偏差量 K

附加偏差量指由于车辆走行部分游间和曲线处轨距加宽产生的偏差量,用符号 K 表示。附加偏差量仅在计算外偏差时才考虑。

6. 曲线线路建筑限界内外侧水平距离的加宽值

《超规》所采用的曲线内外侧水平距离加宽值为 36 mm,它是以车长为 13.2 m、销距为 9.35 m 的平车行经半径为 300 m 的曲线线路时,所产生的内、外偏差量来确定的。在确定曲线线路基本建筑限界的实际宽度时,已考虑了该值,所以在确定计算宽度时,须减去 36 mm。

二、超限等级确定步骤

超限等级是以计算点所在检定断面的计算宽度(或实测宽度)和相对应的计算高度,查机车车辆限界、各级超限限界与建筑限界距离线路中心线所在垂直平面尺寸表(《超规》附件 4)而确定。当超限货物车行经在平直线路上时,确定超限等级的宽度是实测宽度;当超限货物车行经在曲线线路上时,确定超限等级的宽度是计算宽度。

确定超限货物超限等级的步骤如下:

1. 标出计算点

在左视图上标出不同高度、不同宽度的易于超限的点作为需要计算的计算点。在等宽条件下,计算点高度在 1 250 mm 以上时,标高不标低;不足 1 250 mm 时,标低不标高。

2. 选择检定断面

在主视图上选出与所标出的计算点相对应的检定断面。当高度和宽度相同时,应选择偏差量大的检定断面。当货物的检定断面位于装载车两转向架中心销之间时,应选近(距货车横中心线)不选远,检定断面位于两销间中央部位时偏差量最大;当货物的检定断面位于装载车两转向架中心销外方时,应选远(距转向架中心销)不选近,检定断面位于两销外方的端部时偏差量最大。

3. 确定计算点的宽度

计算点的宽度是线路中心线的垂直面至计算点的宽度,在直线线路上为货物的实测宽度 B,在曲线线路上为货物的计算宽度 X。当货物的计算宽度小于它的实测宽度时,按实测宽度确定其超限等级。

4. 确定计算点的高度

计算点的高度是自钢轨面至计算点的高度,一般包括货车地板高度、垫木(或转向架)高度和计算点至货物支重面的高度。

三、跨装货物超限等级确定的注意事项

确定跨装货物的超限等级也分为以上五步,但需要注意以下几点:

(1) 在标计算点时,除了考虑车底板的高度,还要考虑货物转向架的高度。

(2) 在选择检定断面时,当货物的检定断面位于两货物转向架中心销之间时,应选近(距跨装支距中心)不选远,检定断面位于两货物转向架中心销间中央部位时偏差量最大;当检定断面位于两货物转向架中心销外方时,应选远(距货物转向架中心销)不选近,检定断面位于两货物转向架中心销外方的端部时偏差量最大。

(3) 计算点的计算宽度不但与车辆转向架中心距、曲线半径有关,还与跨装支距、货物检定断面至跨装支距中心的距离、货物转向架中心销偏离所在车辆横中心线的距离有关。

(4) 计算点的高度包括货车地板高度、货物转向架高度和计算点至货物支重面的高度。

〖知识点二〗 货物计算宽度的计算方法

一、用一辆六轴及以下货车装载时

1. 当货物的检定断面位于车辆两转向架中心销之间时

当货物的检定断面位于车辆两转向架中心销之间时,计算货物检定断面处的内偏差量,计算点的计算宽度用 $X_内$ 表示,单位为 mm,计算公式为:

$$X_内 = B + C_内 - 36 \tag{9-1}$$

其中,货物检定断面处的内偏差量 $C_内$ 计算公式为:

$$C_内 = \frac{l^2 - (2x)^2}{8R} \times 1\,000 \tag{9-2}$$

2. 当货物的检定断面位于车辆两转向架中心销外方时

当货物的检定断面位于车辆两转向架中心销外方时,计算货物检定断面处的外偏差量,计算点的计算宽度用 $X_外$ 表示,单位为 mm,计算公式为:

$$X_外 = B + C_外 + K - 36 \tag{9-3}$$

其中,货物检定断面处的外偏差量 $C_外$,单位为 mm,计算公式为:

$$C_外 = \frac{(2x)^2 - l^2}{8R} \times 1\,000 \tag{9-4}$$

货物检定断面处的附加偏差量 K 的计算公式为:

$$K = 75\left(\frac{2x}{l} - 1.4\right) \tag{9-5}$$

当 $\frac{2x}{l} \leqslant 1.4$ 时,K 值不计算。

式中:l 为车辆转向架中心距,m;x 为货物检定断面至车辆横中心线的距离,m;R 为曲线半径,取 300 m。

3. 实际运用时注意事项

(1) 当货物为等断面体时,只需计算 $C_内$ 或 $C_外$。若 $\frac{2x}{l} \leqslant 1.4$ 时,计算 $C_内$;若 $\frac{2x}{l} > 1.4$ 时,计算 $C_外$。

(2) 对于外形结构复杂、不规则的货物,需根据具体情况,计算几个检定断面的计算宽度,进行比较后才能确定其超限等级。

> 🔷 **超限等级确定示例**
>
> #### 1. 箱装货物超限等级确定示例
>
> 3 月 18 日,株洲北承运一件箱装均重货物,重量为 45 t,长 12 m,宽 3.6 m,高 2 m,拟直接装载在 N_{17} 型 60 t 的平车地板上,货物重心投影落在车辆纵横中心线交点处,货物装载方案的主视图和左视图如图 9.6 所示。请确定这件货物装车后的超限等级(结果小数点四舍五入取整数)。

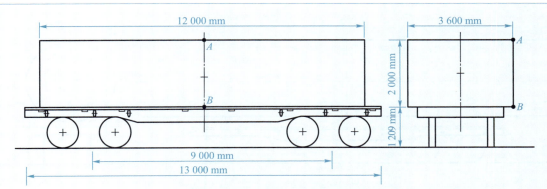

图 9.6 货物装载方案示意图

【解】N_{17} 型平车技术参数:$l_{车}$ =13 000 mm,l = 9 000 mm,$h_{车地板}$ = 1 209 mm

(1) 标出计算点

货物等宽且直接装载在 N_{17} 上,车地板高 1 209 mm。因等宽条件下计算点在 1 250 mm 以上时标高不标低、不足 1 250 mm 时标低不标高,所以在左视图上标出 A、B 两处作为计算点。

(2) 选择检定断面

因货物检定断面在两转向架中心销之间时应选近不选远,在两转向架中心销外方时应选远不选近,所以选择货物的中央和断部为检定断面。

又因货物是等断面体,装车后货端至车辆横中心线的距离 x=6 m,$2x/l$=12/9<1.4,货物内偏差大于外偏差,因此最终选择货物的中央为检定断面。

在主视图上标出货物中央检定断面上与左视图上相对应的计算点位置。

(3) 确定计算点的宽度

A、B 点的实测宽度均为 1 800 mm。

$$C_内 = \frac{l^2-(2x)^2}{8R} \times 1\,000 = \frac{9^2-0}{8 \times 300} \times 1\,000 \text{ mm} \approx 34 \text{ mm}$$

A、B 点的计算宽度均为:

$$X_内 = B + C_内 - 36 = (1\,800+34-36) \text{ mm} = 1\,798 \text{ mm}$$

因计算宽度小于实测宽度,按实测宽度确定超限等级。

(4) 确定计算点的高度

A 点的高度:h=(1 209+2 000) mm=3 209 mm

B 点的高度:h=1 209 mm

(5) 判定超限等级

查《超规》附件 4,A 部位(3 209 mm,1 800 mm)为中部一级超限,B 部位(1 209 mm,1 800 mm)为下部超级超限,因此该货物为超级超限货物。

2. 圆柱货物超限等级确定示例

3 月 18 日,株洲北承运一件圆柱体均重货物,重量为 30 t,长 18 m,直径 3.2 m,自带鞍座凹底高 200 mm,拟使用 N_{17} 型 60 t 的平车两端均衡突出装载,货物装载方案的主视图和左视图如图 9.7 所示。请确定这件货物装车后的超限等级(结果小数点四舍五入取整数)。

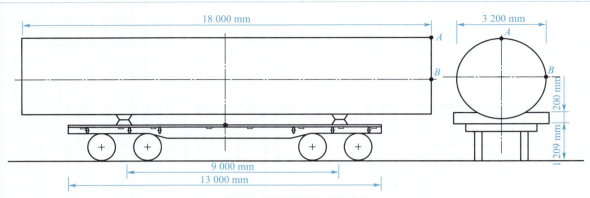

图 9.7　货物装载方案示意图

【解】N_{17} 型平车技术参数：$l_{车}$=13 000 mm，l=9 000 mm，$h_{车地板}$=1 209 mm

（1）标出计算点

车地板高加自带鞍座高 1 409 mm，整件货物位于 1 250 mm 以上，因此计算点标高不标低；又因货物是圆柱体，所以在货物左视图上，计算点选中心高处 A 点和最大侧宽处 B 点。

（2）选择检定断面

因货物检定断面在两转向架中心销之间时应选近不选远，在两转向架中心销外方时应选远不选近，所以选择货物的中央和断部为检定断面。

又因货物是等断面体，装车后货端至车辆横中心线的距离 x=9 m，$2x/l$=18/9>1.4，货物外偏差大于内偏差，因此最终选择货物的端部为检定断面。

在主视图上标出货物端部检定断面上与左视图上相对应的计算点位置。

（3）确定计算点的宽度

A、B 点的实测宽度分别为 0 和 1 600 mm。

$$C_{外}=\frac{(2x)^2-l^2}{8R}\times 1\ 000=\frac{(2\times 9)^2-9^2}{8\times 300}\times 1\ 000\ \text{mm}\approx 101\ \text{mm}$$

$$K=75\left(\frac{2x}{l}-1.4\right)=75\times\left(\frac{2\times 9}{9}-1.4\right)\text{mm}=45\ \text{mm}$$

A 点的计算宽度为：

$$X_{外}=B+C_{外}+K-36=(0+101+45-36)\text{mm}=110\ \text{mm}$$

B 点的计算宽度为：

$$X_{外}=B+C_{外}+K-36=(1\ 600+101+45-36)\text{mm}=1\ 710\ \text{mm}$$

因 A、B 点计算宽度大于实测宽度，按计算宽度确定超限等级。

（4）确定计算点的高度

A 点的高度：h=（1 209+200+3 200）mm=4 609 mm

B 点的高度：h=（1 209+200+1 600）mm=3 009 mm

（5）判定超限等级

查《超规》附件 4，A 部位（4 609 mm，110 mm）未超限，B 部位（3 009 mm，1 710 mm）中部一级超限，因此该货物为一级超限货物。

3. 2 个高度货物超限等级确定示例

3 月 18 日,株洲北承运一件货物,重量为 20 t,长 15 000 mm,中心高 1 600 mm 处左右宽各 1 400 mm,侧高 1 000 mm 处左右宽各 1 700 mm,重心高 800 mm。拟使用 N_{16} 型 60 t 的平车装载,一端突出 200 mm,另一端突出 1 800 mm,加挂游车一辆,横垫木高 170 mm,货物重心横向无偏移,货物装载方案的主视图和左视图如图 9.8 所示。请确定这件货物装车后的超限等级(结果小数点四舍五入取整数)。

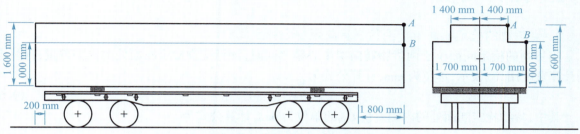

图 9.8　货物装载方案示意图

【解】N_{16} 型平车技术参数:$l_车$=13 000 mm,l=9 300 mm,$h_{车地板}$=1 210 mm

(1) 标出计算点

因车地板加横垫木高度为 1 380 mm,整件货物在 1 250 mm 以上,计算点标高不标低,所以在货物左视图上,侧宽 1 400 mm 处选 A 点作为计算点,侧宽 1 700 mm 处选 B 点作为计算点。

(2) 选择检定断面

因货物检定断面在两转向架中心销之间时应选近不选远,在两转向架中心销外方时应选远不选近,所以选择货物的中央和断部为检定断面。

又因货物是等断面体,装车后车辆横中心线距货物较远端的距离 x=(13/2+1.8)m=8.3 m,$2x/l$=16.6/9.3>1.4,货物外偏差大于内偏差,因此最终选择货物较远端的端部为检定断面。

在主视图上标出货物端部检定断面上与左视图上相对应的计算点位置。

(3) 确定计算点的宽度

A、B 点的实测宽度分别为 1 400 mm 和 1 700 mm。

$$C_外=\frac{(2x)^2-l^2}{8R}\times 1\,000=\frac{(2\times 8.3)^2-9.3^2}{8\times 300}\times 1\,000\ mm\approx 79\ mm$$

$$K=75\left(\frac{2x}{l}-1.4\right)=75\times\left(\frac{2\times 8.3}{9}-1.4\right)mm\approx 33\ mm$$

A 点的计算宽度为:

$$X_外=B+C_外+K-36=(1\,400+79+33-36)mm=1\,476\ mm$$

B 点的计算宽度为:

$$X_外=B+C_外+K-36=(1\,700+79+33-36)mm=1\,776\ mm$$

因计算宽度大于实测宽度,按计算宽度确定超限等级。

(4) 确定计算点的高度

A 点的高度:h=(1 210+170+1 600)mm=2 980 mm

B 点的高度:$h=(1\,210+170+1\,000)\text{mm}=2\,380\text{ mm}$

（5）判定超限等级

查《超规》附件 4,A 部位(2 980 mm,1 476 mm)未超限,B 部位(2 380 mm,1 776 mm)中部一级超限,因此该货物为一级超限货物。

二、普通平车跨装时

1. 当货物的检定断面位于两货物转向架中心销之间时

当货物的检定断面位于两货物转向架中心销之间时,计算货物检定断面处的内偏差量,计算点的计算宽度用 $X_内$表示,单位为 mm,计算公式为:

$$X_内=B+C_内-36 \tag{9-6}$$

其中,货物检定断面处的内偏差量 $C_内$的单位为 mm,计算公式为:

$$C_内=\frac{L^2+l^2-(2a)^2-(2x)^2}{8R}\times 1\,000 \tag{9-7}$$

2. 当货物的检定断面位于两货物转向架中心销外方时

当货物的检定断面位于两货物转向架中心销外方时,计算货物检定断面处的外偏差量,计算点的计算宽度用 $X_外$表示,单位为 mm,计算公式为:

$$X_外=B+C_外+K-36 \tag{9-8}$$

其中,货物检定断面处的外偏差量 $C_外$的单位为 mm,计算公式为:

$$C_外=\frac{(2x)^2-L^2-l^2+(2a)^2}{8R}\times 1\,000 \tag{9-9}$$

货物检定断面处的附加偏差量 K 的单位为 mm,计算公式为:

$$K=75\left(\frac{2x}{L}-1.4\right) \tag{9-10}$$

当 $\frac{2x}{L}\leq 1.4$ 时,K 值不计算。

式中:L 为跨装支距,m;a 为货物转向架中心销偏离所在车辆横中心线的距离,m;x 为货物检定断面至跨装支距中心的距离,m;R 为曲线半径,取 300 m。

🔹 跨装货物超限等级确定示例

3 月 18 日,A 站承运一件均重货物,重量为 65 t,长 20 m,宽 3 200 mm,高 2 400 mm,拟使用两辆 N_{17} 型 60 t 的平车跨装,跨装支距为 14 m,货物转向架高 400 mm,两转向架各偏离两负重车车地板横中心线 31 mm,货物装载方案的主视图和左视图如图 9.9 所示。请确定这件货物装车后的超限等级(结果小数点四舍五入取整数)。

【解】N_{17} 型平车技术参数:$l_车=13\,000$ mm,$l=9\,000$ mm,$h_{车地板}=1\,209$ mm

（1）标出计算点

车地板高加货物转向架高为 1 609 mm,整件货物位于 1 250 mm 以上,因此计算点标高不标低；又因货物等宽，所以在左视图上，标出 A 点作为计算点。

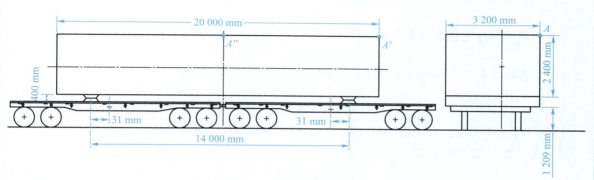

图 9.9　货物装载方案示意图

(2) 选择检定断面

若检定断面在两货物转向架中心销之间应选近不选远，若检定断面在两货物转向架中心销外方应选远不选近，所以选择货物的中央和断部为检定断面。

在主视图上标出货物中央和端部检定断面上与左视图上相对应的计算点位置。

(3) 确定计算点的宽度

A 点的实测宽度为 1 600 mm。

$$C_内 = \frac{L^2 + l^2 - (2a)^2 - (2x)^2}{8R} \times 1\,000 = \frac{14^2 + 9^2 - (2 \times 0.031)^2 - 0}{8 \times 300} \times 1\,000\ \text{mm} \approx 115\ \text{mm}$$

$$C_外 = \frac{(2x)^2 - L^2 - l^2 + (2a)^2}{8R} \times 1\,000 = \frac{(2 \times 10)^2 - 14^2 - 9^2 + (2 \times 0.031)^2}{8 \times 300} \times 1\,000\ \text{mm} \approx 51\ \text{mm}$$

因 $\dfrac{2x}{L} = \dfrac{2 \times 10}{14} > 1.4$，故需要计算附加偏差量 K。

$$K = 75\left(\frac{2x}{L} - 1.4\right) = 75 \times \left(\frac{2 \times 10}{14} - 1.4\right)\ \text{mm} \approx 2\ \text{mm}$$

A 点的计算宽度为：

$X_内 = B + C_内 - 36 = (1\,600 + 115 - 36)\ \text{mm} = 1\,679\ \text{mm}$

$X_外 = B + C_外 + K - 36 = (1\,600 + 51 + 2 - 36)\ \text{mm} = 1\,617\ \text{mm}$

因 $X_内 > X_外$，且货物外形规则，故货物的检定断面位于货物的中央部位，计算点的计算宽度为 1 679 mm。

(4) 确定计算点的高度

A 计算点的高度：$h = (1\,209 + 400 + 2\,400)\ \text{mm} = 4\,009\ \text{mm}$

(5) 判定超限等级

查《超规》附件 4，A 部位 (4 009 mm, 1 679 mm) 为上部超级超限，因此该货物为超级超限货物。

三、用六轴以上长大货物车装载时

(1) 当货物的检定断面位于大底架两心盘中心之间时,计算宽度 $X_内$ 的单位为 mm,计算公式为:

$$X_内 = B + C_内 - 36 \tag{9-11}$$

其中,货物检定断面处的内偏差量 $C_内$ 的单位为 mm,计算公式为:

$$C_内 = \frac{L_1^2 + \cdots + L_n^2 - (2x)^2}{8R} \times 1\,000 \tag{9-12}$$

用具有导向装置的长大货物车装载时,$C_内$ 根据车辆使用说明书计算。

(2) 当货物的检定断面位于大底架两心盘中心外方时,计算宽度 $X_外$ 的单位为 mm,计算公式为:

$$X_外 = B + C_外 + K - 36 \tag{9-13}$$

其中,货物检定断面处的外偏差量 $C_外$ 的单位为 mm,计算公式为:

$$C_外 = \frac{(2x)^2 - L_1^2 - \cdots - L_n^2}{8R} \times 1\,000 \tag{9-14}$$

货物检定断面处的附加偏差量 K 的单位为 mm,计算公式为:

$$K = 75\left(\frac{2x}{L_1} - 1.4\right) \tag{9-15}$$

当 $\frac{2x}{L_1} \leqslant 1.4$ 时,K 值不计算。

式中:L_1、$\cdots$、L_n 分别为长大货物车由上向下的各层底架心盘中心距,m(n 为长大货物车底架层数);x 为货物检定断面至车辆横中心线的距离,m;R 为曲线半径,取 300 m。

📖 **课程思政案例:秉承工匠精神,做一行就要专一行**

　　某货运站承运了一件大型裸装设备,因没有相应的铁路货物装载加固定型方案,故需要制定针对该件设备的装载加固方案。铁路货运人员小张在对这件设备进行现场测量后,制定出了一个方案,按此方案,该件设备装车后属于二级超限货物。在上报之前,小张将方案拿给师傅看,师傅在查看了相关数据后认为可以降低该设备的超限等级。师徒两人一起加班,用不同的车型和不同的装载方法来尝试,最终将超限等级降为了一级。小张有些不太理解师傅,他觉得这件设备是二级超限还是一级超限对承运人来说没有区别,但师傅说超限等级的降低可以让货主少花钱,也可以让这件设备运输的安全系数更高。"如果可以降低它的超限等级,为什么不试试呢?"从师傅身上,新手小张学到了做一行就要专一行,要做就要做到最好。

工 作 手 册

【任务名称】	货物超限等级的判定	参考学时:2 学时
【项目团队】		
【任务实施关键点】		

续表

工序	工作步骤	实施方案
1. 准备工作	查找车辆参数	
	绘制装车示意图	
2. 标点选面	标出计算点	
	选择检定断面	
3. 计算	确定计算点的宽度	
	确定计算点的高度	
4. 结论	确定超限等级	

工作笔记:请从铁路货运员视角谈一谈你对"做一行就要专一行"的理解。

随堂练习

1. 确定货物超限等级需计算的偏差量有(　　　)。

A. 货物的内偏差　　　　　　　　B. 车辆走行部位的游间值

C. 货物的外偏差　　　　　　　　D. 曲线区段的加宽值

E. 附加偏差量

2. 货物检定断面上计算点的实测宽度是指计算点至负重车纵中心线所在垂直平面的距离,用符号(　　　)表示。

A. B　　　　　　　B. C　　　　　　　C. K　　　　　　　D. Z

3. 超限货物装车后,自(　　　)起测量其中心高度和侧高度。

A. 货物底部支重面　　　　　　　B. 垫木底部

C. 轨面　　　　　　　　　　　　D. 车地板

4. 普通平车跨装时,货物计算点的高度包括(　　　)。

A. 货车地板高度　　　　　　　　B. 横垫木高度

C. 货物转向架高度　　　　　　　D. 计算点至货物支重面的高度

5. 一件重 40 t,长 16 000 mm,宽 3 400 mm,高 3 000 mm 的均重货物,使用 N₁₆ 型平车装载,一端突出装运。确定是否超限? 已知 N₁₆ 型平车转向架中心距为 9 300 mm,车地板至轨面高 1 210 mm

（计算结果小数点后四舍五入取整数）。

【专项技能 9.3】 超限超重货物发送作业

    学习目标

能力目标

能办理超限超重货物的发送作业。

知识目标

（1）熟悉超限超重货物发送作业流程。

（2）掌握超限超重货物发送作业中相关电报的内容和要求。

素质目标

具备严谨规范的职业素养和高度的安全意识。

任务下达

🔹 阅读后，在工作手册中完成任务。

　　3 月 20 日，株洲北站承运发往湛江站一件定子，重量为 52 t，长 7 100 mm，重心高 1 300 mm，定子外形三视图如图 9.10 所示。托运人要求使用 N₁₇ 型 60 t 的平车装运。该件定子可按铁路装载加固定型方案（编号 100011）进行装载加固，装车后超级超限。

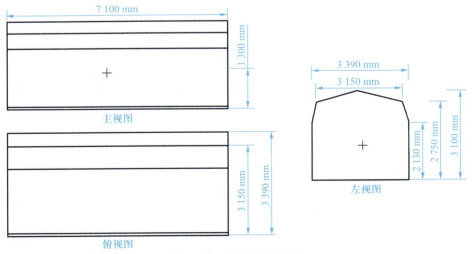

图 9.10　定子外形三视图

　　请思考：株洲北站各岗位货运人员该如何迅速、准确、安全的完成这件定子的发送作业？

 **理论学习**

〖 知识点一 〗 超限超重货物的托运与受理

微课
超限超重货物的托运与受理

一、超限超重货物的托运

托运人托运超限、超重货物时，除按一般货运手续办理外，还应提供下列资料：

（1）超限超重货物托运说明书（见表9.3）和货物外形的三视图。三视图中应标明货物的有关尺寸、支重面长度、货物重量，并以"+"号标明重心位置。

◆ 超限超重货物托运说明书填写示例

表 9.3　超限超重货物托运说明书

发局		广	到局	昆	预计装后尺寸 /mm			
发站		株洲北	到站	丽江东			由车辆纵中心线起	
装车地点		中国×××重工集团有限公司专用铁路	卸车地点	丽江东	由轨面起高度			
品名		低压转子	件数	1			左宽	右宽
每件重量		73	总重量	73	重心位置	1 860	中心高	4 695	40	40
货物长度		8 860	支重面长度	8 860	一侧高	3 195~1 525	1 871	1 871
高度	中心高	3 860	宽度	左 0	右 0	二侧高	925~725	1 440	1 440
	一侧高	2 360~800		左 1 831	右 1 831	侧高			
	二侧高	200~0		左 1 400	右 1 400	侧高			
	侧高			左	右	侧高			
要求使用车种		D10	标记载重	90	侧高			
卸车时的要求								
其他要求		中心高 3 860~2 360 mm 处为 1 831 mm 半径圆弧;（圆心高度为 2 360 mm）。			车地板高度			835
					垫木、支架（座架）或转向架高度			/
					预计装在车上货物重心位置距轨面的高度			2 695
					重车重心高度			1 965

注：粗线栏内由铁路填记

发货单位　　　戳记

2020 年×月×日提出

（2）自轮运转货物，应有自重、长度、轴数、轴距、固定轴距、转向架中心销间距离、运行限制条件，以及过轨技术检查合格证。

（3）申请使用的车种、车型、车数及装载加固建议方案。

（4）超过承运人计量能力的货物由托运人确定货物重量，并应有货物生产厂家出具的货物重量证明文件；货物生产厂家具备货物称重计量条件的，应要求托运人提供经厂家计量衡器称重的货物重量数据。

（5）其他规定的资料。

托运人应在超限超重货物托运说明书、装载加固建议方案和所提供的资料上签字盖章，并对内容的真实性负责。

二、超限超重货物的受理

1. 资料受理

车站受理超限、超重货物时，应认真审查托运人提出的有关技术资料。托运人提供的货物技术资料及相关证明文件齐全有效、符合规定，且货物发到站（含专用线、专用铁路）具备超限、超重货物运输条件的，发站应受理资料。

2. 测量货物

以 mm 为单位，准确测量和完整记录货物尺寸，并与托运人提供的货物外形三视图、超限超重货物托运说明书进行认真核对。需要测量的数据主要包括：

（1）长度　包括货物长度、支重面长度、重心至端部的距离、检定断面至重心的距离，不规则货物主视图如图 9.11 所示。

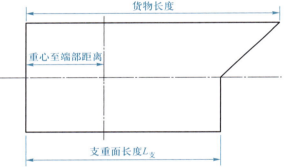

图 9.11　不规则货物主视图

（2）高度　包括货物自支重面起的中心高度、侧高度和重心高度，标注货物不同高度的示意图如图 9.12 所示。

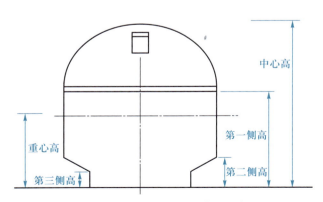

图 9.12　标注货物不同高度的示意图

① 中心高度：自货物支重面起至其最大高度处的高度。

② 侧高度：中心高度以下各测点至支重面的高度。如有数个不同侧高度时，应由上至下测出每一个不同的侧高度。

(3) 宽度 包括中心高度处的宽度和不同侧高度处的宽度，标注货物不同宽度的示意图如图9.13所示。

① 中心高度处的宽度：中心高度处，在货物重心所在纵向垂直平面左侧和右侧的最大宽度；

② 侧高度处的宽度：每一侧高度处，在货物重心所在纵向垂直平面左侧和右侧的最大宽度。

若货物为圆形，应测量并记录表述为 × 侧高(中心高)××~××mm 处为 ××mm 半径圆弧，并注明圆心位置；若货物为椭圆形，可选定几个高度分别测量其不同高度和宽度。

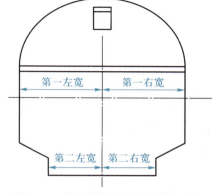

图 9.13　标注货物不同宽度的示意图

3. 发站拍发超限超重货物运输申请电报

发站受理托运人提供的资料后，以超限超重货物运输申请电报向铁路局集团公司货运主管部门申请装运办法。跨三个及以上铁路局集团公司的各级超限货物和超级超限货物，由铁路局集团公司审查后向国铁集团货运部提出申请。

超限超重货物运输申请电报示例见表9.4。车站申请电报主送铁路局集团公司货运主管部门，铁路局集团公司申请电报主送国铁集团货运部。

🔲 超限超重货物运输申请电报示例

表 9.4　超限超重货物运输申请电报

签发：×××　　　　　核稿：×××　　　　　拟稿人：×××
　　　　　　　　　　　　　　　　　　　　　　　电话：×××××

发报所名	电报号码	等级	受理日	时分	收到日	时分	值机员

主送：广州局集团公司货运部
抄送：株洲北站、长沙货运中心

　　我站发昆明局丽江东站低压转子1件，重73 t，全长8 860 mm，全宽3 662 mm，支重面长8 860 mm，支重面宽2 800 mm，重心高1 860 mm。

　　中心高3 860~2 360 mm 处为1 831 mm 半径圆弧；

　　(圆心高度为2 360 mm)；

　　一侧高2 360~800 mm 处宽各1 831 mm；

　　二侧高200~0 mm 处宽各1 400 mm。

　　装载方案：定型方案100 028。

　　拟用 D₁₀ 型凹底平车装运，预计装后尺寸：(中心高、一侧高上部取835 mm，一侧高下部、二侧高，考虑车底板下沉110 mm，取725 mm；宽度增加40 mm 裕量)；

　　中心高4 695~3 195 mm 处为1 831 mm 半径圆弧；

　　(圆心距车辆纵中心水平距离为0 mm，高度为3 195 mm)；

续表

一侧高 3 195~1 525 mm 处宽各 1 871 mm；
二侧高 925~725 mm 处宽各 1 440 mm。
以上未衔接高度间为斜坡形，经计算重车重心高为 1 965 mm，一级超限。

株洲北站超限超重〔2020〕2 号
2020 年 × 月 × 日

申请电报内容包括：

（1）发站、到局、到站。

（2）货物概况。应注明货物品名、件数、重量、全长、支重面长度、货物重心高度。自轮运转货物还应注明自重、长度、轴数、轴距、固定轴距、转向架中心销间距离、运行限制条件以及其他特殊运输条件要求等。

其中，货物重量含装载加固材料和装置等重量；货物重心高度含垫木或支架等高度，并须注明其中垫木或支架等高度为 ××mm；支重面长度为垫木或支架等之间距离时，须注明两横垫木或支架之间距离为 ××mm。

（3）货物外形尺寸。应包括固定包装、装载加固材料或装置，表述必须完整、准确。不同高度处的宽度按自上而下顺序排列，尺寸均以 mm 为单位。

货物高度与宽度表述示例

1. 一个高度
中心高 ××~××mm 处左宽 ××mm，右宽 ××mm。

2. 两个高度
中心高 ××mm 处左宽 ××mm，右宽 ××mm；
侧　高 ××mm 处左宽 ××mm，右宽 ××mm。

3. 三个及以上高度
中心高 ××mm 处左宽 ××mm，右宽 ××mm；
一侧高 ××mm 处左宽 ××mm，右宽 ××mm；
二侧高 ××mm 处左宽 ××mm，右宽 ××mm；
……

4. 圆弧形货物
× 侧高（中心高）××~××mm 处为 ××mm 半径圆弧，并注明圆心位置。

5. 不同高度之间为等宽
× 侧高（中心高）××~××mm 处左宽 ××mm，右宽 ××mm。

6. 不同高度之间为斜坡形
× 侧高（中心高）~× 侧高之间为斜坡形。

7. 同一高度左右两侧等宽
× 侧高（中心高）××mm 处宽各 ××mm。

> 一般情况下,货物外形尺寸采用同一高度处左右等宽方式表述,等宽宽度取左右宽度的最大数值。特殊需要时,采用左右宽度实际数值表述。

(4) 车种、车型及辆数。应根据货物件数、尺寸、重量及装载要求等合理选择,科学确定。

(5) 装载方法。主要包括不突出车端板装载、突出车端板装载和两车跨装等三种方式。

① 不突出车端板装载:注明每车装载件数及合装、分装等具体装载方法。

② 突出车端板装载:除需注明上述内容外,还应注明货物突出车端的长度、突出端的宽度及高度,两端同时突出的应分别注明。需要使用游车的,注明使用游车的车种及辆数。

③ 两车跨装装载:两负重车中间或两端需要使用游车的,注明中间或两端使用游车的车种及辆数。注明货物跨装支距、突出支点长度和突出端的宽度及高度,同时突出两支点的应分别注明。

(6) 预计装后尺寸。高度自轨面开始计算,宽度自车辆纵中心线所在垂直平面开始计算。预计装后尺寸必须完整、准确,保证预计货物装后的各不同高度处,其最大计算宽度对应的部位不遗漏。

(7) 其他特殊运输条件要求。特殊运输要求是指为保证货物和超限车的铁路运输安全,根据货物自身性质及超限车的技术条件,必须明确的特殊运输限制条件等。如:自轮运转货物的最高运行速度、曲线限速、侧向过岔限速及通过最小曲线半径限制;超限车的最高运行速度、曲线限速、侧向过岔限速及通过最小曲线半径限制等。

三、国铁集团、铁路局集团公司发布超限超重货物运输确认电报

1. 确认电报主送、抄送与转发

国铁集团货运部、铁路局集团公司接到超限超重货物运输申请电报后,及时向各有关单位发布确认电报,明确装运办法。超限货物装车时间距确认电报发布时间不足 3 个工作日的,发局应与沿途各局进行确认后再发布确认电报。发布确认电报时,应加强与相关铁路局集团公司的沟通协调,确保限界满足安全要求。

(1) 国铁集团货运部确认电报主送始发、经由和到达铁路局集团公司货运主管部门。

(2) 铁路局集团公司确认电报主送发站、本局调度所、发站所在地车辆段及沿途货检站等;根据需要主送本局其他相关站段,抄送本局运输、工务、电务、车辆、机务、供电处等。

(3) 铁路局集团公司直接确认的,本局发送的超限超重货物运输电报须抄送经由和到达铁路局集团公司货运主管部门。

(4) 铁路局集团公司接到发布的确认电报后,应结合管内的实际情况及时确认转发。对需临时改变建筑物、固定设备的,应在电报中详细指明。管内通行确有困难时,应在收到电报之日起 3 个工作日内以电话和电报形式通知发局和确认电报发布单位。

2. 确认电报的样式

超限超重货物运输确认电报主要内容包括:发站、经由、到站,货物概况,使用车种、车型及辆数,装载方法,装后尺寸,超限超重等级,装运办法等,示例见表 9.5。

📦 超限超重货物运输确认电报示例

表 9.5   超限超重货物运输确认电报

发电单位:货运部   会签单位:××× 　　　 拟稿部门:货运 ×× 科   拟稿人:×××
电话:×××××

发报所名	电报号码	等级	受理日	时分	收到日	时分	值机员

主送:广州局集团公司调度所、长沙货运中心、株洲北站、株洲车辆段
抄送:广州局集团公司工务部

　　株洲北站经怀化、贵阳南发昆明局丽江东站低压转子 1 件,重量为 73 t,全长 8 860 mm,全宽 3 662 mm,支重面长 8 860 mm,支重面宽 2 800 mm,重心高 1 860 mm,使用 D_{10} 型 90 t 的长大货物车 1 辆装运,装后:
　　中心高 4 695~3 195 mm 处为 1 831 mm 半径圆弧;
　　(圆心距车辆纵中心水平距离为 0 mm,高度为 3 195 mm);
　　一侧高 3 195~1 525 mm 处宽各 1 871 mm;
　　二侧高 925~725 mm 处宽各 1 440 mm。
　　以上未衔接高度间为斜坡形。
　　装运办法:
　　(1) A 一级超限;(2) KMN

广超限超重[2020]26 号
2020 年 × 月 × 日

确认电报包括以下内容:
(1) 发站、经由、到站。发到站和经由的铁路线路须已开办超限超重货物运输业务。经由的铁路正线(区段),根据超限货物装后尺寸、超重货物等级,相关铁路正线(区段)的限界、线桥承载能力,结合车流径路、列车编组计划等正确确定。超限、超重货物应经由最短径路运输,但受到建筑限界或其他不利因素影响时,可指定径路运输。跨铁路局集团公司运输的,经由以铁路局集团公司间分界站表述。
(2) 货物概况、装载方法、装后尺寸参照申请电报表述。确定使用车种、车型及辆数时,还应根据货物重量和经由铁路线桥承载能力,确定超限超重车两端加挂的隔离车车种、辆数等。
(3) 装运办法必须准确、具体、完整。使用《超限超重货物运输电报代号》(见表 9.6)中规定的电报代号加文字表述,无代号的应直接用文字准确、具体、完整、规范的表述。

表 9.6   超限超重货物运输电报代号

顺序	代字	被代用的文字	附注
1	A	超限等级	代号后写几级
2	C	凡距线路中心线一定距离,高度超过一定距离,如道岔表示器等设备,在列车通过前拆除,通过后立即恢复正常位置	代号后分子为距线路中心线宽度的 mm 数,分母为自轨面起高度的 mm 数

续表

顺序	代字	被代用的文字	附注
3	D	通过接近限界的限制速度,按《超规》第四十二条办理	
4	E	禁止接入距离线路中心线一定距离,高度超过一定距离的站台线路	代号后分子为距线路中心线宽度的 mm 数,分母为自轨面起高度的 mm 数
5	G	最高运行速度	代号后写限速值
6	K	会车条件按《超规》第四十一条办理	
7	L	通过 300 m 及以下半径曲线线路时的限制速度	代号后写限速值
8	M	途中货检站按规定检查无碍后继续运送	
9	N	各邻接调度所密切联系注意运行状态,接运和挂运按《超规》第三十六和三十九条办理	
10	P	需要货物转向架和使用车钩缓冲停止器	
11	R	货物重心高度	代号后写 mm 数
12	S	重车重心高度	代号后写 mm 数
13	W	经过侧向道岔的限制速度	代号后写限速值
14	Z	超重等级	代号后写几级

🔷 装运办法表述示例

1. 重车重心不超高时

(1) A × 级超限;(2) Z × 级超重;(3) KMN。

2. 重车重心超高时

(1) A × 级超限;(2) Z × 级超重;(3) R 1 950 mm;(4) S 2 029 mm;(5) G 50 km;(6) L 20 km;(7) W 15 km;(8) KMN。

3. 较复杂情况时

(1) A × 级超限;(2) Z × 级超重;(3) G 50 Km;(4) R ≥ 600 m,限速 40 km/h;600 m>R ≥ 400 m,限速 30 km/h;400 m>R ≥ 300 m,限速 20 km/h;R<300 m,限速 10 km/h;(5) W 15 km;(6) 禁止侧向通过 8 号及以下道岔;(7) 禁止通过半径小于 250 m 的曲线线路;(8) 禁止通过驼峰和高站台线路、禁止溜放和冲撞;(9) KMNP;(10) 附车辆技术鉴定书一份;(11) 成组运输不得拆解,该机组挂列车尾部(专列除外)。

四、添加标准记事

发站受理人员在货物运单的承运人记事栏内添加标准记事。

(1) 根据货物的超限程度标注超级超限或一级超限或二级超限。

(2) 根据货物的超重程度标注超级超重或一级超重或二级超重。

（3）以连挂车组装运时，应注明"连挂车组，不得分摘"。

（4）限速运行时，应注明"限速 ×× 公里"。

（5）装有二级及以上超限货物的车辆，应注明"禁止溜放"。

〖知识点二〗 超限超重货物的装车与挂运

微课
超限超重货
物装车作业

一、超限超重货物装车作业

超限、超重货物禁止无确认电报装车。车站接到铁路局集团公司确认电报后，通知托运人办理其他货运手续，并及时组织装车。

1. 装车前作业

（1）发站应通知车辆部门检查车辆技术状态。

（2）发站应确认拟使用的车种、车型、车数符合确认电报和装车要求，装载加固材料和装置的规格、数量及重量符合装载加固方案规定。

（3）测量车地板的长度和宽度，在负重车上标划车辆纵横中心线，并按批准的装载加固方案测量货物尺寸，以 mm 为单位。

（4）在货物上标明重心位置（投影）、索点。

（5）召开车前会，向装车人员布置装车事项。

2. 装车作业

装车时，站段应派超限超重运输和装载加固专业技术人员到装车现场进行指导。装载和加固作业须严格按装载加固方案进行。

3. 装车后作业

（1）装车后测量 发站按实际的装载加固状态测量货物（含装载加固材料或装置）尺寸，包括长度、高度和宽度。

① 长度。跨装时，测量支距和两支点外方的长度；突出装载时，测量突出车辆端梁的长度，如两端突出不相等应分别测量。

② 高度：自轨面起，测量其中心高度和侧高度。

③ 宽度：自车辆纵中心线所在垂直平面起，分别测量中心高度和不同侧高度处在其左侧和右侧的宽度。

（2）装车后检查 装车后发站须检查、确认货物装载加固符合规定要求。重点检查、确认事项如下：

① 货物实际装载位置符合装载加固方案。

② 车辆转向架旁承游间符合规定。

③ 使用的加固材料和装置规格、数量、重量和加固方法、措施、牢固程度符合装载加固方案。

④ 垫木、支（座）架等加固装置，状态良好，完好无损坏。

⑤ 钢丝绳等加固线已采取防磨措施，捆绑拴结牢固，拴结点无损坏。

⑥ 焊接处焊缝长度、高度符合规定，焊接质量良好。

⑦ 跨装车组连接处的提钩杆捆绑牢固,车钩缓冲停止器已按规定安装。

⑧ 带有制动装置、变速器和旋转装置的货物,制动装置全部制动,变速器置于初速位置,旋转部位锁定牢固。

⑨ 自轮运转货物的动力传动装置已断开(机车车辆除外),制动手柄在重联位置并固定良好。

(3) 装车后复核　发站确认货物装载加固符合规定要求后,对照确认电报重点复核、确认:

① 货物突出车端的尺寸、货物突出端与游车上所装货物的距离符合要求。

② 超限货物装后各部位的尺寸(高度和宽度)、重车重心高未超出确认电报范围。

③ 货物支重面长度(跨装货物支距)符合要求。

④ 其他各有关数据符合要求。

如复核时发现货物装后尺寸、重车重心高度等数据超出确认电报范围的,发站须重新向铁路局集团公司拍发超限超重货物运输申请电报。

(4) 装车后标识　确认符合电报所列条件后,用颜色醒目的油漆标画易于判定货物是否移动的检查线,在货物两侧明显处以油漆书写、刷印或黏贴 × 级超限、× 级超重,或挂牌标识,并按规定在车辆上插挂货车表示牌。

(5) 装车后记录　编制《超限超重货物运输记录》(见表 9.7),打印、签认留存。

❖ 超限超重货物运输记录示例

表 9.7　超限超重货物运输记录

甲页	一级超限			/级超重			/mm
装车局	广		发站	株洲北	经由线名	/	
到达局	昆		到站	丽江东	经由站名	滩头湾、威舍	
品名	低压转子		件数	1	每件重73 t	配重 /t	总重 73 t
货物长度	8 860	支重面长度	8 860	转向架中心销间距离	15 500	重车重心高	/
装车后尺寸	中心高	4 695	中心高的宽	左 40	记事	中心高 4 695~3 195 mm 处为 1 831 mm 半径圆弧;(圆心距车辆纵中心水平距离为 0,高度为 3 195 mm)。	
				右 40			
	第一侧高	3 195~1 525	侧高的宽	左 1 871			
				右 1 871			
	第二侧高	925~725	侧高的宽	左 1 440			
				右 1 440			
	第三侧高	/	侧高的宽	左 /			
				右 /			

续表

装车后尺寸	第四侧高	/		侧高的宽	左 /		
					右 /		
车种	D_{10}	车号	×××××××	标记载重	90 t	轴数	6
文电内有关指示	国铁集团 / 年 / 月 / 日 国铁超限超重 / 号 批准使用 / 车						
	广州铁路局 2020 年 × 月 × 日 超限超重 26 号 批准使用 D_{10} 车						
	(1) A 一级超限 (2) KMN			本记录在株洲北站作成,经检查符合确认的条件。 发 站 签字 段 签字 段 签字 段 签字 年 月 日			

4. 装车质量签认制度

超限超重货物实行装车质量签认制度。车站超限超重货物发送作业质量控制表见表 9.8 所示。

超限超重货物发送作业质量控制表示例

表 9.8 超限超重货物发送作业质量控制表

到站	丽江东		品名	低压转子		超限等级	一级		超重等级	/
托运人	中国 ××××重工集团有限公司					车号	×××××××		装车工班	××
件数	1	件重		/A B C D		总重	73	装车日期	2020 年 × 月 × 日	
程序		控制项目		控制记录						
一、货物受理		1. 审查受理资料		1. 超限超重货物托运说明书。(√) 2. 过轨技术检查合格证。(√)						
		2. 对照资料核对货物		1. 全长 8 860 mm。 2. 支重面长 8 860 mm。 3. 重心高度:1 860 mm。 4. 中心高 3 860　mm 处宽各　0　mm; 　　一侧高　2 360~800 mm 处宽各 1 831 mm; 　　二侧高　200~0　mm 处宽各 1 400 mm; 　　三侧高　/　mm 处宽各　/　mm; 　　四侧高　/　mm 处宽各　/　mm; 　　五侧高　/　mm 处宽各　/　mm。 5. 自轮运转货物(1)轴数 / ;(2)轴距 / mm; (3) 固定轴距　/　mm;(4)转向架中心销距　/　mm。						
		3. 确定货物运输条件		1. 装载加固方案编号:100028 2. 超限超重货物运输申请电报号:株洲北站超限超重[2020]2 号 3. 超限超重货物运输确认电报号:广超限超重[2020]26 号						
		4. 签认		主控人:×××　　　　　互控人:×××						

续表

二、装车作业	1. 装车前准备	1. 车型、车数符合电报要求,车况良好。(√) 2. 车地板:(1)长度 9 000 mm;(2)宽度 3 000 mm; (3)平均高度 835 mm。 3. 已标划车地板纵横中心线。(√)
	2. 检查货物装载加固状态	1. 货物重心偏移车地板中心线量:纵向 0 mm,横向 0 mm。 2. 重车重心高:1 965 mm。 3. 车辆转向架旁承符合要求。(√) 4. 加固材料、装置和加固方法符合方案要求。(√) 5. 跨装车组提钩杆已捆绑牢固,车钩缓冲停止器已安装。(√) 6. 带动力的设备传动装置已断开,制动装置全部制动,变速器已置于初速位置,旋转位置已锁定牢固。(√)
	3. 对照电报复核	1. 货物突出端梁尺寸: ／ mm,符合要求。(√) 2. 货物突出端与游车所装货物距离 ／ mm,符合要求。(／) 3. 超限货物装车后尺寸不大于确认电报尺寸。(√) 4. 重车重心高 1 965 mm,货物支重面长度 8 860 mm,符合要求。(√)
	4. 标划货物检查线及拴挂、书写表示牌	1. 超限货物已标划货物检查线。(√) 2. 已拴挂或书写超限超重货物表示牌。(√) 3. 已安插货车表示牌。(√)
	5. 填写超限超重货物运输记录	1. 已填写正确,相关单位已确认。(√) 2. 一份已随运输票据同行。(√) 3. 一份已留站存查。(√)
	6. 检查票据记载事项	运单、货票已填写 × 级超限 × 级超重货物或禁止溜放,限速连挂,运行限速 ××km/h,连挂车组,不得分摘等内容。(√)
	7. 签认	主控人:×××　　　　互控人:×××
主管领导签认		×××

二、超限超重车挂运

1. 拍发挂运申请电报

　　发站挂运超限、超重车前,应向铁路局集团公司调度所拍发超限超重车辆挂运申请电报(条件不具备时可使用传真或电话申请)。其中挂运跨及两个铁路局集团公司的超限、超重车辆前,需向邻局进行预报,并征得邻局调度所的同意后方可挂运。相邻铁路局调度所间的预报内容,应包括挂运车次、确认电报号码、车型、车号(含游车、隔离车)、到站、品名、超限等级、超重等级和有关注意事项等。

　　挂运申请电报主送铁路局集团公司调度所,抄送铁路局集团公司货运主管部门。挂运电报主要内容包括:确认电报号,发站、到站,货物品名、件数,使用车种、车型、车号(含游车、隔离车)及辆数,装载完毕时间,装后尺寸复测情况,装后货物装载加固状态及车辆状态检查确认情况等,见表 9.9。

📦 **超限超重车辆挂运申请电报示例**

表 9.9　超限超重车辆挂运申请电报

签发：×××　　　　　　核稿：×××　　　　　　拟稿人：×××
　　　　　　　　　　　　　　　　　　　　　　　　电　话：×××××

发报所名	电报号码	等级	受理日	时分	收到日	时分	值机员

主送：广州局集团公司调度所
抄送：广州局集团公司货运处

奉广州局超限超重 26 号电报，株洲北站发昆明局丽江东站低压转子 1 件，使用 D_{10} ×××××××1 辆装运，一级超限，已于 × 月 × 日 × 时装载（检查）完毕，经复测（检查），货物装后尺寸符合确认电报要求，装载加固状态良好，请求挂运。

株洲北站超限超重〔2020〕2 号
2020 年 × 月 × 日

2. 下达挂运通知单和挂运命令

铁路局集团公司调度所接到车站挂运申请或邻局预报后，应根据超限超重货物运输确认电报认真核对，制定管内具体运行条件，填写超限超重车辆挂运通知单，见表 9.10，纳入日（班）计划，并将管内具体运行条件以调度命令的形式下达有关站段。车站接到挂运命令后，应及时做好车辆挂运准备工作，并将调度命令交值乘司机。

📦 **超限超重车辆挂运通知单示例**

表 9.10　超限超重车辆挂运通知单

　×× 号　　　　　　　　　　　　　　　　　　　　　　　一级超限，／ 级超重

国铁超限超重 ／ 号		（外局） 超限超重 ／ 号		（自局） 超限超重 广局 ××× 号	
发　站	株洲北	到　站	丽江东	品名	低压转子
月　日　口　次接入		月　日　口　次交出		件数	1
车种车号 D_{10} ×××××××	中心高 4 695 mm 处	左宽 40 mm	运 行 条 件	（1）会车条件按《超规》第四十一条办理； （2）途中货检站按规定检查无碍后继续运行； （3）各邻接调度所密切联系注意运行状态，接运和挂运按《超规》第三十六和三十九条办理	
		右宽 40 mm			
	一侧高 3 195~1 525 mm 处	左宽 1 871 mm			
		右宽 1 871 mm			
	二侧高 925~725 mm 处	左宽 1 440 mm			
		右宽 1 440 mm			
	三侧高 ／ mm 处	左宽 ／ mm			
		右宽 ／ mm			
	四侧高 ／ mm 处	左宽 ／ mm			
		右宽 ／ mm			

通知者 ×××　　　　　　签认者 ×××　　　　　　2020 年 × 月 × 日 × 时 × 分

课程思政案例：强化责任意识，同心协力共撑安全伞

2012年6月25日，西昌南站站调、助调将发往到站为广州的8辆平车按装载普通货物车辆编入下行的44147次发出，但8辆平车中有1辆装载的是二级超限货物，因此构成铁路交通一般C18类，无令将超限货物车辆编入列车的事故。该起事故的发生与当事人责任意识的缺失有关，当事助调未对现车系统上显示到站禁溜、超限的车辆引起警觉，在得到货调关于挂运二级超限货物车辆的告知后，也未向站调汇报和请示；当事站调在编入车辆前未查看相关票据，不清楚车辆挂运条件，导致事故发生。

铁路运输安全重于一切，各岗位人员要各司其职，强化岗位责任意识，共同撑起安全伞。

工 作 手 册

【任务名称】　　　　　办理超限货物发送作业　　　　　　参考学时：1学时

【项目团队】

【任务实施关键点】

工序	工作步骤	实施方案
1. 托运	托运人应提供的资料	
2. 受理	货物测量	
	申请电报	
	确认电报	
3. 装车	装车前	
	装车	
	装车后	
4. 挂运	挂运申请电报	
	挂运通知单	

工作笔记：请从超限货物发送作业办理的角度谈一谈如何在工作中不断强化责任意识。

随堂练习

1. 简述托运人托运超限、超重货物时,除按一般货运手续办理外,还应提供哪些资料?
2. 超限、超重货物禁止无(　　)装车。
   A. 申请电报　　　　B. 批示电报　　　　C. 确认电报　　　　D. 挂运电报
3. 自货物支重面起至其最大高度处的高度,称为(　　)。
   A. 中心高度　　　　B. 侧高度　　　　　C. 重心高度　　　　D. 顶面高度
4. 测量超限货物以(　　)为单位
   A. m　　　　　　　B. dm　　　　　　　C. cm　　　　　　　D. mm
5. 装有(　　)超限货物的车辆,应注明禁止溜放。
   A. 超级　　　　　　B. 二级及以上　　　C. 二级　　　　　　D. 一级

【专项技能 9.4】 超限超重货物途中与到达作业

 学习目标

微课
超限超重货
物途中与到
达作业

能力目标
(1) 能办理超限超重货物的途中作业。
(2) 能办理超限超重货物的到达作业。
知识目标
(1) 掌握超限超重车运行要求。
(2) 掌握超限超重车途中检查作业要点。
(3) 掌握超限超重车到达作业要点。
素质目标
具备规范严谨的职业素养和高度的安全意识。

任务下达

◆ 阅读后,在工作手册中完成任务。

　　3 月 20 日,株洲北站承运发往湛江站一件定子,重 52 t,长 7 100 mm,重心高 1 300 mm,定子外形三视图见上个任务。托运人要求使用 N$_{17}$ 型 60 t 的平车装运。该件定子可按铁路装载加固定型方案(编号 100011)进行装载加固,装车后超级超限。
　　请分析该件定子途中运行时和到达后的作业要点,并思考为什么要严格遵循作业流程与作业标准呢?

理论学习

<h2 style="text-align:center">〖知识点一〗 超限超重车运行要求</h2>

一、车辆编挂要求

挂有超限车的列车，按《车站行车工作细则》（以下简称《站细》）规定的线路办理到发或通过。遇到特殊情况需要临时变更线路时，须得到铁路局集团公司批准。接发超限列车固定线路、准许通行超限车的线路实际建筑限界应满足国家标准要求。车站应将接发超限列车固定线路及侵限设施设备纳入《站细》管理。

运行有限制条件的超限、超重车，除有特殊要求外，禁止编入直达、直通列车。

二、超限列车运行速度限制

（1）挂有超限车的列车运行在双线、多线或并行单线的直线地段与邻线列车会车时，挂有超限车列车会车速度限制见表 9.11。曲线地段与邻线列车会车，必须根据规定相应加宽。

表 9.11　挂有超限车列车会车速度限制表

临线列车运行速度 v/(km/h)	两运行列车间最小距离 L/mm	超限车速度
$v \leqslant 120$	$L > 350$	不限速
	$300 \leqslant L \leqslant 350$	不超过 30 km/h
	$L < 300$	禁止会车
$120 < v \leqslant 160$	$L > 450$	不限速
	$400 \leqslant L \leqslant 450$	不超过 30 km/h
	$L < 400$	禁止会车
$v > 160$		禁止会车

（2）超限车在运行过程中，如超限货物的任何部位接近建筑物或设备时，应遵守下列规定：

① 超限货物的任何超限部位与建筑物或设备之间的距离（以下简称限界距离），在 100~150 mm 之间时，速度不得超过 15 km/h。

② 限界距离在超过 150~200 mm 之间时，速度不得超过 25 km/h。

③ 限界距离不足 100 mm 时，由铁路局集团公司根据实际情况制定办法。

（3）超限列车电气化区段运输要求：在电气化区段，超限货物顶部距接触网导线的垂直距离大于等于 350 mm 时，可不停电运输。超限货物顶部距接触网导线的垂直距离，在线路平面海拔高度超过 1 000 m 时，应按每超过 100 m 增加 3.5 mm 的附加安全距离计算（不足 100 m 时四舍五入计算）。

〖知识点二〗　超限超重车途中、到达作业

一、超限超重车途中检查

超限超重车的途中检查是确保超限超重货物运输安全的重要措施,铁路局集团公司必须加强对超限超重车运行途中的检查,落实区段负责制。

1. 途中检查内容

途中检查站应按下列内容检查超限超重车,并在超限超重货物运输记录上记录、签认检查结果。

(1) 有无超限超重货物运输记录及其填写是否完整;

(2) 货物两侧明显位置是否有超限超重等级标识;

(3) 是否标画有检查线,货物装载加固是否良好,加固材料是否有松动或损坏。

如发现问题,应按照《铁路货运检查管理规则》和《铁路货物运输管理规则》等规章中的有关规定处理。

2. 采用检查架的方式检查

为确保超限货物运输安全,可采用检查架等方法检查确认运输线路或区段的限界能否满足通行安全。

(1) 检查架的尺寸应与货物检定断面的实际尺寸相同。

(2) 安装检查架的车辆应与拟用车辆的车型相同。

(3) 检查架应安装在货物检定断面所在的位置。

使用其他车辆安装检查架的,检查架的尺寸应考虑拟用车辆的偏差量和倾斜量等。

二、超限超重货物运输变更

超限超重货物变更到站时,除按普通货物变更有关规定办理外,还应遵守下列规定:

(1) 受理变更的车站应为超限超重货物办理站。

(2) 受理变更的车站应对货物的装载加固状况进行检查,确认状态良好后以电报向铁路局集团公司重新申请,并注明原确认电报发布单位、电报号码、新到站及车号。

(3) 受理变更的铁路局集团公司按规定确认或申请,变更后的运输要求按新确认电报执行。

(4) 受理变更的车站应在"超限超重货物运输记录"(见表9.7)中签认。

三、超限超重货物到达作业

1. 超限超重货物到达

到站应根据确认电报确定卸车地点和货位,科学制定卸车方案,加强卸车组织,确保安全。

2. 超限、超重货物交付

收货人在货场自卸的,车站应与收货人签订卸车协议,明确安全责任,并在卸车前与收货人办理

完货物交付手续。

> ▣ **课程思政案例：遵章守纪，严把作业标准关**
>
>   2008 年 8 月 6 日，91007 次军用列车机后第 8 位车辆装载的火箭炮炮管，因内部机械锁闭装置故障造成超限。在处理过程中，该炮管继续上升，碰挂到接触网，导致炮衣着火，造成一般 C 类事故。
>
>   虽然这起事故的起因是火箭炮炮管本身出现故障，但火灾的发生却与未按规章作业直接相关。在发现火箭炮炮管超限后进行处理时，应遵循先停电、后处理的原则。

工 作 手 册

【任务名称】　　　　　　　　办理超限货物途中与到达作业　　　　　　　　参考学时：1 学时

【项目团队】

【任务实施关键点】

_____

_____

_____

工序	工作步骤	实施方案
1. 运行要求	编挂要求	
	速度限制	
	电气化区段运输要求	
2. 途中作业	检查内容	
	变更到站办理	
3. 到达作业	到达	
	交付	

工作笔记：请结合超限货物途中与到达作业办理流程谈一谈严把作业标准关的重要性。

随堂练习

1. 运行有限制条件的超限、超重车，除有特殊要求外，禁止编入（　　）列车。

A. 直达　　　　　　B. 直通　　　　　　C. 区段　　　　　　D. 小运转

2. 超限货物的任何超限部位与建筑限界之间的距离，在 100~150 mm 时，时速不得超过（　　）。

A. 15 km　　　　　B. 25 km　　　　　C. 35 km　　　　　D. 45 km

3. 当线路平面海拔高度为 1 420 m 时，在计算超限货物顶部距接触网导线的垂直距离时，其附加安全距离应按（　　）mm 进行计算。

A. 3.5　　　　　　B. 10.5　　　　　　C. 14　　　　　　D. 17.5

4. 简述途中检查站应按哪些内容检查超限超重车？

5. 简述超限超重货物变更到站时应遵守哪些规定？

项目十
危险货物运输

 教学目标

能力目标

能正确按规章办理铁路危险货物运输作业。

知识目标

（1）了解危险货物的定义与性质，掌握危险货物的分类与判断方法。

（2）熟悉危险货物的运输设备。

（3）了解危险货物运输的特点，掌握危险货物的发送、途中与到达作业组织的特殊规定。

素质目标

树立"安全第一"的职业态度，养成"精益求精"的职业品质。

【专项技能 10.1】 危险货物种类与载运车辆

学习目标

能力目标

熟悉危险货物的分类与品名编号。

知识目标

(1) 了解危险货物的分类与其编号。

(2) 掌握危险货物的判定方法。

(3) 了解危险货物载运车辆。

素质目标

认识危险货物的特殊性,强化安全意识。

任务下达

> ◆ 阅读后,在工作手册中完成任务。
>
> 1 月 9 日,株洲某股份有限公司到株洲北站托运货物,这些货物包括以下品名:子弹、鞭炮、液化石油气、液氨、汽油、煤油、柴油、硫黄、黄磷、金属钠、硝酸铵、氰化钠、八氧化三铀、硫酸、生石灰、汞。
>
> 试以株洲北站货运员身份完成下列工作任务:
>
> (1) 判定上述货物是否为危险货物并简述判定的依据。
>
> (2) 判定上述货物属于危险货物中的哪一类项并简述判定的依据。
>
> (3) 为上述货物选择合适的载运车辆并简述理由。

理论学习

微课
认识危险
货物

〖知识点一〗 认识铁路危险货物

一、危险货物的定义

在铁路运输中,凡具有爆炸、易燃、毒害、感染、腐蚀、放射性等特性,在运输、装卸和储存保管过程中,容易造成人身伤亡和财产毁损而需要特别防护的货物均属于危险货物,其示例如图 10.1 所示。

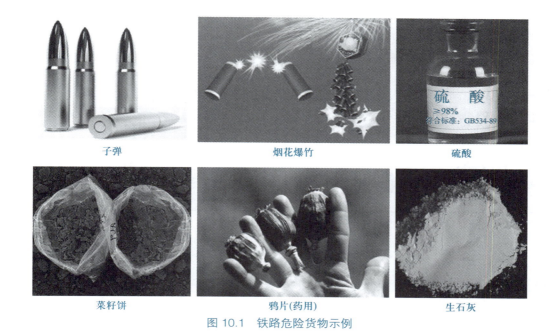

子弹 烟花爆竹 硫酸

菜籽饼 鸦片(药用) 生石灰

图 10.1 铁路危险货物示例

　　危险货物的危险性主要取决于货物本身的理化性质,但是与外界的环境条件也密切相关。如黄磷的运输,该物质具备有氧情况下能自燃但不能和水发生反应的特性,因此可以将黄磷封存在水中使之与氧气隔绝进行运输。

二、判定危险货物的方法

　　(1) 在《铁路危险货物品名表》(以下简称《品名表》)中列载的品名属于危险货物(特殊规定可按普通货物运输条件运输的品名除外),均按危险货物运输条件运运。

　　(2) 未列入《品名表》中,但已经被国铁集团已确定并公布为危险货物的品名的,按国铁集团规定办理。

　　(3) 在《品名表》中未列载的化工原料、化工产品,可按《铁路危险货物运输管理规则》中新产品的有关条件办理运输。

三、铁路危险货物编号的意义

　　铁路危险货物编号(简称"铁危编号")是将每一种危险货物按编号、品名、别品、信息化品名、主要特性、包装标志、包装类、灭火剂、洗刷除污编号、急救措施、特殊规定、联合国编号等分别按所属类、项以表格形式编集而成,如图 10.2 所示。

　　铁危编号由 5 位阿拉伯数字及英文大写字母组成。第 1 位数字表示该危险货物的类别;第 2 位数字表示该危险货物的项别;后 3 位数字表示该危险货物品名的顺序号,顺序号 001~500 为一级,501~999 为二级。如生石灰的铁危编号为 82522,表明生石灰属于危险货物第 8 类(腐蚀性物质)第 2 项(碱性腐蚀性物质)第 522 个品名(二级),编号说明如图 10.3 所示。

危险品品名列表		
品名代码	**危品代码**	**品名汉字**
0210003	31103	原油
0210004	31103	页岩油
0220003	31001	汽油
0220004	31319	乙醇汽油
0230002	31058	航空煤油
0230003	32001	煤油
0230005	32003	磺化煤油
0240001	32150	柴油
0260018	31299	防锈油
0260043	32147	刹车油

首页 > 货运服务 > 危险品品名查询

共645条记录 65页 | 首页 | 前一页 | 当前显示第 1 ▼ 页 | 后一页 | 末页

图 10.2　铁路危险货物编号示例

四、铁路危险货物的分类

铁路运输的危险货物按其主要危险性和运输要求可分为九类,各类危险货物按其性质又划分为若干项。

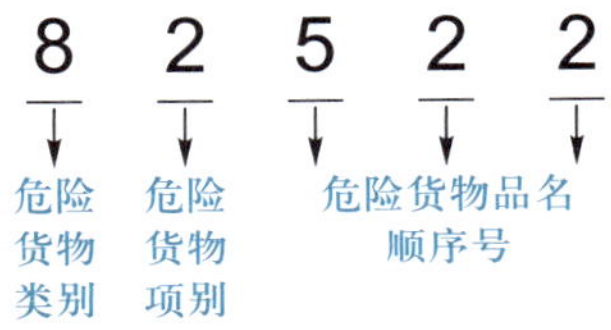

1. 爆炸品

危险货物中爆炸品的爆炸一般都属于化学爆炸。爆炸品指受到高热、摩擦、撞击、震动或其他外界作用,能迅速发生剧烈化学反应,瞬间产生大量气体和热量,形成巨大的压力而发生爆炸,对周围环境造成破坏的物品。

8　2　5　2　2

危险货物类别 / 危险货物项别 / 危险货物品名顺序号

图 10.3　编号说明

爆炸品按其性质、用途和包装条件可分为:

(1) 有整体爆炸危险的物质和物品(铁危编号:11001~11148)。

(2) 有迸射危险,但无整体爆炸危险的物质和物品(铁危编号:12001~12057)。

(3) 有燃烧爆炸危险并有局部爆炸危险或局部迸射危险或两种危险都有,但无整体爆炸危险的物质和物品。(铁危编号:13001~13061)。

(4) 不呈现重大危险的物质和物品(铁危编号:14001~14066)。

(5) 有整体爆炸危险的非常不敏感物质(铁危编号:15001~15005)。

(6) 无整体爆炸危险的极端不敏感物品(铁危编号:16001)。

2. 气体

(1) 气体的定义　铁路危险货物中气体类物质符合下述情况之一:① 在50℃时,蒸气压大于300 kPa的物质;② 在20℃及101.3 kPa标准压力下完全是气态的物质。

(2) 气体的分类　气体按照其性质可分为:易燃气体(铁危编号:21001~21072)、非易燃无毒气体(铁危编号:22001~22069)、毒性气体(铁危编号:23001~23077)。

3. 易燃液体

易燃液体是指闭杯闪点不高于60.5℃,或开杯闪点不高于65.6℃的液体或液体混合物,或在液体及悬浮液中含有固体的液体。

易燃液体具备高度的易燃性、蒸气的易爆性,按闪点可分为以下几类:

(1) 一级易燃液体　一级易燃液体(铁危编号:31001~31318)是指闪点(闭杯)低于 23℃的液体,如汽油、丙酮、原油、石脑油、苯、乙醇等。

(2) 二级易燃液体　二级易燃液体(铁危编号:32001~32158)是指闪点(闭杯)23℃ ~60.5℃的液体,如煤油、松节油、氯苯等。

4. 易燃固体、易于自燃的物质、遇水放出易燃气体的物质

(1) 易燃固体　易燃固体(铁危编号:41001~41559)的物质燃点低,对热、撞击、摩擦均较敏感,易被外部火源点燃,燃烧迅速,可散发出有毒烟雾或气体,包括一级易燃固体(铁危编号:41001~41074)、二级易燃固体(铁危编号:41501~41559)。如红磷、硝化沥青属于一级易燃固体,硫黄、镁合金、安全火柴属于二级易燃固体。

(2) 易于自燃的物质　易于自燃的物质(铁危编号:42001~42537)主要包括一级自燃物品(铁危编号:42001~42052)、二级自燃物品(铁危编号:42501~42537)。如黄磷属于一级自燃物品,置于空气中时,当温度达到 30℃时就会自燃,并放出有毒气体五氧化二磷;如油布及其制品属于二级自燃物品,置于空气中时,能与氧发生缓慢氧化作用,而产生热量,当积热不散,温度不断上升,达到自燃点时也会发生自燃。

(3) 遇水放出易燃气体的物质　遇水放出易燃气体的物质主要包括一级遇水易燃物品(铁危编号:43001~43057)、二级遇水易燃物品(铁危编号:43501~43510)。如金属钠、钾、碳化钙(电石)、保险粉属于一级遇水易燃物品,锌灰、硅钙属于二级遇水易燃物品。

5. 氧化性物质和有机过氧化物

氧化性物质和有机过氧化物具有强氧化性,易引起燃烧、爆炸。

(1) 氧化性物质　氧化性物质分为一级氧化性物质(铁危编号:51001~51086)大多为碱金属或碱土金属的盐类,性质极不稳定,如过氧化钠、过氧化钾等;二级氧化性物质(铁危编号:51501~51530)的性质较一级氧化性物质稳定,如硝酸钾、亚硝酸钠、铬酸等。

(2) 有机过氧化物　有机过氧化物(铁危编号:52001~52123)指分子组成中含有过氧基的有机物质,属于热不稳定物质,可能发生放热自加速分解等,主要特性有可能发生爆炸性分解,迅速燃烧,对碰撞或摩擦敏感、与其他物质起危险反应,损害眼睛等。

6. 毒性物质和感染性物质

(1) 毒性物质　毒性物质按照其性质可分为一级毒性物质(剧毒品)、二级毒性物质(有毒品),如氰化物、砷、硝基苯、农药(液态、固态)属于一级毒性物质(铁危编号:61001~61205);硒粉、煤焦沥青、生漆、鸦片等属于二级毒性物质(铁危编号:61501~61940)。

(2) 感染性物质　感染性物质(铁危编号:62001~62004)是含有病原体的物质,包括生物制品、诊断样品、基因突变的微生物、生物体和其他媒介,如:病毒蛋白等。

7. 放射性物质

放射性物质(铁危编号:71001~71030)能自发地、不断地放出 α、β、γ 射线或中子流,具有不同的穿透能力,过量的射线照射对人体细胞有杀伤作用,有些放射性物质还具有易燃、易爆、腐蚀和毒害等危险性。

8. 腐蚀性物质

腐蚀性物质是指与完好皮肤组织接触不超过 4 h,在 14 天的观察期中发现引起皮肤全厚度损毁,或在 55℃时,对 S235JR+CR 型或类似型号钢或无覆盖层铝的表面均匀年腐蚀率超过 6.25 mm/ 年

的物质。

腐蚀性物质带有腐蚀性、氧化性、毒害性、易燃性,按照其性质可分为酸性腐蚀性物质(一级的铁危编号:81001~81135;二级的铁危编号:81501~81647)、碱性腐蚀性物质(一级的铁危编号:82001~82041;二级的铁危编号:82501~82526)和其他腐蚀性物质(一级的铁危编号:83001~83029;二级的铁危编号:83501~83515)。

9. 杂类危险物质和物品

杂类危险物质和物品是指危险货物第 1 类~第 8 类未包括的物质和物品,包括:

(1)危害环境的物质(铁危编号:91001~9102),如石棉等。

(2)高温物质(铁危编号:92001~92002),如物质液态温度达到或超过 100℃,或固态温度达到或超过 240℃,未列名的高温固体、高温液体。

(3)经过基因修改的微生物或组织,不属于感染性物质,但能够以非正常天然繁殖结果的方式改变动物、植物或微生物的物质。

微课
危险货物载
运工具

〖知识点二〗　危险货物载运工具

铁路对危险货物仅办理整车和集装箱运输。铁路危险货物集装箱车辆运输时同一车限装同一品名、同一铁危编号的危险货物,办理罐式箱运输时,托运人、收货人、发到站、专用线、货物品名等应与办理限制相符。

一、危险货物载运工具

1. 罐车

罐车是目前我国铁路装运危险货物的主要工具,按其归属可分为铁路产权罐车与企业自备罐车两类。其中,铁路产权罐车只能装运原油、汽油、煤油(航空煤油)、柴油、石脑油、溶剂油、轻质燃料油及非危险货物的重油、润滑油等。企业自备罐车可装运《铁路危险货物品名表》品名范围内的危险货物,但应符合《铁路危险货物品名表》的特殊规定栏的要求。

2. 棚车

爆炸品、硝酸铵、氯酸钠、氯酸钾、黄磷和钢桶包装的一级易燃液体可选用竹底棚车或木底棚车装运,如 P_{64}、P_{64A}、P_{64AK}、P_{64AT}、P_{64GK}、P_{64GT} 等。如使用铁底棚车时,应经铁路局集团公司批准。

棚车装运危险货物时,同一车限同一品名、同一铁危编号。装运时应对门口处金属磨耗板及端、侧墙的金属部分采用衬垫隔离处理。

3. 集装箱

铁路危险货物集装箱分为铁路危险货物通用箱与企业自备危险货物集装箱两类。其中,铁路危险货物通用箱可办理二级易燃固体、二级氧化性物质、二级腐蚀性物质。企业自备危险货物集装箱可办理二级易燃固体、二级氧化性物质、腐蚀性物质、二级毒性物质。

办理其他危险货物时,由所属铁路局集团公司组织研究并提出安全运输条件的建议,上报国铁集团货运部。国铁集团货运部组织专家进行技术审查,通过技术审查后公布安全运输条件。

4. 毒品专用车

毒性物质只能使用毒品专用车装运,确因毒品专用车不足时,经铁路局集团公司批准可使用铁底棚车装运,剧毒品不得使用铁底棚车装运。

二、危险货物自备罐车的标志

1. 罐体涂色标志

(1) 装运酸、碱类的罐车　装运酸、碱类的罐车罐体为全黄色,罐体两侧纵向中部应涂刷一条宽 300 mm 的黑色水平环形色带。

(2) 装运煤焦油、焦油的罐车　装运煤焦油、焦油的罐车罐体为全黑色,罐体两侧纵向中部应涂刷一条宽 300 mm 的红色水平环形色带。

(3) 装运黄磷的罐车　装运黄磷的罐车罐体为银灰色,罐体中部无环形色带。

(4) 装运其他危险货物的罐车　装运其他危险货物的罐车罐体为银灰色,罐体两侧纵向中部应刷有一条宽 300 mm 的水平环形色带。色带分为单色带与双色带,通过不同的颜色来表示装运货物的主要特性。

① 单色带:红色单色带表示装运货物特性为易燃性,绿色单色带表示装运货物特性为氧化性,黄色单色带表示装运货物特性为毒性,黑色单色带表示装运货物特性为腐蚀性,蓝色单色带表示装运货物特性为非易燃无毒气体。

② 双色带:双色带是指将水平形色带分为上层 200 mm、下层 100 mm,涂以不同颜色以代表不同特性的危险货物。其中,环带上层 200 mm 宽涂蓝色、下层 100 mm 宽涂红色表示装运货物的特性为易燃气体;环带上层 200 mm 宽涂蓝色、下层 100 mm 宽涂黄色表示装运货物的特性为毒性气体。

2. 罐体涂打危险货物标志

(1) 货物类别标志　按《危险货物包装标志》的规定,在罐体两端头的两侧环形色带下方喷涂相应标志,规格为 400 mm × 400 mm。其中,苯、粗苯、甲苯、乙苯、二甲苯可用罐体上涂打"苯类"字样的自备罐车运输。汽油、煤油、航空煤油、柴油、石脑油、溶剂油、轻质燃料油可用罐体上涂打"轻油类"字样的自备罐车运输。

(2) 品名及特性标志　罐体两侧环形色带中部(有扶梯时在扶梯右侧)以分子、分母形式喷涂货物名称及其危险性。如装运货物品名为硫酸,在罐车罐体两侧环形色带中部涂打"$\dfrac{硫酸}{腐蚀、禁水}$",表示该货物具有腐蚀性,遇水会发生剧烈反应。

三、罐车充装量的检测

1. 检测设备

装车单位要严格执行铁路罐车允许充装量的规定,使用安全的计量检测设备,防止罐车装运的液体类危险货物超装、超载。使用罐车装运气体类危险货物时,装车单位应具有轨道衡计量设备,对装运气体类危险货物的罐车标记容积在 80 m^3 以上的,应安装三台面轨道衡。

2. 检测方法

(1) 气体类货物

① **充装量的计算**:罐车充装量按公式(10-1)计算。

$$W_{计算} = \Phi \cdot V_{标} \tag{10-1}$$

式中:$W_{计算}$为根据重量充装系数确定的计算充装量,t;Φ为重量充装系数,t/m^3;$V_{标}$为罐车标记容积,m^3。

充装量按公式(10-1)计算,若计算值大于标记装载重量时,充装量取标记装载重量。常见物质的重量充装系数见表10.1。

表 10.1 常见物质的重量充装系数

充装物质种类	重量充装系数 $\Phi/(t/m^3)$	充装物质种类	重量充装系数 $\Phi/(t/m^3)$
液氨	0.52	混合液化石油气	0.42
液氯	1.20	正丁烷	0.51
液态二氧化硫	1.20	异丁烷	0.49
丙烯	0.43	丁烯、异丁烯	0.50
丙烷	0.42	丁二烯	0.55

② **充装量的检衡复核**:在充装前应对空车进行检衡。充装后,需用轨道衡对重车进行计量,严禁超装。罐车的实际充装量不得大于罐车的允许充装量。

若罐车空车检衡重量大于或等于罐车标记自重 $W_{自重}$时,则罐车实际充装量按公式(10-2)计算。

$$W_{空检} \geq W_{自重}时,W_{实装} = W_{总} - W_{自重} \tag{10-2}$$

若罐车空车检衡质量小于罐车标记自重 $W_{自重}$时,则罐车实际充装量按公式(10-3)计算。

$$W_{空检} < W_{自重}时,W_{实装} = W_{总} - W_{空检} \tag{10-3}$$

式中:$W_{实装}$为实际充装量,t;$W_{自重}$为罐车标记自重,t;$W_{总}$为重罐车检衡质量,t;$W_{空检}$为罐车空车检衡质量,t。

(2) **液体货物** 液体货物的充装量应同时满足允许充装体积与允许充装重量两方面的要求。其中,允许充装体积上限不得大于罐体标记容积的95%,下限不得小于罐体标记容积的83%;允许充装重量不得大于罐车标记载重量,同时保证留有一定的膨胀余量。

允许充装重量按公式(10-4)计算。

$$W_{允许} = \rho \cdot V_{许装} \leq P_{标} \tag{10-4}$$

式中:$W_{允许}$为允许充装量,t;ρ为充装介质密度,t/m^3;$P_{标}$为罐车标记载重量,t;$V_{许装}$为罐车允许充装体积,m^3。

🔷 **实例运算**

托运人王某使用标记载重量为 40 t、重量为 43.8 t、容积为 96 m^3 的自备罐车装备液态二氧化硫。经检衡,空车重量为 45.68 t,重车重量为 83.76 t。试判断装载重量是否符合铁路运输的规定。

【**解**】(1) 计算允许充装量:查表10.1可得,充装系数为 1.20 t/m^3,

由题意可知 $P_{标}$=40 t,则依据公式(10-1)可得 $W_{计算} = \Phi \cdot V_{标} = 1.20 \times 96\ t = 115.2\ t$

因为 $W_{计算}>P_{标}$，所以 $W_{允许}=P_{标}=40\,t$

（2）复核充装量：由题意可知检衡空车重量为 45.68 t，重车重量为 83.76 t，空车重量为 43.8 t。

因为 $W_{空检}>W_{自重}$，所以 $W_{实装}=W_{总}-W_{自重}=(83.76-43.8)\,t=39.96\,t$

【结论】用该车装运液体二氧化硫的允许充装量为标记重量 40 t，托运人实际装载重量为 39.96 t，可判定该石油罐车充装量符合铁路运输规定。

📖 **课程思政案例：用真心对待每一位客户**

某日，某货运营业站货运员小付接到一名客户的运输需求提报，货物为防冻液，要求按照批量零散快运办理。小付查询《铁路危险货物品名表》发现无此品名。分析防冻液的成分得知其主要成分为乙醇，属于一级易燃液体，可比照铁危编号 31161 的危险货物办理。危险货物不能办理批量零散快运，因此，小付拒绝了客户提出的办理申请。客户询问应该采用哪种运输方式时，小付为客户提供了集装箱与整车运输两种方式，从运输车辆的选择、运费收取及运输组织等方面对这两种运输方式进行了全面的解释，并耐心地接受客户的各种提问。最后，客户满意地选择了运费相对较低的整车运输方式，对货运员小付没有因为集装箱运输费用更高就推荐这一种运输方式的行为表达了感谢，称他是真心为客户着想。

工 作 手 册

【任务名称】	判定危险货物类别与选择载运车辆	参考学时：1 学时
【项目团队】		

【任务实施关键点】

_____

_____

_____

工序	工作步骤	实施方案
1. 判定危险货物类别	查找铁危编号	
	确定货物的类别	
2. 选择载运车辆	选择载运车辆	
	确定载运车辆的适应范围	
	确定危险货物载运车辆的标志	

工作笔记：分析"液氮"属于哪一类危险货物，为其选择合适的载运车辆，并思考如何从客户角度选择合适的运输方式？

随堂练习

1. 铁危编号由（　　）位阿拉伯数字及英文大写字母组成。

A. 4   B. 5   C. 6   D. 7

2. 危险货物分为（　　）类。

A. 6   B. 7   C. 8   D. 9

3. 装运黄磷的罐车罐体为（　　）色,罐体中部为（　　）环形色带。

A. 全黄,没有   B. 全黑,为宽 300 mm 红色水平

C. 银灰,为宽 300 mm 黑色水平   D. 银灰,没有

4. 可以使用铁路产权罐车装运的是（　　）。

A. 石脑油   B. 煤焦油   C. 润滑油

D. 煤油   E. 溶剂油   F. 食用油

5. 爆炸品、氯酸钠、氯酸钾、（　　）和钢桶包装的一级易燃液体应选用 P_{64}、P_{64A}、P_{64AK}、P_{64AT}、P_{64GK}、P_{64GT}、P_{70} 等竹底棚车或木底棚车装运。

A. 硝酸钾   B. 硝酸铵   C. 黄磷   D. 硫黄

6. 下列品类中可使用铁路通用集装箱运输的是（　　）。

A. 二级易燃固体   B. 二级氧化性物质

C. 二级毒性物质   D. 二级酸性腐蚀性物质

7. 危险货物罐车罐体红色单色带表示的装运货物的特性为（　　）。

A. 易燃性   B. 氧化性   C. 毒性   D. 腐蚀性

【专项技能 10.2】 危险货物运输办理条件

学习目标

微课
危险货物运
输办理条件

能力目标

能识别危险货物办理站的办理限制,组织危险货物运输相关协议的签订工作。

知识目标

(1) 熟悉危险货物办理站的定义及办理限制。

(2) 掌握危险货物运输安全协议、专用线运输协议、过轨运输协议的内容与签订程序。

素质目标

树立大局观念,强化合作意识。

任务下达

🔷 阅读后,在工作手册中完成任务。

　　1 月 12 日,湖南某化工有限公司的代理人张某向云溪站咨询,想了解云溪站的中国某集团资产经营管理有限公司某分公司某专用线(化工产品)办理危险货物运输的情况。

　　请分析云溪站相关专用线办理危险货物运输的限制与要求,并思考如何将重视危险货物运输安全真正落到实处?

 理论学习

〖知识点一〗 危险货物办理站

一、危险货物办理站的定义

　　铁路仅办理危险货物的整车和集装箱运输。危险货物办理站(以下简称办理站)是铁路车站站内或与其接轨的铁路专用线、专用铁路办理危险货物发送(含换装)、到达业务的车站。

二、办理站的分类

　　办理站按类型分为以下三种:
　　(1) 站内办理站　仅在铁路车站站内办理危险货物业务的车站。
　　(2) 专用线接轨站　仅在接轨的铁路专用线、专用铁路办理危险货物业务的车站。
　　(3) 兼办站　在铁路车站站内和接轨的铁路专用线、专用铁路均办理危险货物业务的车站。

三、办理站的办理限制

　　由铁路局集团公司确定办理站的办理限制。
　　(1) 站内办理　办理限制包括办理站名称,发送、到达品名及相应的装运方式。
　　(2) 接轨的专用线办理　办理限制包括接轨站、专用线名称,发送、到达品名及相应的装运方式。
　　(3) 专用线共用办理　应包括共用单位名称,发送、到达品名及相应的装运方式等。

〖知识点二〗 危险货物运输的相关协议

一、危险货物运输安全协议

1. 签订协议前的资料查验

托运人应按铁路局集团公司要求提供相关材料,铁路局集团公司对托运人提交的材料进行审核,对不符合规定的不得与之签订托运危险货物安全协议。

需查验的资料主要包括:

(1) 托运品名范围。

(2) 营业执照。

(3) 危险化学品安全生产许可证、安全使用许可证、经营许可证或工业产品生产许可证。

① 办理民用爆炸物品、烟花爆竹业务的,提供民用爆炸物品生产许可证或烟花爆竹安全生产许可证。

② 办理民用液化石油气、天然气业务的,提供燃气经营许可证。

③ 办理放射性物质(物品)业务的,提供辐射安全许可证等。

对于列入铁路危险货物品名表或经鉴定为危险货物,但未列入国家实行生产许可证制度的工业产品目录或《危险化学品目录》的货物品名,在办理危险货物运输时,可不提交相应的生产许可证或经营许可证等。

危险化学品建设项目试生产(使用)期间办理危险货物运输时,应符合《危险化学品建设项目安全监督管理办法》的相关规定。

(4) 办理气体类危险货物运输的,提交轨道衡年检合格证。

(5) 铁路危险货物运输事故应急预案。

(6) 包装检验合格证明文件。

(7) 法律、法规、规章规定的其他材料。

2. 运输安全协议的签订与备案

铁路局集团公司与托运人签订托运危险货物安全协议,将托运人名称、托运品名范围、协议有效期等相关信息上报国铁集团货运部备案。国铁集团货运部在危险货物托运人名称表中公布。

3. 运输安全协议的时效

危险货物运输安全协议每年签订一次。首次签订协议应在办理限制公布之后、正式运输前进行。办理限制内容发生变化时,应在办理限制公布之后、运输实施前重新签订协议。

运输安全协议有效期到期前 1 个月,铁路局集团公司应通知托运人按规定签订新协议。对逾期未签订新协议的托运人,由铁路局集团公司上报国铁集团货运部在危险货物托运人名称表中取消。

二、专用线运输协议

(1) 运输协议的签订 在专用线办理危险货物运输时,产权单位还应每年与办理站签订一次专用线运输协议。危险货物运输需要共用专用线时,应由产权单位、共用单位、办理站签订危险货物专用线共用协议。

危险货物专用线运输协议与专用线共用协议每年签订一次。首次签订协议应在办理限制公布之后、正式运输前进行,办理限制内容发生变化时,应在办理限制公布之后、运输实施前重新签订协议。

(2) 运输协议的时效 危险货物专用线运输协议与专用线共用协议有效期到期前 1 个月,办理站应通知相关单位按规定签订新协议。逾期未签订新协议的单位,由办理站、铁路局集团公司逐级上报国铁集团货运部在办理限制中取消。

三、过轨运输协议

(1) 业务的审核 除已经委托铁路局集团公司管理的情形外,非国家铁路控股的合资铁路、地方铁路办理经国铁过轨运输的危险货物业务,均应接受铁路局集团公司审核。

铁路局集团公司应按照《铁路危险货物运输安全监督管理规定》对其所属铁路运输企业进行审核。

(2) 信息公布与签订协议 铁路局集团公司应向社会公布办理危险货物的车站名称、作业地点、办理品名、装运方式等信息,然后与其所属铁路运输企业签订危险货物过轨运输协议。

> 📖 **课程思政案例: 以安全为首要,严把危险货物运输安全关**
>
> 9 月 21 日,某货运营业站的货运员小罗接待了一名客户,该名客户要求办理烟花爆竹的长期运输业务,提供了营业执照、烟花爆竹安全生产使用经营许可证。小罗根据规定要求客户提供货品的包装检验合格证明文件,客户称忘带了,表示以后一定补交,让小罗通融一下。小罗态度温和但坚定地拒绝了客户的要求,并耐心解释办理危险货物的托运业务要求资料齐全、规范,车站在确认客户提供的资料符合规定后还要逐级上报集团公司审核同意后方可办理,而这一切都是为了保证危险货物运输安全。客户被货运员小罗认真负责的态度所感动,最终接受了处理办法。

工 作 手 册

【任务名称】 选择危险货物办理站与签订危险货物运输协议 参考学时: __2__ 学时

【项目团队】 _____

【任务实施关键点】

_____

_____

_____

工序	工作步骤	实施方案
1. 办理限制与要求	分析云溪站属于哪一种危险货物办理站	
	确定云溪站危险货物的办理范围	
	确定云溪站危险货物办理条件	

续表

工序	工作步骤	实施方案
2. 签订危险货物运输协议	危险货物运输安全协议的签订程序与内容	
	专用线运输协议的签订程序与内容	
	过轨运输协议的签订程序与内容	
工作笔记:试从货运员身份谈一谈在签订危险货物运输安全协议中如何将重视危货运输安全落到实处?		

随堂练习

1. 危险货物办理站按类型分为( )、专用线接轨站和兼办站。

A. 集装箱办理站   B. 综合性办理站

C. 站内办理站   D. 专办站

2. 危险货物运输安全协议、危险货物专用线共用协议有效期到期前( ),办理站(货运中心)应通知相关单位按规定签订新协议。

A. 15 日   B. 20 日   C. 30 日   D. 60 日

3. 危险货物办理站的办理限制有哪些?

4. 办理危险货物运输前需要签订哪些协议?

【专项技能 10.3】 危险货物发送作业

学习目标

能力目标

能组织危险货物的发送作业。

知识目标

(1) 掌握危险货物试运的办理方法。

(2) 掌握危险货物托运、受理、承运、进货、验收、保管、装车与挂运等发送作业工作环节的组织办法。

素质目标

养成严谨、细致的工作习惯。

任务下达

> 🔷 阅读后,在工作手册中完成任务。
>
> 　　1 月 25 日,湖南某农业生产资料有限公司岳阳分公司向岳阳北站提交客户运输需求,要求托运塑料助剂、甲苯二异氰酸酯(剧毒品)、液化石油气各一车。到站为应城东站,收货人为应城市某化工有限责任公司。其中塑料助剂品名在《铁路危险货物品名表》中并未找到。
>
> 　　请以岳阳北站货运工作人员的身份分别办理塑料助剂、甲苯二异氰酸酯(剧毒品)、液化石油气这三批危险货物的发送作业,并思考对未列名的危险货物办理时如何做到严谨、细致、杜绝差错?

 理论学习

〚 知识点一 〛 危险货物的试运

一、试运的适用范围

1. 未列名货物

托运人申请运输《铁路危险货物品名表》中未列名的且其性质不明确的货物,托运人应委托国家安全生产监督管理部门认定的检测鉴定机构进行性质技术鉴定,填写《铁路货物运输技术说明书》,见表 10.2。托运人对填写内容和送检样品的真实性负责,检测鉴定机构出具鉴定报告并对鉴定结果负责。

微课
危险货物
试运

表 10.2　铁路货物运输技术说明书

	申请单位声明		
申请鉴定单位填写	本单位对所填数据的真实性负责,保证送鉴样品与所托运货物一致。否则,所造成的一切损失由本单位承担经济、法律责任。 　　　　　　　　　　　　　申请单位(盖章): 　　　　　　　　　　　　　经办人(签字): 　　　　　　　　　　　　　　　　　年　月　日		
	品名	别名	
	外文名称	分子式(结构式)	

续表

		成分及百分含量	
申请鉴定单位填写	货物主要理化性质	颜色：　；状态：　；气味：　；相对密度：　；水中溶解度：　g/100 ml	
		熔点：　℃；沸点：　℃；闪点：　℃（闭杯）；燃点　℃；黏度：	
		分解温度：　℃；聚合温度：　℃；控温温度：　℃；应急温度：　℃	
		与酸、碱及水的反应情况：	
		其他有关化学性质：	
	拟用包装	内包装（材质、规格、封口）：	
		衬垫（材质、方法）：	
		外包装（材质、规格、封口、捆扎）：	
		单位重量：　kg；总重量：　kg；包装标志：　；包装类：	
	防护及应急措施	作业注意事项：	
		容器破损及撒漏处理方法：	
		灭火方法：　；　灭火禁忌：	
		中毒急救措施：	
		存放注意事项：　；　洗刷除污方法：	
鉴定单位填写	货物的主要危险性	爆炸性	爆发点：　℃；爆速：　m/s；撞击（摩擦）感度：
		气体特性	临界温度：　℃；50 ℃时蒸气压：　kPa；充装压力：　kPa
		易燃性	闪点：　℃（闭杯）；爆炸极限：　；燃点：　℃； 燃烧产物：
		自燃性	自燃点：　℃
		遇水易燃性	与水的反应产物：　；反应速度：　；放热量：
		氧化性	与可燃物粉末混合后的燃烧、摩擦、撞击情况：
		毒害性	经口或皮肤接触半数致死量：$LD_{50}=$　mg/kg； 吸入蒸气：$LC_{50}=$　mg/m^3；
		放射性	比活度：　Bq/kg；总活度：　Bq；半衰期：　； 射线类型：
		腐蚀性	与皮肤、碳钢、纤维等的作用情况：
		其他危险性	水生急毒性：　；恶臭：　；其他影响运输的性质：
	鉴定单位意见	该货物属于：　危险货物（　）；　非危险货物（　）	
		危险货物	非危险货物
		该货物应属危险货物第＿＿＿＿类，第＿＿＿＿项， 比照编号＿＿＿＿＿＿＿＿＿＿＿＿＿＿＿＿＿， 比照品名＿＿＿＿＿＿＿＿＿＿＿＿＿＿＿＿＿， 比照《包装表》第＿＿＿＿＿包装。 包装标志：＿＿＿＿＿＿＿＿；包装类：＿＿＿＿＿＿＿。	
		建议：	

续表

鉴定单位填写	鉴定单位及鉴定人	鉴定单位(公章) 年 月 日	鉴定人(签章) 年 月 日
装车站意见		(公章) 年 月 日	
直属站、车务段(货运中心)意见		(公章) 年 月 日	
铁路局主管部门意见		(公章) 年 月 日	
产品生产及托运单位	产品生产单位： 地址： 产品托运单位： 地址： 托运单位(公章)	电话： 邮编： 电话： 邮编： 联系人(签章) 年 月 日	

2. 新运输包装

托运人申请对运输的危险货物采用新包装或改变原有包装时,应委托包装检验机构进行包装性能试验,填写《新运输包装申请表》,见表 10.3。托运人对填写内容的真实性负责,检验单位填写检验意见并对检验结果负责。

表 10.3 新运输包装申请表

申请单位填写	货物名称		铁危编号		
			联合国编号		
	拟装货物主要理化性质				
	铁路危险货物品名表规定的包装类、包装方法				
	拟用包装状况				
	包装生产企业		包装出厂日期	年 月 日	
	包装生产许可证签发单位①		生产许可证号码		
	包装检验合格证签发单位②		包装检验合格证号码		
	外包装③	名称	材质	规格	单位重量
	内包装③				

续表

申请单位填写	衬垫材料及衬垫方法③			
	封口方法③			
	申请单位	单位名称 地址 联系人(签章)	(公章) 邮编 电话 年　月　日	
检验单位填写	检验日期			
	检验项目	量值	合格与否	
	检验单位意见			
	检验单位及检验人	检验单位名称 地址 检验人(签章)	(公章) 邮编 电话 年　月　日	
装车站意见			(公章) 年　月　日	
直属站、车务段(货运中心)意见			(公章) 年　月　日	
铁路局主管部门意见			(公章) 年　月　日	

注:① 列入国家实行生产许可证制度工业产品目录的包装生产单位。
　　② 为国家质量监督检验检疫部门认定的检验机构。
　　③ 应附内、外包装照片及资料。

二、试运的方法

1. 试运申请

托运人向办理站申请办理危险货物新品名或新运输包装试运手续时,应提交《铁路货物运输技术说明书》或《新运输包装申请表》(一式四份)、货物样品或包装样品、试运技术条件。新品名试运申请,还应提交事故应急预案和环保应急处理预案。

办理站向铁路局集团公司报送。铁路局集团公司对符合《铁路危险货物品名表》中特殊规定栏要求的予以批准,向国铁集团货运部备案。

经批准后,发站、铁路局集团公司、托运人、站段各留存一份《铁路货物运输技术说明书》《新运输包装申请表》。

2. 试运行

试运行包括新品名试运与新包装试运两种。试运前,办理站、托运人双方应签订试运安全运输协议。新品名试运行时,由托运人在货物运单的"托运人记事"栏内注明"比照铁危编号 ××× 新品名试运,批准号 ×××"字样;新包装试运时,由托运人在货物运单的"托运人记事"栏内注明"新包装试运,批准号 ×××"字样。

试运行的时间为 2 年,应在指定的时间和区段内进行。若需要跨铁路局集团公司试运的,应由办理站所属铁路局集团公司以电报形式通知有关铁路局集团公司。

3. 试运结果报告

试运时限达到后,托运人应会同办理站将试运结果报主管铁路局集团公司。

铁路局集团公司对试运结果进行研究后,提出试运报告、新品名铁路运输条件或新包装技术条件建议,报国铁集团货运部。新品名铁路运输条件建议应包括事故应急预案和环保应急处理预案。

国铁集团货运部组织专家进行技术审查,技术审查通过的,公布新品名铁路运输条件或新包装技术条件,纳入正式运输。

〖知识点二〗 危险货物托运和受理

一、托运

1. 适用范围

(1)可正常办理的危险货物　托运人托运危险货物时,应如实表明收货人名称及危险货物的名称、性质、重量、数量等,不得匿报、谎报品名、性质、重量,不得在普通货物中夹带危险货物。

(2)禁止运输的危险货物　法律、法规禁止生产和运输的危险物品、危险性质不明以及未采取安全措施的过度敏感或者能自发反应而产生危险的物品。

(3)有条件运输的危险货物　对乙烯基甲醚、乙酰乙烯酮、丙烯醛、丙烯酸、醋酸乙烯、甲基丙烯酸甲酯等性质不稳定或由于聚合、分解,在运输中能引起剧烈反应的危险货物,托运人应采用加入稳定剂或抑制剂等的方法。

(4)按普通货物条件运输的危险货物　对氰化钾、氰化汞、氰化钠、三氧化二砷、三氧化砷、五氧化砷、五氧化二钒、氯乙醛、丙酮氰醇、甲苯 -2,4- 二异氰酸酯、甲基 1605、甲基对硫磷、保棉磷、对氧磷、甲胺磷、久效磷、杀扑磷、水胺硫磷、甲拌磷、毒虫畏、甲硫磷、磷胺、速灭磷、特丁磷、碘依可酯、治螟磷、氧化乐果、西力生、恶虫威、呋喃丹、克百威、抗虫威、灭多威、灭害威、涕灭威、毒鼠磷、灭蚜胺符合按普通货物运输条件的,使用整车或集装箱装载单一品名且其包装方法和包装标志满足危险货物要求,批准其可按普通货物条件运输。

2. 货物运单的填写规范

(1)货物名称的填记　托运人在货物运单需求联的"货物名称"栏内填写危险货物品名和铁危编号。

(2)托运人记事栏的填记

① 托运人在货物运单需求联的"托运人记事"栏内填写经办人身份证号码,对派有押运员的还需填写押运员姓名、身份证号。

② 按普通货物条件运输的危险货物应在货物运单需求联的"托运人记事"栏内注明"×××(铁危编号),可按普通货物运输"。

③ 有条件运输的危险货物应在货物运单需求联的"托运人记事"栏内填写"已加入稳定剂或抑制剂"字样。

④ 托运爆炸品或烟花爆竹时,应在货物运单需求联的"托运人记事"栏内注明许可证名称和号码。

(3) 包装栏   货物运单"包装"栏应按《铁路危险货物包装表》的规定填写相应的外包装和内包装名称,见表10.4。

表 10.4   铁路危险货物包装表

包装号	外包装	内包装	包装号	外包装	内包装
1	钢质气瓶	—	14	普通木箱或半花格木箱	耐酸坛、陶瓷瓶
2	小开口钢桶	—	15	普通木箱或半花格木箱	玻璃瓶、塑料桶(罐)
3	小开口铝桶	—	16	花格箱	薄钢板桶或镀锡薄钢板桶(罐)
4	钢塑复合桶	塑料桶(胆)	17	花格箱	金属桶(罐)、塑料桶
5	中开口钢桶	—	18	普通木箱	磨砂口玻璃瓶、螺纹口玻璃瓶
6	全开口或中开口钢桶	塑料袋、二层牛皮纸袋	19	普通木箱	螺砂口玻璃瓶、塑料瓶、塑料袋
7	全开口钢桶	玻璃瓶、塑料桶(罐)	20	普通木箱	安瓿瓶
8	纤维板桶、胶合板桶、硬纸板桶	塑料袋、二层牛皮纸袋	21	普通木箱	螺纹口玻璃瓶、铁盖压口玻璃瓶、塑料瓶、金属桶罐
9	塑料桶	塑料袋	22	满底板花格箱、纤维板箱、胶合板箱	螺纹口玻璃瓶、塑料瓶、镀锡薄钢板桶(罐)
10	麻袋、塑料编织袋、乳胶布袋	两层塑料袋、一层塑料袋	23	普通木箱	螺纹口玻璃瓶、塑料瓶、复合塑料瓶、铝瓶
11	复合塑料编织袋:聚丙烯三合一袋、聚乙烯三合一袋,聚丙烯二合一袋,聚乙烯二合一袋	塑料袋	24	瓦楞纸箱、钙塑瓦楞纸箱	塑料瓶、两层塑料袋
12	榫槽接缝木箱	塑料袋	25	瓦楞纸箱、钙塑瓦楞纸箱	镀锡薄钢板桶(罐)、金属桶(罐)、金属软管
13	普通木箱	塑料袋、二层牛皮纸袋	26	木板箱、金属箱	—

二、受理

1. 审核内容

(1)"五统一"

① 托运人名称与危险货物托运人名称表相统一。

② 经办人身份证与货物运单记载相统一。

③ 发到站、办理品名、装运方式与办理限制相统一。

④ 货物品名、重量、件数与货物运单记载相统一。

⑤ 货物运单记载的品名、类项、编号等内容与铁路危险货物品名表的规定相统一,符合铁路危险货物品名表中特殊规定栏中铁路危险货物运输的特殊规定。

(2) "二合格"

① 经办人有培训合格证明。

② 托运人有包装检验合格证明文件。

(3) 其他要求

① 对国家实行生产、经营、储存、使用等实行许可管理的危险货物,应查验收货人提供的相关证明材料并留存备查,供必要时复查所用。

② 其他有关规定。

2. 自备罐车的审核

(1) 气体类危险货物

① "三统一":a. 托运人或收货人的罐车产权单位名称应与《自备铁路车辆经国家铁路过轨运输证》(以下简称《过轨运输证》)的单位名称相统一。b. 货物品名、托运人、收货人、发到站、专用线等应与办理限制相统一。c. 货物品名应与罐体标记品名相统一。

② "二提供":a. 由托运人提供《铁路液化气体罐车充装记录》。b. 由罐车产权单位提供移动式压力容器使用登记证。

③ 禁止办理:若车辆检修时间过期、证件过期、车况不良、罐体密封不严、罐体标记文字不清等有碍安全运输的不予办理运输。

(2) 液体危险货物　液体危险货物审核比照气体类危险货物办理,但不检查移动式压力容器使用登记证,改为检查铁路罐车容积检定证书和铁路罐车罐体检测报告。

(3) 其他类危险货物　其他类危险货物运输比照气体类与液态类危险货物的相应规定办理。自备货车空车返回时,车站不再查验《过轨运输证》,到站按空车办理。

3. 标准记事

在货物运单"承运人标准记事"栏标注危险货物的类项名称,货物运单生成相应戳记。如 爆炸品 等。

〖知识点三〗 危险货物的进货、验收与保管

一、货物的检查

1. 匿报、谎报与夹带的处理

发现托运人匿报、谎报危险货物品名或在普通货物中夹带危险货物时,办理站除依法不予承运外,还应上报铁路局集团公司。铁路局集团公司按照《铁路危险货物运输安全监督管理规定》的要求,及时向所在地铁路监督管理局报告。

2. 危险货物集装箱的检查

严禁在站内办理危险货物集装箱的装箱、掏箱作业。

办理危险货物集装箱时,办理站应对品名、包装、标志、标记等进行核查,防止匿报、谎报危险货物或在危险货物集装箱中夹带违禁物品。装箱时应采取安全防护措施,防止货物在运输过程中倒塌、窜动和撒漏。

二、运输包装的检查

1. 包装的基本要求

包装和内包装应按《铁路危险货物品名表》及《铁路危险货物包装表》的规定办理,同时还应符合下列要求:

① 包装材料时材质、规格和包装结构应与所装危险货物性质和重量相适应。

② 包装应坚固完好,能抵御运输、储存和装卸过程中正常的冲击、振动和挤压,并便于装卸和搬运。

③ 包装表面应保持清洁干燥,不得黏附所装物质和其他有害物质。

④ 包装封口应根据内装物性质采用严密封口、液密封口或气密封口。装有通气孔的容器,其设计和安装应能防止货物流出及杂质、水分进入。

⑤ 包装的衬垫物不得与所装货物发生反应而导致安全性降低,应能防止内装物移动,起到减震及吸收作用。

⑥ 包装材料不得与所装物产生危险反应或削弱包装强度。采用集装化运输的危险货物,使用的集装器具应有足够的强度,能够经受堆码和多次搬运,并便于机械装卸。

⑦ 充装液态货物的包装容器内至少留有 5% 的余量。

⑧ 除盛装气体类危险货物的钢瓶外,危险货物包装不得重复使用。

2. 包装的种类

危险货物包装根据其内装物的危险程度,分为 I 类包装、II 类包装、III 类包装三种。

(1) I 类包装　盛装具有较大危险性的货物,包装强度要求高。

(2) II 类包装　盛装具有中等危险性的货物,包装强度要求较高。

(3) III 类包装　盛装具有较小危险性的货物,包装强度要求一般。

3. 包装标志

货物包装上应牢固、清晰地标明《危险货物包装标志》中相应的标记和标签。其中,标记 4 个、标签 26 个,其图形分别标示了 9 类危险货物的主要特性。包装标志按照其尺寸大小(长 × 宽)分为:50 mm × 50 mm、100 mm × 100 mm、150 mm × 150 mm、250 mm × 250 mm 四种,分别适用于不同尺寸的运输包装件,如遇特大或特小的运输包装件,包装标志的尺寸可按规定适当扩大或缩小。

进出口危险货物在国内段运输时应粘贴或拴挂或喷涂相应的中文危险货物包装标志和储运标志。

(1) 危险货物包装的标记　危险货物包装的标记包括:危害环境物质和物品标记、方向标记、高温运输标记等,以符号、图形为主,见表 10.5。如 ↑↑ 是方向标记,以白色为底色,符号采用黑色或正红色。

标示包装标记时必须做到以下要求:

① 明显可见且易识读,能够经受日晒雨淋而不显著减弱其效果。

② 标示在包装件外表面的反衬底色上。

③ 不得与可能大大降低其效果的其他包装件标记放在一起。

表 10.5 危险货物包装的标记

序号	标记名称	标记图形
1	危害环境物质和物品标记	(符号:黑色,底色:白色)
2	方向标记	(符号:黑色或正红色,底色:白色)　　(符号:黑色或正红色,底色:白色)
3	高温运输标记	(符号:正红色,底色:白色)

(2) 危险货物包装的标签　危险货物包装标志的标签见表 10.6,包括:爆炸性物质或物品,易燃气体、非易燃无毒气体、毒性气体,易燃液体,易燃固体、易于自燃的物质、遇水放出易燃气体的物质,氧化性物质、有机过氧化物,毒性物质、感染性物质,一级放射性物质、二级放射性物质、三级放射性物质、裂变性物质,腐蚀性物质,杂项危险物质和物品。

危险货物标签的作用如下:

① 用于表现内装货物危险性分类:表明货物的主要和次要危险性的标签应与表 10.6 中所示的序号 1~ 序号 9 的所有式样相符。如爆炸品的次要危险性标签应使用序号 1 中带有爆炸式样标签的图形。

② 用于装卸、贮藏条件:标签也可以表明包装件在装卸或贮藏时的要求。如:包装件上标明伞符号,表明包装件应保持干燥。

表 10.6 危险货物包装的标签

序号	标签名称	标签图形	对应的危险货物类项号
1	爆炸性物质或物品	(符号：黑色，底色：橙红色)　　(符号：黑色，底色：橙红色) (符号：黑色，底色：橙红色　　(符号：黑色，底色：橙红色) ** 项号的位置：如果爆炸性是次要危险性，留空白 * 配装组字母的位置：如果爆炸性是次要危险性，留空白	1.1 1.2 1.3 1.4 1.5 1.6
2	易燃气体	(符号：黑色，底色：正红色)　　(符号：白色，底色：正红色)	2.1
	非易燃无毒气体	(符号：黑色，底色：绿色)　　(符号：白色，底色：绿色)	2.2

序号	标签名称	标签图形	对应的危险货物类项号
2	毒性气体	（符号：黑色，底色：白色）	2.3
3	易燃液体	（符号：黑色，底色：正红色） （符号：白色，底色：正红色）	3
	易燃固体	（符号：黑色，底色：白色红条）	4.1
4	易于自燃的物质	（符号：黑色，底色：上白下红）	4.2
	遇水放出易燃气体的物质	（符号：黑色，底色：蓝色）	4.3

序号	标签名称	标签图形	对应的危险货物类项号
4	遇水放出易燃气体的物质	 （符号：白色，底色：蓝色）	4.3
5	氧化性物质	 （符号：黑色，底色：柠檬黄色）	5.1
	有机过氧化物	 （符号：黑色，底色：红色和柠檬黄色）　（符号：白色，底色：红色和柠檬黄色）	5.2
6	毒性物质	 （符号：黑色，底色：白色）	6.1
	感染性物质	 （符号：黑色，底色：白色）	6.2

续表

序号	标签名称	标签图形	对应的危险货物类项号
7	一级放射性物质	 （符号：黑色，底色：白色， 附一条红竖条）	7A
	二级放射性物质	 （符号：黑色，底色：上黄下白， 附两条红竖条）	7B
	三级放射性物质	 （符号：黑色，底色：上黄下白， 附三条红竖条）	7C
	裂变性物质	 （符号：黑色，底色：白色）	7E
8	腐蚀性物质	 （符号：黑色，底色：上白下黑）	8

续表

序号	标签名称	标签图形	对应的危险货物类项号
9	杂项危险物质和物品	 （符号：黑色，底色：白色）	9

4. 储运图示标志

储运图示标志是用以表明货物的储存运输操作的指示,包括易碎物品、禁用手钩、向上、怕晒、怕辐射、怕雨、重心、禁止翻滚、此面禁用手推车、禁用叉车、由此夹起、此处不能卡夹、堆码重量极限、堆码层数极限、禁止堆码、由此吊起、温度极限,见表10.7。

表 10.7　储运图示标志

序号	标志名称	图形符号	标志	含义
1	易碎物品	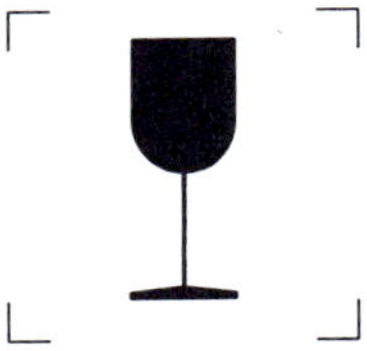	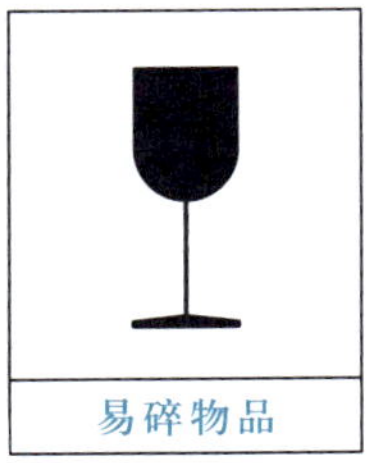 易碎物品	表明运输包装件内装易碎物品,搬运时应小心轻放
2	禁用手钩		 禁用手钩	表明搬运运输包装件时禁用手钩
3	向上		 向上	表明该运输包装件在运输时应竖直向上

续表

序号	标志名称	图形符号	标志	含义
4	怕晒		怕晒	表明该运输包装件不能直接照晒
5	怕辐射		怕辐射	表明该物品一旦受辐射会变质或损坏
6	怕雨		怕雨	表明该运输包装件怕雨淋
7	重心		重心	表明该包装件的重心位置,便于起吊
8	禁止翻滚		禁止翻滚	表明搬运时不能翻滚该运输包装件

序号	标志名称	图形符号	标志	含义
9	此面禁用手推车		此面禁用手推车	表明搬运货物时此面禁止放在手推车上
10	禁用叉车		禁用叉车	表明不能用升降叉车搬运的包装件
11	由此夹起		由此夹起	表明搬运货物时可用于夹持的面
12	此处不能卡夹		此处不能卡夹	表明搬运货物时不能夹持的面
13	堆码重量极限	$\cdots kg_{max}$	$\cdots kg_{max}$　堆码重量极限	表明该运输包装件所能承受的最大重量极限

续表

序号	标志名称	图形符号	标志	含义
14	堆码层数极限		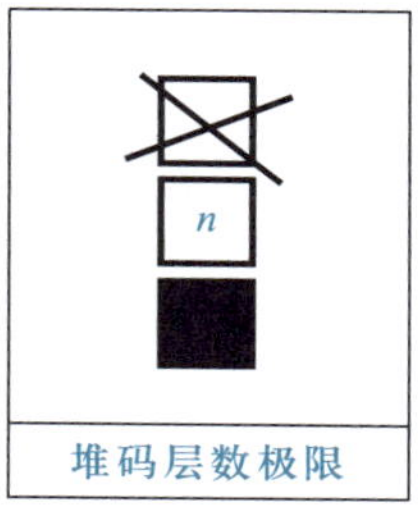 堆码层数极限	表明可堆码相同运输包装件的最大层数
15	禁止堆码	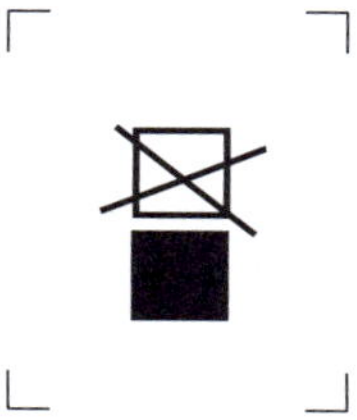	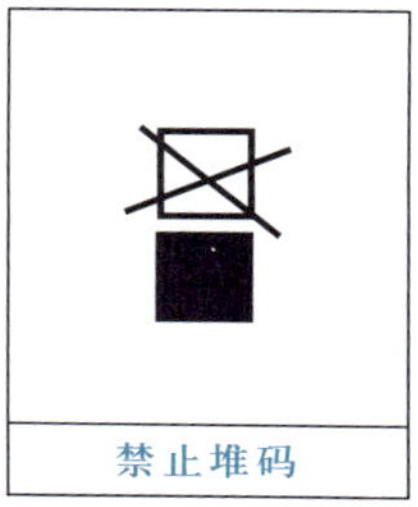 禁止堆码	表明该包装件只能单层放置
16	由此吊起	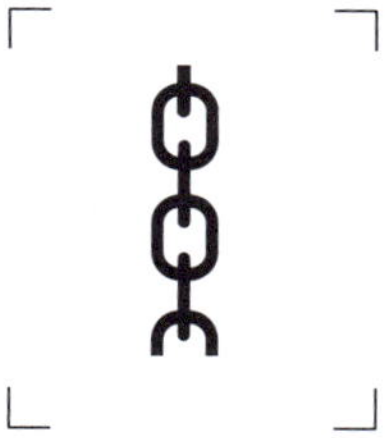	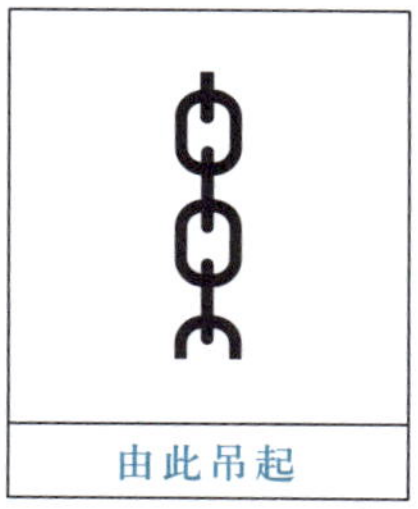 由此吊起	表明起吊货物时挂绳索的位置
17	温度极限	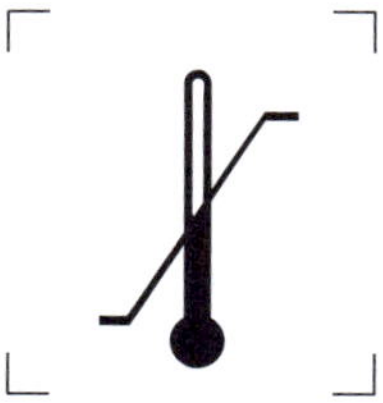	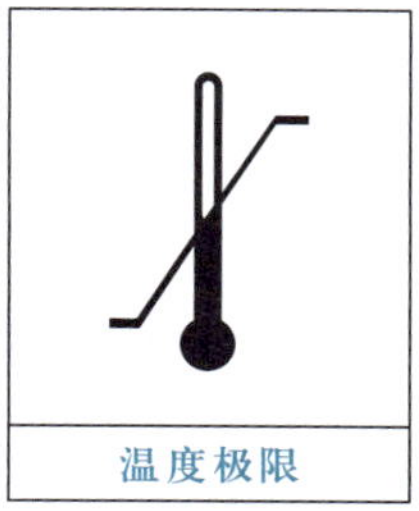 温度极限	表明该运输包装件应该保持的温度范围

储运图示标志一般使用黑色，必要时，也可使用其他颜色，但一般应避免采用红色、橙色或黄色，以免同危险货物包装标志相混淆。一个包装件上使用相同储运图示标志的数目，应根据包装件的尺寸和形状确定。储运图示标志应标注在显著位置，如易碎物品应标在包装件所有端面和侧面的左上角处。

三、保管和堆码

1. 货物的保管

(1) 设备设施的基本要求 危险货物应按其性质和要求存放在指定的仓库、雨棚等场地。堆放危险货物的仓库、雨棚等场地应清洁干燥、通风良好,配备充足有效的消防设施。货场应设置明显的安全警示标志,应建立健全的值班巡守制度。

(2) 货物存放的要求 仓库作业完毕后应及时锁闭,剧毒品、爆炸品以及储存数量构成重大危险源的危险货物应加双锁,做到双人收发、双人保管。

遇潮或受阳光照射容易燃烧或产生易燃、易爆、有毒气体的危险货物不得在雨棚、露天存放。

2. 货物码放

危险货物存放与堆码时,要求按类、项区别专库专用,如不同类项的危险货物确需同库混合存放的,应符合《铁路危险货物配放表》的规定,编号不同的爆炸品不得同库存放。

危险货物集装箱的堆码存放时,托运人应根据危险货物类别在箱体上拴挂相应包装标志。

〖 知识点四 〗 危险货物的装车

一、装车前检查

危险货物装车前,应对待装货物所在的危险货物仓库、车辆进行必要的通风和检查。装车前,货运员应向装卸工组说明货物品名、性质、作业安全事项,准备好消防器材和安全防护用品。

对具有易燃、易爆性质的危险货物进行装卸作业,应使用具有防爆性能的装卸机具及照明设备,防止在装卸作业中由于装卸作业摩擦、碰撞产生火花。

二、装车作业

1. 检查车辆

检查待装车输的车种车型,查看车辆门窗状态、进行透光检查,确认车辆状况良好。

危险货物罐车装车前,托运人应确认罐车是否良好,罐体外表是否清洁,标记、文字是否清晰易辨。罐车的罐体有漏裂,以及阀、盖、垫、仪表等附件、配件不齐全或作用不良的罐车禁止使用。

气体类危险货物充装前,应有专人按规定对罐车的罐体外表面、罐体密封性能、罐体余压等进行检查,不具备充装条件的罐车严禁充装。

2. 检查待装货物

检查货物品名、包装、件数与货物运单填写是否一致,以及货物包装是否符合规定。

3. 检查装载

货运员传达安全注意事项及装载方案,检查消防器材和安全防护用品。在装车作业过程中,对车辆采取防溜、防护措施。作业时,要轻拿轻放,堆码整齐稳固,防止倒塌,除钢瓶等特殊容器外严禁倒放、卧装。

装载货物(含国际联运换装)时不得超过车辆(含集装箱)标记装载重量及罐车允许充装量,严禁增载、超装、超载。

三、装车后检查

检查堆码、装载状态,查验车辆门窗是否关闭良好,做好施封加锁工作等。罐车充装完毕后,充装单位应会同押运员复检充装量,检查各密封件和封车压力状况,认真详细填记《充装记录》。装运危险货物的罐车重车重心高不得超过 2 200 mm。

〖知识点五〗 铁路危险货物发送作业签认

一、危险货物运输签认制度

1. 适用范围

办理站对爆炸品、硝酸铵、部分剧毒品(氰化钾、氰化汞、氰化钠、三氧化二砷、三氧化砷、五氧化砷、五氧化二钒、氯乙醛、丙酮氰醇、甲苯 –2,4– 二异氰酸酯、甲基 1605、甲基对硫磷、保棉磷、对氧磷、甲胺磷、久效磷、杀扑磷、水胺硫磷、甲拌磷、毒虫畏、甲硫磷、磷胺、速灭磷、特丁磷、碘依可酯、治螟磷、氧化乐果、西力生、恶虫威、呋喃丹、克百威、抗虫威、灭多威、灭害威、涕灭威、毒鼠磷、灭蚜胺)、气体类和其他另有规定的危险货物运输作业实行签认制度,填写危险货物运输签认单。

2. 危险货物运输签认单

危险货物运输签认单包括《铁路危险货物运输作业签认单》《铁路剧毒品运输作业签认单》《危险货物罐车作业签认单》三类。

其中,爆炸品、硝酸铵和其他另有规定的危险货物运输需要填报《铁路危险货物运输作业签认单》;部分剧毒品(氰化钾、氰化汞、氰化钠、三氧化二砷、三氧化砷、五氧化砷、五氧化二钒、氯乙醛、丙酮氰醇、甲苯 –2,4– 二异氰酸酯、甲基 1605、甲基对硫磷、保棉磷、对氧磷、甲胺磷、久效磷、杀扑磷、水胺硫磷、甲拌磷、毒虫畏、甲硫磷、磷胺、速灭磷、特丁磷、乙硫磷、治螟磷、氧化乐果、西力生、恶虫威、呋喃丹、克百威、抗虫威、灭多威、灭害威、涕灭威、毒鼠磷、灭蚜胺)需要填写《铁路剧毒品运输作业签认单》;气体类危险货物需要填写《危险货物罐车作业签认单》;签认单保存期为半年。签认人应对其完整性、真实性负责,严禁漏签、代签和补签。

二、办理危险货物发送作业签认

铁路危险货物运输作业签认分别在发送作业、途中作业、到达作业三个环节进行,在发送作业环节需要填写《铁路危险货物发送作业签认单》并由相关人员签字确认,见表 10.8。

表 10.8　铁路危险货物发送作业签认单

托运人名称					
品名		铁危编号	重量	件数	
规定包装方法			实际包装方法		
到站		车(箱)号			
作业项目		作业要求		作业签认	
受理		1. 审查托运人单位名称、押运员姓名、身份证号(不需押运的除外)等。 2. 审查发到站、品名及编号是否符合办理限制,确认填写正确,不得写概括名称。 3. 审查填写的包装方法。 4. 其他规定要求		受理货运员 签认: 年　月　日	
装车前准备		1. 对照货物运单,核对品名、包装、包装标志和储运标志,包装方法和状态,件数等。 2. 验货发现匿报品名应立即通知车站处理。 3. 验货后,与货区货运员现场交接签认。 4. 其他规定要求		外勤货运员 签认: 年　月　日	
站内装车	保管	1. 按规定单库存放或按配放表等规定存放。 2. 库门外或货位前挂货到发信息和安全运输卡,库门完好并加锁。 3. 库内存放堆码整齐稳固,留有通道,不得倒置,货物有撒漏应妥善处理,发现丢失短少立即汇报。 4. 其他规定要求		外勤货运员 签认: 年　月　日	
	装车	1. 确认车辆使用符合规定,技术状态良好。 2. 对货物品名、包装与货物运单记载不一致,包装有破漏、损坏、变形,包装标志不清、不全等严禁装车。 3. 向装卸作业班组传达安全作业注意事项。 4. 妥善处理和保管残漏货件,编制有关记录并进行货票交接签收工作。 5. 其他规定要求		装车货运员 签认: 年　月　日 押运员签认(不需押运的除外): 年　月　日	
专用线(专用铁路)装车		1. 确认车辆使用符合规定,技术状态良好。 2. 对货物品名、包装与货物运单记载不一致,包装有破漏、损坏、变形,包装标志不清、不全等的,严禁装车。 3. 妥善处理和保管残漏货件,编制有关记录并进行货票交接签收工作。 4. 其他规定要求		企业运输员 签认: 年　月　日 专用线货运员 签认: 年　月　日 押运员签认(不需押运的除外): 年　月　日	
货调		1. 车数和有关车号: 2. 挂运日期: 3. 挂运车次:		货运调度员(货运值班员) 签认: 年　月　日	
备注					

三、办理剧毒品发送作业签认

铁路剧毒品运输作业签认分别在发送作业、途中作业、到达作业三个环节进行,在发送作业环节需要填写《铁路剧毒品发送作业签认单》,并由相关人员签字确认,见表 10.9。

表 10.9　铁路剧毒品发送作业签认单

托运人名称							
品名		铁危编号		重量		件数	
规定包装方法			实际包装方法				
到站		车(箱)号					
作业项目		作业要求			作业签认		
受理		1. 审查托运人单位名称、押运员姓名、身份证号(不需押运的除外)等。 2. 审查发到站、品名及编号是否符合办理限制,确认填写正确,不得写概括名称。 3. 审查填写的包装方法,不得使用旧包装。 4. 其他规定要求			受理货运员 签认: 　　年　月　日		
装车前准备		1. 对照货物运单,核对剧毒品品名、包装、包装标志和储运标志、包装方法和状态及件数等。 2. 验货发现匿报品名的,应立即报告车站公安派出所处理。 3. 验货后,与货区货运员现场交接签认。 4. 其他规定要求			外勤货运员 签认: 　　年　月　日		
站内装车	保管	1. 剧毒品进库后,最迟在次日组织装车,无法完成时,应及时报告。 2. 货物存放符合规定,出入库双人收发、双人保管,库门外或货位前挂货物到发信息和安全运输卡,库门完好并加锁。 3. 库内存放堆码整齐稳固,留有通道,不得倒置,货物有撒漏应妥善处理,发现丢失短少的应立即汇报。 4. 其他规定要求			货区货运员 签认: 　　年　月　日		
	装车	1. 确认车辆使用符合规定,技术状态良好。 2. 对货物品名、包装与货物运单记载不一致,使用旧包装,包装有破漏、损坏、变形,包装标志不清、不全等的,严禁装车。 3. 向装卸作业班组传达安全作业注意事项。 4. 装运剧毒品时,要通知公安等有关人员到场。 5. 妥善处理和保管残漏货件,编制有关记录并进行货票交接签收工作。 6. 及时将信息报告剧毒品运输跟踪管理系统。 7. 其他规定要求			装车货运员 签认: 　　年　月　日 押运员签认(不需押运的除外): 　　年　月　日		

续表

作业项目	作业要求	作业签认
专用线 (专用铁路) 装车	1. 确认车辆使用符合规定,技术状态良好。 2. 对货物品名、包装与货物运单记载不一致,使用旧包装,包装有破漏、损坏、变形,包装标志不清,不全等的,严禁装车。 3. 专用线货运员全程监装。 4. 妥善处理和保管残漏货件,编制有关记录并进行货票交接签收工作。 5. 及时将信息报告剧毒品运输跟踪管理系统。 6. 其他规定要求	企业运输员 签认: 年 月 日 专用线货运员 签认: 年 月 日 押运员签认(不需押运的除外): 年 月 日
货调	1. 车数和有关车号: 2. 挂运日期: 3. 挂运车次:	货运调度员(货运值班员) 签认: 年 月 日
备注		

四、办理铁路罐车发送作业签认

铁路罐车运输作业签认分别在发送作业、途中作业、到达作业三个环节进行,在发送作业环节需要填写《铁路罐车发送作业签认单》,并由相关人员签字确认,见表 10.10。

表 10.10　铁路罐车发送作业签认单(气体类)

托运人名称						
品名		铁危编号		标记载重量		标记容积
到站		车(箱)号				
作业项目	作业要求				作业签认	
受理	1. 审查托运人单位名称、押运员姓名、身份证号、危险货物"四个统一"等有关规定。 2. 审查发到站、品名及编号是否符合办理限制,确认填写正确,不得写概括名称。 3. 其他规定要求				受理货运员 签认: 年 月 日	
装车前准备	1. 确认罐车使用符合规定及空罐车检衡重量。 2. 确认货物品名与待装罐车允装介质是否相符。 3. 罐车技术状态良好、罐体外标志符合铁路运输规定。 4. 其他规定要求				外勤货运员 签认: 年 月 日	
专用线 (专用铁路) 装车	1. 罐车充装重量符合铁路规定。 2. 罐车阀门、口盖关闭严实。 3. 填写《铁路液化气体罐车充装记录》并由专用线货运员审查。 4. 专用线货运员确认重车检衡重量并核对是否超过允许充装重量最大值。 5. 其他规定要求				企业运输员 签认: 年 月 日 专用线货运员 签认: 年 月 日 押运员签认: 年 月 日	

续表

作业项目	作业要求	作业签认
货调	1. 车号： 2. 挂运日期： 3. 挂运车次：	货运调度员 (货运值班员) 签认： 　　　　年　月　日
备注		

〖 知识点六 〗 危险货物车辆的挂运

一、危险货物挂运的原则

危险货物应快装、快卸、快取、快送、优先编组、优先挂运。站内停放危险货物车辆时,应采取安全防护措施,对需要看护的重点危险货物由车站派专员看守并报告铁路公安部门。

根据危险货物的性质,在调车作业和编组隔离、车辆技术检查、整备、检修等技术作业中需采取特殊防护事项的,要有明确规定并以书面通知形式告知有关单位和人员。

二、危险货物挂运的注意事项

1.《铁路车辆禁止溜放和限速连挂表》中规定禁止溜放和限速连挂的货车

在货车两侧插挂"禁止溜放"或"限速连挂"的货车表示牌,在货物运单右上角、票据封套上记明 禁止溜放 或 限速连挂 。

2.《铁路技术管理规程(普速铁路部分)》中规定编组需要隔离的货车

在货车表示牌上记明三角标记、未限定"禁止溜放"或"限速连挂"的货车可用货车表示牌背面记明三角标记并插于货车两侧。

3.《铁路危险货物品名表》"特殊规定"栏中规定停止制动作用的货车

在货车表示牌上记明停止制动作用字样。在货物运单右上角、票据封套上记明 停止制动 。

> 📖 **课程思政案例:时刻保持严谨、细致的工作态度,将"危险"杜绝于"源头"**
>
> 某日,某货运营业站的货运员小胡接到一名客户的运输需求提报,要求以"混装货物"为品名托运一批货物,货物信息如下:服装、鞋、钢绞线、书、电视机、活性炭、锂电池、膨化食品、胶合板、生石灰、电缆、瓜子、羽毛球拍。小胡根据平时的工作经验很快发现锂电池(铁危编号:42040)、生石灰(铁危编号:82522)属于危险货物,不能按"混装货物"办理托运。小胡本着认真、严谨的工作态度又查询《铁路危险货物品名表》,对其他货物予以核实,发现活性炭也属于危险货物(铁危编号:42521)。于是,小胡依规拒绝了客户按"混装货物"办理托运的要求,在解释了

原因后又为客户提供了解决方案,即活性炭、锂电池、生石灰分别按整车或集装箱运输办理,服装、鞋、钢绞线、书、电视机、膨化食品、胶合板、电缆、瓜子、羽毛球拍作为"混装货物"按一批办理。客户对小胡的提议表示同意后,赞扬了小胡认真、严谨的工作态度。

工 作 手 册

【任务名称】　　　　　　　办理危险货物发送作业　　　　　　　参考学时：__1__ 学时
【项目团队】　　　　　　　　　　　　　　　　　　　　　　　　　
【任务实施关键点】
_____
_____
_____

工序	工作步骤	实施方案
1. 危险货物的试运	危险货物的试运申请	
	危险货物的试运行	
	危险货物的试运结果报告	
2. 危险货物的受理	危险货物的需求提报	
	危险货物的受理	
3. 危险货物进货检查	危险货物的现货查验	
	危险货物的包装检查	
	危险货物的保管和堆码	
4. 危险货物装车作业	危险货物载运车辆的选择	
	危险货物装车作业	
5. 危险货物运输作业签认	铁路危险货物发送作业签认	
	铁路剧毒品发送作业签认	
	铁路罐车发送作业签认	

工作笔记:以货运员身份谈一谈如何在危险货物发送作业中真正做到"不盲从过往经验,以严谨态度对待货物运输安全"?

随堂练习

1. 铁路危险货物品名表中未列名且性质不明确的质物,托运人办理运输时应委托( )认定的检测鉴定机构进行性质技术鉴定,出具鉴定报告。

A. 国家安全生产监督管理部门　　　　B. 国家质量监督检验管理部门

C. 国铁集团　　　　　　　　　　　　D. 铁路局集团公司

2. 危险货物新品名试运行的时间为( )。

A. 半年　　　　　B. 1 年　　　　　C. 2 年　　　　　D. 3 年

3. 装运危险货物的罐车重车重心高不得超过( )。

A. 1 600 mm　　B. 1 800 mm　　C. 2 000 mm　　D. 2 200 mm

4. 实行危险货物运输作业签认制度的货物包括( )。

A. 爆炸品　　　　B. 氯酸钾　　　　C. 有毒品　　　　D. 黄磷

5. 根据表 10.11 中的标签图形填写相应标签名称,并举出具体的货物名称。

表 10.11　标签图形及其名称

标签图形	标签名称	标签	标签名称

【专项技能 10.4】  危险货物途中与到达作业

学习目标

能力目标

能办理危险货物的途中与到达作业。

知识目标

(1) 熟悉押运管理制度、途中与到达签认作业制度。

(2) 掌握危险货物卸车作业程序与作业内容。

素质目标

养成精益求精、追求卓越的职业品质。

任务下达

◆ 阅读后,在工作手册中完成任务。

1 月 25 日,湖南某农业生产资料有限公司岳阳分公司在岳阳北站托运了塑料助剂、甲苯二异氰酸酯(剧毒品)、液化石油气三批货物。1 月 27 日货物途经武汉北站进行了货运交接检查,1 月 28 日货物到达应城东站。

请组织上述各批货物的途中与到达作业,并思考若途中或到达检查时突发危及运输安全的事件该如何处置?

理论学习

〖知识点一〗 危险货物的押运管理

微课
危险货物途
中检查

一、需要押运的情形

1. 适用范围

运输爆炸品(烟花爆竹除外)、硝酸铵、部分剧毒品(氰化钾、氰化汞、氰化钠、三氧化二砷、三氧化砷、五氧化砷、五氧化二钒、氯乙醛、丙酮氰醇、甲苯 –2,4– 二异氰酸酯、甲基 1605、甲基对硫磷、保棉磷、对氧磷、甲胺磷、久效磷、杀扑磷、水胺硫磷、甲拌磷、毒虫畏、甲硫磷、磷胺、速灭磷、特丁磷、碘依可酯、治螟磷、氧化乐果、西力生、恶虫

威、呋喃丹、克百威、抗虫威、灭多威、灭害威、涕灭威、毒鼠磷、灭蚜胺)、罐车装运气体类(含空车)危险货物实行全程押运。

2. 例外情形

新造出厂的、洗罐站洗刷后送检修地点的、检修后首次返空的气体类危险货物罐车不需押运,但应在货物运单上注明"新造车出厂""洗刷后送检修"或"检修后返空"字样。

使用罐车和罐式集装箱装运剧毒品时不需押运。

二、押运员管理

1. 押运员

随车押运人员应按规定穿着印有红色"押运"字样的黄色马甲,携带培训合格证明与所需的安全防护、消防、通信、检测、维护等工具及生活必需品。押运员途中应严格执行全程押运制度,认真进行签认,严禁擅自离岗、脱岗。

2. 押运人数规定

除特定者外,押运人数每批不应超过 2 人。托运人要求增派押运人或对上述以外的货物要求派人押运时,须经承运人同意。

同一托运人、同一到站的押运方式、车辆及人数规定:

(1) 气体类危险货物每 6 辆重(空)罐车(含带押运间车辆)以内编为 1 组,每组押运员不得少于 2 人。每列货车中编挂不得超过 3 组,每组间原则上应使用不少于 10 辆装载普通货物的车辆作为隔离车。

(2) 部分剧毒品(氰化钾、氰化汞、氰化钠、三氧化二砷、三氧化砷、五氧化砷、五氧化二钒、氯乙醛、丙酮氰醇、甲苯 −2,4− 二异氰酸酯、甲基 1605、甲基对硫磷、保棉磷、对氧磷、甲胺磷、久效磷、杀扑磷、水胺硫磷、甲拌磷、毒虫畏、甲硫磷、磷胺、速灭磷、特丁磷、碘依可酯、治螟磷、氧化乐果、西力生、恶虫威、呋喃丹、克百威、抗虫威、灭多威、灭害威、涕灭威、毒鼠磷、灭蚜胺)每 4 辆(含带押运间的车辆)以内编为 1 组,每组 2 人押运。每列货车中挂有 2 组以上的,押运人数由铁路局集团公司确定。

(3) 硝酸铵每 4 辆以内编为 1 组,每组 2 人押运。每列货车中挂有 2 组以上的,押运人数由铁路局集团公司确定。

(4) 爆炸品(烟花爆竹除外)每车 2 人押运。

派有押运员的车辆,成组挂运时,途中不得拆解。

三、押运管理制度

押运管理工作实行区段签认负责制,货检人员应与押运员在所押运的车辆前签认,填写《全程押运签认登记表》,见表 10.12。

托运人再次办理运输时(含应押运的气体类罐车返空)应出具《全程押运签认登记表》,并由办理站保留 3 个月。对之前未做到全程押运的,办理站一律不予受理。

表 10.12 全程押运签认登记表

发站	途中站	到站	车号	品名	到达车次	到达日期及时间	押运人单位	有无培训合格证明	押运员签字	货检员签章	备注

〖知识点二〗 危险货物途中与到达签认作业

途中货运检查站、到站应严格执行危险货物运输作业实行签认制度,根据需要填写《铁路危险货物途中(到达)作业签认单》或《铁路剧毒品途中(到达)作业签认单》或《危险货物罐车途中(到达)作业签认单》。

一、途中签认作业

运输途中办理货运交接检查时,需要填写《铁路危险货物途中作业签认单》,货检员与押运员共同签认。

铁路剧毒品运输途中办理货运交接检查时,需要填写《铁路剧毒品途中作业签认单》,货检员与押运员现场共同办理签认。

气体类危险货物运输途中办理货运交接检查时,需要填写《危险货物罐车途中作业签认单》,货检员与押运员现场共同办理签认。

二、危险货物到达作业签认

运输危险货物时,到站需要填写《铁路危险货物到达作业签认单》,相关人员签字确认。运输剧毒品时,到站需要填写《铁路剧毒品到达作业签认单》,相关人员签字确认。运输气体类危险货物时,到站需要填写《危险货物罐车到达作业签认单》,相关人员进行签字确认。

〖知识点三〗 危险货物到达与交付

一、卸车作业

1. 检查车辆

检查车辆状态及施封情况,核对票据与现车,确定卸车及堆码方法。

2. 卸车作业

货运员向装卸工传达安全作业注意事项及卸车方案,检查消防器材和安全防护用品是否齐全、符合规定。危险货物罐车装、卸车作业后,应及时关闭罐车阀件,盖好人孔盖,拧紧螺栓。气体类危险货物罐车卸车后,罐体内应留有不低于 0.05 MPa 的余压。

3. 卸车后工作

收货人清理车辆残存废弃物,因污染、腐蚀造成车辆损坏的,要按规定赔付。未经洗刷、除污合格的货车严禁使用或排空,卸车站对受到污染的车辆填写铁路货车洗刷回送标签,见表 10.13。

表 10.13　铁路货车洗刷回送标签

车种车号：

此车　_____月_____日　_____站装过货物品名：_____我站卸车后未洗刷,经

铁路局_____号命令

回送_____站洗刷。严禁排空和调配放货。

卸车站
年　月　日

卸车站签字盖章后,将铁路货车洗刷回送标签在货车车门内外明显处所各粘贴一张。将粘贴铁路货车洗刷回送标签的货车回送洗刷所,进行洗刷除污。

二、交付作业

货物到达后,到站要及时通知收货人,及时交付货物、及时取送车辆。货位清空后及时完成清扫、洗刷工作。发现撒漏的危险货物及废弃物,应及时通知收货人处理。发现危险性大、撒漏严重的情况,要会同公安、卫生防疫、环保、消防等部门共同处理。

三、车辆的洗刷除污

1. 货车洗刷所应具备的条件

(1) 洗车台位数、洗车线的数量和长度达到洗刷除污的能力需求。

(2) 洗刷除污的废水、废物处理技术条件应符合铁路行业标准 TB 1797—1987《铁路货车洗刷废水处理技术条件》和 TB/T 2321—1992《铁路货车洗刷固体废物处理技术规定》以及 TB 10079—2013《铁路污水处理工程设计规范》等的规定要求。

(3) 洗刷除污后的废水、废物的排放应达到环保部门的有关标准。

2. 货车的洗刷除污

装载过剧毒品的毒品车、发生过撒漏或受到污染(包括有刺激异味)的货车、回送检修运输过危险货物的货车需要进行洗刷除污。

(1) 洗刷前的准备工作　作业前要先打开货车的车门、车窗进行通风,检查货车污染状况,对重点处涂打标志。

洗刷组在作业前要准备好洗刷冲剂。洗刷冲剂包括水、浓盐酸用水稀释 20 倍的稀盐酸、烧碱或纯碱用 50 倍水溶解后的碱水、用 20 倍水溶解后的硫代硫酸钠、肥皂水。

对装载过性质特殊、缺乏有效洗刷除污手段的货车,洗刷所应通知卸车站,要求收货人提供有效的洗刷除污方法和药物,再次洗刷处理。

（2）洗刷除污

① 洗刷组使用水压不低于 0.6 MPa 的清水冲洗货车。对需用药剂消除污染的车辆,还应根据《铁路危险货物品名表》的规定使用相应的药剂先对污染部位浸泡 30 min。

② 使用 50℃ ~60℃热水及扫帚、刷子洗刷货车。

③ 洗刷完成后,将残留水扫净,再通风吹干货车的车体。

（3）洗刷除污后的工作

① 货车洗刷除污干净后,撤除货车洗刷回送标签。

② 在洗刷工艺合格证上填写车种车号,货运员与洗刷组共同签字（章）。

③ 将洗刷工艺合格证黏贴在货车两侧车门外部及车内明显处。

④ 货运员填写《洗刷除污登记表》,对洗刷合格的货车进行登记,登记内容包括：登记日期、车种车号、车数、原装货物品名、洗刷除污编号及方法、洗刷除污单位及作业人员、送洗时间与选完时间等信息。

3. 洗刷除污后的检测

一般情况下,采用眼看、鼻嗅的方法,必要时使用试纸或小动物试验。经过洗刷除污的货车必须达到水清无白点、水泡,无秽物,无恶臭异味,无污染痕迹。

对放射性货物污染的货车,洗刷后用仪器测定。装载过放射性物质（物品）的货车、苫盖的篷布及有关用具,卸后应由省级人民政府环境保护部门认定,有资质的辐射监测机构对 α、β、γ 发射体的污染水平进行监测,监测结果应低于规定的限值,达到要求后方可排空使用。

圖 课程思政案例：忠于职守,守好危险货物运输途中关卡

7 月 17 日,某货运检查站的货检员小许在对 20605 次运转列车进行途中交接检查作业时发现,挂运的 8 辆液化石油气罐车派随车押运员 2 名,均身着印有蓝色"押运"字样的黄色马甲,证件齐全,携带的相关备品符合规定。

根据《铁路危险货物运输管理规则》的规定：7~12 辆为一组的液化气罐车的随车押运员应不少于 4 人,押运员的着装应为印有红色"押运"字样的黄色马甲。因此,小许立即向车站主管领导汇报,并将甩车处理的决定告知 2 位押运人。2 位押运人声称他俩都是精通业务的老资历人员,完全可以应对可能发生的一切危险情况,并掏出一条香烟给小许,求其给予通融。小许拒绝了 2 位押运员的要求,并对两人随身携带香烟与打火机的行为可能导致起火进行了批评。随后,小许拍发电报并做好登记,通知发站联系托运人、收货人补齐押运员（按规定穿着印有红色"押运"字样的黄色马甲）,达到上述要求,编制普通记录后,8 辆液化石油气罐车继续运输。

工 作 手 册

| 【任务名称】 | 危险货物途中与到达作业组织 | 参考学时：__1__学时 |

【项目团队】_____

【任务实施关键点】

_____

_____

_____

工序	工作步骤	实施方案
1. 危险货物押运管理	判断货物是否需要押运	
	对押运员人数及资格的审核	
2. 危险货物途中签认	铁路危险货物途中作业签认	
	铁路剧毒品途中作业签认	
	危险货物罐车途中作业签认	
3. 危险货物到达交付	危险货物卸车作业	
	危险货物交付作业	
	危险货物车辆的洗刷除污	

工作笔记：从"安全第一"的角度谈一谈货运员办理危险货物交接检查时应具备什么样的职业习惯？

随堂练习

1. 同一托运人、同一到站的 18 辆气体类罐车(其中有 11 辆重车、7 辆新造出厂的空车)至少需( )人押运。

A. 2   B. 4   C. 6   D. 8

2. 将 5 辆气体类重罐车、5 辆气体类卸空罐车、5 辆新造出厂的气体类罐车编入同一列车,至少需要押运人( )名。

A. 2   B. 4   C. 6   D. 8

3. 新造出厂的、洗罐站洗刷后送检修地点的及检修后首次返空的气体类危险货物罐车不需押运,但应在货物运单上注明( )、( )或( )。

A. 新造车出厂   B. 洗刷后送检修

C. 检修后排空   D. 检修后返空

4. 气体类危险货物罐车卸空后,罐体内须留有不低于(　　　)MPa的余压。

A. 0.02 　　　　　　　B. 0.03 　　　　　C. 0.04 　　　　　　　D. 0.05

5. 铁路货车洗刷回送标签在货车(　　　)各粘贴一张。将粘贴铁路货车洗刷回送标签的货车回送洗刷所洗刷除污。

A. 车门内外明显处　　　　　　　　B. 车门内明显处

C. 车门外明显处　　　　　　　　　D. 车窗明显处

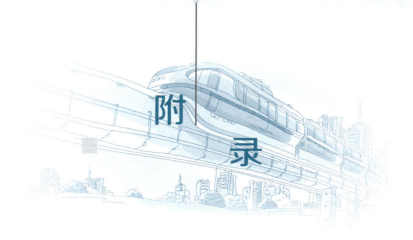

附录

附录 1　长大货物车常用技术参数

附录 2　平车常用技术参数

附录 3　敞车技术参数

附录 4　机车车辆限界基本轮廓、各级超限限界与建筑限界距离线路中心线所在垂直平面尺寸

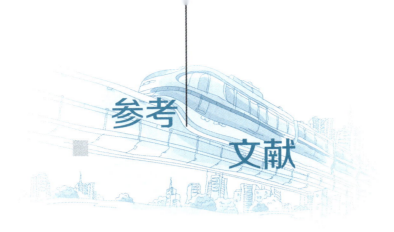

参考文献

［1］ 戴实．铁路货运组织［M］．北京：中国铁道出版社,2017．
［2］ 陈清．铁路特殊条件货物运输［M］．北京：中国铁道出版社,2015．
［3］《货损规则》条文释义编写组．《铁路货物损失处理规则》条文释义［M］．北京：中国铁道出版社,2019．
［4］ 铁路职工岗位培训教材编审委员会．货运值班员［M］．北京：中国铁道出版社,2011．
［5］《铁路货物安全检查》编委会．铁路货物安全检查［M］．北京：中国铁道出版社,2018．